明尼苏达札记
Minnesota Notes

陈心想 著

图书在版编目(CIP)数据

明尼苏达札记/陈心想著.—北京:北京大学出版社,2012.2
ISBN 978-7-301-20123-7

Ⅰ.①明… Ⅱ.①陈… Ⅲ.①社会问题-研究-中国 Ⅳ.①D669

中国版本图书馆 CIP 数据核字(2012)第 016075 号

书　　　名:	明尼苏达札记
著作责任者:	陈心想　著
策 划 编 辑:	朱启兵
责 任 编 辑:	徐　冰　张迎新
标 准 书 号:	ISBN 978-7-301-20123-7/F·3040
出 版 发 行:	北京大学出版社
地　　　址:	北京市海淀区成府路 205 号　100871
网　　　址:	http://www.pup.cn　电子邮箱:em@pup.cn
电　　　话:	邮购部 62752015　发行部 62750672　编辑部 62752926
	出版部 62754962
印 　刷 　者:	北京鑫海金澳胶印有限公司
经 　销 　者:	新华书店
	730 毫米×1020 毫米　16 开本　20.25 印张　287 千字
	2012 年 2 月第 1 版　2012 年 2 月第 1 次印刷
印　　　数:	0001—5000 册
定　　　价:	45.00 元

未经许可,不得以任何方式复制或抄袭本书之部分或全部内容。
版权所有,侵权必究
举报电话:010-62752024　电子邮箱:fd@pup.pku.edu.cn

序　言

　　1998年人民大学社会学系硕士生面试的考场上,一位考生抽到的题目是"试论'概念界定和相关界定'",我们素不相识,但很替他捏把汗,因为感觉这题不含糊。没想到他将这道题的沟沟坎坎都趟过了,暗自惊喜。一看,好个名字:陈心想。几个月后开学,包括陈同学等多名同学报我名下。那时学生少,每个导师每年只能带一名学生。我和每个报我的同学谈了十几分钟话。得知陈心想是河南永城县农家子弟,没念过高中,初中毕业考上永城中师,毕业那年,两名成绩突出的同学保送大学,陈心想去了河南师大教育系。中师不学英语,他入大学后要追赶英语,而考研时已经不落人后了。他对我说:"大学期间靠做家教和少许助学金维生,家里没给过我一分钱,我也没给过家里一分钱。"言语中并无得意,隐约还有一点内疚,自强与责任恰在内疚之中。我决定收他。当时有几位城市面孔、人大本校的考生,很是不服和不解:为什么郑老师收了陈心想,而没收我们。我判断的根据是:陈同学面试中的回答,其不同一般的英语学习过程,加上那句既清晰又含蓄的话。他是我指导的第一个研究生。

　　第二学期,我上"信任研究"这门课。课程结业的要求是完成一篇经验性论文。陈心想的论文《一个游戏规则的破坏与重建——A村村民调田风波案例分析》,有材料,有分析,文章的底子是对村庄政治的生存体验,该文章受到我的多次称赞。我提出的修改意见不多。多年后我从他评价我的《与本科生谈:论文与治学》的文章中得知,我的夸奖对他影响不小,因为他此前受到的教育中没有教师向他强调事实的发现与叙事的风格,虽然路子是他自己走出来的,但我帮助他认识到:豆包也是干粮,这路子可以登堂入室。

　　我的研究生中农村背景的居多。多数学生第一次见面就被告诫:一定不要在中国读博,如果还想读博,就下决心拿全奖出国去读。这是出于两个考虑。其一,国外的教育比中国强的不是一星半点。其二,国内读博经济上太苦了,中学毕业分流一次,你是最优秀的也是今天拿钱最少的,大学毕业分流一次,你是最优秀的又是今天拿钱最少的;这种物质和精神上的状态不适合一个穷孩子继续读书;从国外拿到全奖经济上就解放了,可以平生第一次体验到与其他学生的平等,那是何等惬意和松弛的读书状态。陈心想喜欢学术,继续深造的动力很足。我要他兵分三路,去攻下奖学金。首先要他将这篇文章投稿到《社会学研究》,竟是一帆风顺,2000年第2期被刊登。其二,2000年6月老友丁学良来人大讲学,我要陈心想去听课,并将那篇刚发表的论文送给丁学良。我和丁性情相似,都是有原则、有门槛、好恶鲜明的人,不会给不满意和不认识的学生写推荐信。是朋友我也不能张口,写不写要由学良兄自己定夺,我的企图是用这篇论文为日后陈心想能获得丁学良的推荐信打下伏笔。竟然也是一帆风顺。丁学良阅读论文后打电话约陈心想去他的住处,夸奖这篇论文后,赠送了一本他本人的文集《不敢恭维:游学世界看中国》,转赠陈心想另一位学者送给丁的专著,并在这本书的扉页上写道:"陈心想:本书作者也是农民之子,但终于卓越地自立于学术之林。"我获悉后知道得逞了,日后获得丁学良的推荐信已经板上钉钉。其三是必须打理的,就是托福和GRE考试。陈心想两门考试都不理想,托福560多分。拿到成绩后,陈心想和我说今年不申请了,申请不到的。我说,报名吧,奖学金基本上拿到了。我的根据就是《社会学研究》上的一篇论文和丁学良的推荐信。果然,他获得了明尼苏达大学的麦克阿瑟奖学金。顺便说一下,2004年第3期《社会学研究》发表了陈心想的硕士论文修订稿《从陈村计划生育中的博弈看基层社会运作》。

我的第二位硕士生王玉君自己联系留学也成功了,她是未完成硕士学习中途出国留学的。其实王玉君的出国靠的是托福和GRE的优异成绩,我没帮什么忙。但两人同年出国,当时很令系内师生惊讶,他们惊讶的当然是我挑选学生的眼光。这竟然使得后来我看上本系的哪个本科生,就有教师在考研和保研前和我争夺这位同学,颇令我不快。岁月如梭,一晃儿,人大的时光已成如烟往事。往日的不快已成我心中之荣耀。陈心想2009

年拿到博士学位,同年在美国某高校获得职位,并集腋成裘将有文集在国内出版。

他留学美国的八年中,我们一直保持着实质性的学术交流。我们在多方面有着共同的学术兴趣。受我的影响,他一直关注生物学与社会学交叉的那部分的进展。我曾提醒他,双生子研究的大师、心理学家布查德是在明尼苏达大学啊。不久他告诉我,明尼苏达大学的心理学系全美排名第三,布查德是该系台柱;他选了布查德的课程。以后还告诉我他和布查德的通信、通话。令我神往。

再以后(2006年)他告诉我,他选上了美国前副总统蒙代尔为明尼苏达大学"汉弗莱政治与治理研究中心"讲授的空前绝后的一次课程,内容主要是白宫的决策过程。为保证同学与蒙代尔的交流沟通,该课程定编12个同学,报名100多人,最终录取13人,陈心想入选。这是他在明尼苏达大学学习成绩的证明,也是他在美国大学见到的世面之一。

我们的交流从信息不对称渐渐变得对称,又渐渐变得不对称。就是说,过去是我给他的信息多,现在是他给我的信息多,对我的帮助多。我的《后物欲时代的来临》中法国咖啡馆的部分数据,是陈心想帮助找到的。《神似祖先》中新增添的章节,陈心想和田方萌是第一读者,都提出了很好的意见。该书中关于美的讨论,陈心想发给我很多不同的观点,供我参考。

断断续续地,我听到一些学者对陈心想的评价。

明尼苏达大学社会学系的华裔教授边燕杰在陈去该校的第二年对我说:陈心想是他见到的中国学生中学术上最好的,外语上较好的。考虑到他中师(相当于高中)三年不学外语,他外语如果是最好的,就是奇迹了。以后边燕杰又说:"陈对学术痴迷。"我以为这是要紧的评价。没有这一点,任凭什么硬件都不行。

他一直在为国内刊物写文章。有些我看过,有些没看过。《成王败寇的终结》一文,堪称陈心想这路文章的里程碑。这篇文章被王焱先生高度评价。以《读书》和《社会学家茶座》两个刊物主编的数十年阅历,这份褒奖是陈君学有所成的一个定论。

我对陈心想文章的评价是：理胜于文。他几次和我说，他小学初中时数学就好，中师时在全校举办的两次数学竞赛中都获得第一名，高于第二名很多分。从研究生面试时便可以看出他逻辑上的严谨。他对理论的理解和把握快、准、深入。他对逻辑上的可能性的想象也足够丰富。人无完人。对一个社会科学的研究者来说，理胜于文要大大强过文胜于理。文胜于理的人，常常不知不觉地沉溺和陶醉在文辞中不能自拔，忘记了求索道理之目的和方向。理胜于文，最大的不足是少了几个吃面包离不开奶油的读者，真正对这番理数感兴趣的人，一个也不会少。大约半年前我看了他的一篇文章后告诫他："文字还有提升空间。"其实我的意思在这句话前面说到了：文字"已有"长足的提升，不然何来"还有"？是鼓励他继续磨砺文字功夫。他回信说："我还很有提升空间。"我的理解，他话语里颇含自谦的意味。这是他的风格。他是个不矫情、不矫理、不夸张、不喧嚣，心平气和，内心对思想和学术怀有极大热忱的人。

　　中国今日大学的问题太多了。看一本刚刚集结的在美国大学攻读博士学位的中国学生的思想历程，启发当不是三两句话所能概括的。

郑也夫

2009 年 12 月 29 日

目　录

第一篇　社会诸像

不平等加剧伤害了谁？/3

制度设计与不平等的再生产：从中美教育的一点比较谈起/11

我反对了那次"校园改革"/16

文凭社会：高校扩张与文凭贬值及其他/23

关于"劣币驱逐良币"
　　——与周其仁先生商榷/30

"房奴"的背后：从电视剧《蜗居》谈起/34

地位物品：增长的社会限制/40

富足之后/44

"八字"与人生/51

戏与拟剧人生观/58

人为什么会有利他行为？/63

从"龙生龙,凤生凤"说起：布查德和他的双生子研究/71

解密天启：读《神似祖先》/82

黑猩猩的权与性/90

有为者亦若是
　　——读曾纪泽《使西日记》/99

评说"小沈阳"系列/108

  央视春晚·星光大道/108

  原创·模仿/110

  让定位为"野心"导航/112

  你的成功是谁的功劳？/114

  不仅仅是娱乐/116

  开山·传人·师徒父子/118

  蹿红之前：漫长滚打成功路/120

  成功的元素/122

第二篇　教　育　文　化

追问大学学什么：读《北大批判》/127

感受美国的家庭教育/136

美国教育"装白"的困境/138

谨防表扬教育变成"行贿"孩子/142

家教随感/146

城乡·高考·配额制/149

民工潮流中的乡村教育/156

学社会学从身边生活开始/159

社会学家的两副笔墨/163

叙事·理论·数理统计

  ——也与本科生谈论文与治学/168

索罗金在明尼苏达/178

知识的传承创新与知识分子社区/183

迈向平权社会：从慈禧问"礼"谈起/189

"大汉雄风"打造不出汉梁文化/194

从进化论观点看创新/197

边缘的优势/200

感恩节解释的秘密/204

在互动仪式中激发"情感能量"/207

一本讨论"建构名誉"的书/212

《信任论》的美与不足/217

《乡土中国》六十年杂话/224

第三篇 政治经济

成王败寇的终结/231

匪寇的终结？/237

国家之维：福山与《国家构建》/243

事关文明兴衰的群体决策/252

作为精英游戏的美国政治：重看电影《华氏9·11》后的思考/258

听蒙代尔讲美国政治/262

互补·制衡·投合/269

圣教俗政奏鸣曲：唐僧和唐太宗/271

君主官僚制的矛盾与突破/277

制度演变的背后：读《帝国的惆怅》/280

制度能否移植？/284

跨时空经济增长的差异/291

宗教与经济增长的罗生门/301

经济学的德性/304

后记：逍遥游学/311

第一篇

社会诸像

明尼苏达札记

不平等加剧伤害了谁？

（发表于《书屋》2008年第8期）

不平等加剧伤害了中产阶级

人们在现代化过程中走向富裕社会，温饱问题逐步得到了解决，这是人类划时代的大事。从绝对意义上说，人们确实比以前富裕了，但是在走向"后物欲时代"的时候，不平等问题似乎更加突出了。大概是因为"一穷二白"的时候，大家都穷，不平等不显著。随着国民经济的增长，不同的人群增长值是不一样的，财富占有上的差别在加剧。比如美国的收入和财富不平等的变化，从1949年到1979年，最底层20%的人口的税前家庭收入增长了116%，最高层20%的人口的税前家庭收入增长了99%；而从1979年到2003年，最底层20%的人口的税前收入仅增长了3.5%，而最高层20%的人口的税前收入却增长了45.7%。越是底层的人，收入增长幅度越小，这样的结果就是贫富差距愈加剧烈。那么，这种不平等的加剧究竟伤害了谁？又是怎么样伤害了他们？以《赢家通吃的社会》①和《奢侈病》②而闻名的美国经济学家罗伯特·弗兰克，在2007年出版的《落后：不平等加剧是如何伤害中产阶级的》③一书里对此作了很好的分析。

研究显示，不平等程度越高的国家，人们的幸福和快乐指数越低，人们

---

① Robert H. Frank and Philip J. Cook. 1995. *The Winner-take-all Society*. N. Y.：Free Press.
② Robert H. Frank. 1999. *Luxury Fever：Why Money Fails to Satisfy in an Era of Excess*. N. Y.：Free Press.
③ Robert H. Frank. 2007. *Falling Behind：How Rising Inequality Harms the Middle Class*. Berkeley：University of California Press.

的离婚率和自杀率却较高。美国是一个中产阶级占人口绝大多数的国家,弗兰克因此分析了不平等加剧对中产阶级的伤害。那是由于上层阶级的收入增长幅度很大,把一些具有地位性符号的商品价格抬得很高。而中产阶级的人们不甘愿于落后,就要追赶上层阶层,因为不论他们的绝对收入是多少,周围的富人都会使他们显现出自己是贫穷的。为了买好房子、好车子、花园等,他们不得不把本应有的闲暇都用来努力工作挣钱。睡眠更少,花费在路上的时间更多,储蓄更少,贷款更多,从而伤害了身体和心理的健康。比如为了住上宽敞漂亮舒适的大房子,在距离较近的地段买就太贵了,只有上层人士才能买得起。怎么办?就到离工作单位更远的地方买,结果是每天上班大量的时间花费在从家到单位的路上。随着可以买到的大房子的距离越来越远,花费在路上的时间也越来越长,据说有的人每天路上花费四个小时。

在温饱问题解决之后,金钱和快乐不再有必然的联系。这些中产阶级的人们努力地挣钱,收入的增长并没有让他们的幸福和快乐指数提高,因为作为主观体验的幸福和快乐,某种程度上在于他们和周围人们的比较。消费品的价值不再是其使用价值,而是显示高贵身份的符号价值,显出比别人更牛气,也就是说,在哪里吃饭和怎么样吃比具体吃什么似乎更重要。

那么,这些中产阶级的人们为什么要这么做呢?弗兰克从社会生物学那里寻找对人类行为的解释。在达尔文理论的框架里,生存和繁衍是个体一切行为背后的动机。人们对凡是可以增加自己在竞争中的生存机会和繁衍后代机会的事情,都有追求的动力,而且随着可以带来成功的大小排定一个优先次序。个体在集体中的排名至关重要,它牵涉到个人的声望和资源获得机会,从而增加自己的生存和繁衍后裔的成功机会。在生物学上说,一点小小的差异可以带来未来成功机会的云泥之别,因此人们本能地在乎地位的高低。按照弗兰克的观点,人们追求的物品或者消费品,可以划分为两类:位置性物品(Positional Goods,或者翻译为"地位商品")和非位置性物品(Non-positional Goods)。前者是可以看到的有形物品,如汽车和住房,与其他人所拥有的同类物品的比较在很大程度上影响着这些物品的价值,即这类物品的消费会影响消费者在某一社会环境中的相对地位,故被称为位置性物品;后者是指那种消费是外界无法看到的物品,如储蓄产品和保险单,因此被称为非位置性物品。弗兰克认为位置性物品的消费者通过在不同消费者之间的横向比较,可以显示他们的炫耀性地位。

在诸种位置性物品或者商品中,对子女的投资无疑是其中之一,比如子女上的学校的名望、学习成绩、艺术修养等。对这一点中外父母都一样,抱怨"减负"减不下来的中国父母对这一点体会得也许更深刻。在达尔文理论的框架里,抚养子女使他们获得良好的素质,能够在同龄人中竞争而成为成功者,无疑是最明显的成功的标志之一。比如,绝大多数的父母都希望自己的孩子未来有一个高薪而体面的工作,但是这种事情都是和周遭人们比较而言的,高薪体面也是和他人比较出来的。因此,在每一轮竞赛中,父母都努力试图让他们的孩子跟上大家或者超过对手。对教育的投资也因此成了家长们的竞赛,高费择校,或者上贵族学校也就不奇怪了。在美国,父母最重要的一项投资是在好的校区附近买一所房子。因为这种社区的房子会非常昂贵,因此如果算在教育投资里,"负担"着实不小。他们不去上免费的公立学校,而去上费用高的私立学校。在中国的城市里,现在这种情况也不稀罕了。问题在于在这种竞赛中,因为学校招生人数的限制,总是只有那么多学生可以接受到这种"优质"教育,为了孩子获得受良好教育的机会从而增加竞争优势,父母只得全力以赴。在中国,现在教育投资也是父母、孩子共同的竞赛,子女教育目前已成为老百姓家庭负担中主要的部分。

这种对位置性物品的竞争造成了极大的社会浪费和扭曲,这是一个对个体而言是理性的,而对集体而言却是非理性的行为。就像在剧院看戏,为了自己看得清楚,站了起来,后面的人不得不站起来,每个人都站起来,累得要死,大家看的还是一样,每个人都踮起脚尖看,更痛苦。每个中产阶级人士都这样拼命地努力加班加点地工作,对个体而言,可能会增加一点地位的上升,但是对中产阶级整个阶级而言,地位还是基本不变,而且造成了人的生活乐趣降低,健康受损,这对社会绝对是坏事。物品的价值总是和其背景联系在一起的。弗兰克多次引用的一个故事是：一个小伙子送给恋人玫瑰花表示爱情，在贫穷的地方，一枝就够了，在富裕地方要一百枝才够，或者九百九十九枝才行。关键是和周围人的比较，攀比的结果是大量的浪费，陷入弗兰克所说的"奢侈病"困境。如何将中产阶级从这种"困境"中拯救出来，作为经济学家的弗兰克，提出的对策就是征收消费税。越是属于奢侈性的商品，消费税的税率越高，从而抑制人们炫耀性消费的"奢侈浪费"，这也是缓解不平等加剧的一个策略。

对于日益富裕而且收入差距也愈发扩大的我国，弗兰克的分析和对策有着重要的借鉴意义。

"着火的世界"伤害的不仅是中产阶级

不平等加剧伤害的不仅是中产阶级，实际上最终是整个社会。在前面说到的不平等加剧了对中产阶级的伤害部分，我没有提到的一点放在这里比较合适，就是中产阶级对公共物品的投资减少，比如公立学校、道路维修、环境保护等，这些都反过来给中产阶级本身带来了生活质量的损失，而这个损失对整个社会都有影响。如果说在美国中产阶级为主体的情况下，不平等问题还没有造成更严重的后果的话，那么让我们把视野转向拉美、东南亚和非洲等地的一些国家，则别有一番风景：着火的世界。

耶鲁大学法学院华裔教授蔡美儿《着火的世界：输出自由市场民主是如何造成种族仇恨和全球动荡的？》[1]一书，就极富说服力地对这些地区国家的不平等加剧所造成的族群之间的仇恨和社会动荡进行了分析。当然，作者的目的是批评以美国为首的西方国家在向其他国家输出自由市场和民主的时候，忽视了被输出国家的实际情况，没有达到预期的后果，反而是造成了不平等的加剧，从而引发族群间的仇恨和社会的动荡，甚至是全球的动荡。

---

[1] Amy Chua. 2003. *World on Fire：How Exporting Free Market Democracy Breeds Ethnic Hatred and Global Instability*. N.Y.：Doubleday.

在伯克利大学的"与历史对话"节目里和该书中,作者都谈到她的写作"背景":蔡美儿的父母都是从福建移居到菲律宾,后又移居美国的。1994年蔡美儿的姑妈在菲律宾被司机(两个佣人是同谋)暗杀,但破案的结果不了了之。警察说,主犯已逃走,案子就结了。在搞法律的蔡美儿看来,这实在太荒唐了。但是,因为国家权力在菲律宾人手里,警察是菲律宾人,华人没有政治权力,也就无可奈何。从这个让蔡美儿很震惊的案件出发,她进一步思考了西方输出的自由市场民主,在不同的社会和历史条件下会带来怎样不一样的结果。比如华人在菲律宾,以人口论属于少数民族,只占总人口的3%,但是却占有70%的财富,而民主造成的多数人的统治,导致他们在政治上没有权力,所以抢劫、暗杀及排华事件就不断发生。而正是自由市场使得少数族裔发了财,但民主使得多数人的暴政得逞。这样的故事不仅发生在华裔作为少数族群主导市场的东南亚诸国,还发生在"白人"积聚财富的拉丁美洲。犹太人在俄罗斯,印度人在东非如肯尼亚、坦桑尼亚、乌干达,黎巴嫩人在西非,白人在津巴布韦、南非等,还有鲜为人知的非洲基库尤人在肯尼亚、伊博人在尼日利亚,以及克罗地亚人在前南斯拉夫,他们都是主导市场的少数族群。

这个问题就是著名的自由市场和民主政治是否可以携手共进的问题。以自由市场经济为主导的地方,基本规律是财富向少数人手里积聚,资本可以带来资本,利润可以带来利润,就是钱能生钱。在蔡美儿笔下,市场和民主偏爱不同族群,主导市场的却是少数族群,这个特征是自由市场民主的致命缺陷。主导市场的少数族群财富的聚敛,经常是达到令人难以想象的程度,而民主则给贫穷的大多数以政治力量。在这样的情况下,自由市场和民主政治就成了矛盾体,其带来的不是繁荣稳定的和谐社会,而是充满仇恨暗杀和动荡不安的社会。本土族群的国家民族主义就会被激起,煽动暴乱和"杀富济贫",大刀砍向了主导市场的少数族群。

这种少数族群主导市场的情况在中国和美国都不存在。美国白人是在市场和政治权力上都占主导地位的族群,因此,虽然不平等在加大,但是没有产生像印尼、菲律宾、乌干达、肯尼亚等国的仇恨富人和动荡现象。也许在意识形态上美国人认为个人努力都可以致富,不在于剥削和压迫。但是从全球范围来看,美国确实就是一个主导自由市场的少数族群,同样遭到一些贫穷国家的仇恨和攻击,比如"9·11"事件。这也正是一些美国人士所担心的全球不稳定问题。

蔡美儿加上了族群这个因素,其实本质上还是社会财富不平等问题,不平等的加剧造成了诸多社会问题甚至全球动荡。就中国来说,虽然我们不存在少数族群主导市场,但是市场是偏爱一部分人的,这是市场自身的规律。中国的情况又有自己的独特性,尤其在改革开放过程中,一部分先富起来的人们,其财富的来源也有些不清不楚,存在合法性的问题。我们都在对改革开放三十年反思,仇富情绪的上升对社会安定和谐也是一个潜在的威胁。对我们的社会的不平等问题,像孙立平这样的学者就提出了"断裂"、"失衡"这样的警告,动荡不安的社会对每个人都不好。蔡美儿形容那些仇恨主导自由市场的少数族群的世界,叫做"着火的世界",火是不认谁是乞丐和富翁的,不讲地位、情面和关系。

在我们改革开放三十年之际,反思改革的路子是有好处的。蛋糕做大了,分蛋糕同样不容易,这两件事情对繁荣、和谐社会都是至关重要的。在这场反思讨论中,一个重要的话题就是国有化和私有化的问题,在不平等巨大的时候,国有化的呼声会高涨。蔡美儿对发展中国家的私有化和国有化循环圈的分析就很有力地说明了这种趋势。世界的主流是私有化,但是,具体到一个国家和地区的情况,图景就会不一样了。当经济不平等达到一定的程度,那些贫穷的大多数就会掀起民族主义,要求国有化,其实是一种财富的没收和再分配。中国虽然不存在主导市场的少数族群,这不同于蔡美儿分析的世界,但是富人群体在某种程度上,如果按照阶层划分,还是少数群体。因此,我们对这种私有化和国有化的争论,就有着社会不平等加剧所引发的后果的预防和处理的意义。

市场既有着乌托邦的一面,也有着反乌托邦的一面。孟德斯鸠说:"有商业的地方,人们的举止都温良。"佩恩也说:"商业的发明是人类迈向普世文明的最伟大的一步。"但是,市场的残酷、自私一面也是有目共睹的。

正像蔡美儿在一篇论文①里所说的那样,市场导致的后果之一是人们之间的关系变化。因此,这场改革三十年的反思,应该有不同阶层的人们共同反思来理顺发展步骤,而不是一小撮所谓的精英在五星级酒店里"闲情雅致的游戏"。有些学者不要以为自己代表了底层人群,然后说,"看,我们的政策让我们的蛋糕做得多大呀!"如果你给一个血汗工厂里的打工妹说这个,就真是站着说话不腰疼了。即使他们可能得到的蛋糕比以前多了,但不要忘了不平等还带来了心理上的相对剥夺的伤害,何况他们分得的蛋糕可能并没有增多。

拯救之手:福利国家

哈佛大学教授、著名的新儒学的主要代表人物之一杜维明在谈到全球化时代的文明对话问题时,归纳了现代世界人们对话的基础,那就是时代的大势:一是市场经济,二是民主政治,三是市民社会,四是个人尊严。没有这些公共的价值观念,大家没有办法在一起玩儿。我们在前面谈到的其实主要是市场经济和民主政治的携手在一定的社会条件下会造成不良后果。民主是个好东西,自由市场也是个好东西,但是我们必须有条件把好东西给安置好,否则可能两个好东西放在了一起,化合成了毒药。解决市场带来的不平等的加剧是个很棘手的事情。怎么办呢?我觉得,应该是在杜先生的四个大势上再加上一个,这就是:福利国家。否则,他再好的构想也难以实现,再好的方案也无法运转。

弗兰克在他的《落后》一书里提出了收消费税的办法,它一方面可以抑制社会上奢侈的"炫耀性消费",另一方面,还可以增加税收,建设福利国家,福利国家是资本主义发展到一定阶段的必然产物。国家通过创办并资助社会公共事业,实行和完善一套社会福利政策和制度,对社会经济生活进行干预,以调节和缓和阶级矛盾,保证社会秩序和经济生活正常运行,维

---

① Amy Chua. 1995. The Privitization-Nationalization Cycle: The Link Between Markets and Ethnicity in Developing Countries. *Columbia Law Review* 95(2):223—303.

护垄断资本的利益和统治。自由市场经济造成的经济不平等,会让阶级(或者蔡美儿论述的族群)矛盾增大,我们知道这种矛盾的激化对谁都是伤害。为了缓和这种矛盾,福利国家就应运而生了。

福利国家至少应该做到:以社会保障制度为主体,关键是政府保证所有公民享有最低标准的收入、营养、健康、住房、教育和就业机会等。这样,我们的自由市场带来的不平等才能有所缓和,民主政治带给多数人的政治权力才不会形成多数人的暴政,市民社会也才有稳定的环境来发展,有了基本的保障,才有了个人的尊严得以保障的前提。

不管怎样,不平等是一个历史悠久的问题,不平等的加剧也是近些年来全球性的问题。因此,我们在解决这些矛盾时不仅要有历史的眼光,还要有全球的视野。

这两本书虽然都没有直接论述中国的社会不平等问题,但是为我们提供了可供参考的视角。弗兰克没有探讨不平等加剧的原因,而是将重点放在了伤害方面,并从生物社会学的角度探讨了这种伤害的人性因素。蔡美儿将对以美国为首的西方,向世界推广自由市场经济和民主政治的后果的担忧作为重要探讨对象,把自由市场造成的不平等、族群仇恨和民主政治中大多数人的政治权力结合起来,实质还是不平等问题,以不平等为基础的人性的、经济的、政治的、族群的复杂关系,呈现出一个多面体的图景。对这个图景的分析,对我们的反思改革也许有些启发。不管消费税政策和福利国家是否能够根本拯救不平等加剧的这个社会,但是除此之外,似乎还没有更好的途径。

制度设计与不平等的再生产：从中美教育的一点比较谈起

（发表于《博览群书》2005 年第 4 期，原名为《"幸亏没有生长在美国！"：从中美教育的总比较谈起》）

前不久，听到一位朋友感慨道："幸亏没有生长在美国！"着实让我吃惊不小。时下多少人为了拿到美国绿卡或者公民身份处心积虑、想方设法。如果出生在美国，就成了天生一个美国鬼子了，多省心。待朋友道出原因后，我方恍然大悟，原因在于如果把他的求学经历放在美国教育体制下不可能有今天的成绩。比如，本科和研究生能到一流的大学和研究生院就读。究其实质而言，就是中美不同的教育体制给人的机会不一样，尤其对"浪子回头"者而言，更是如此。

经过了多年的发展，美国的社会制度比较完善。然而，"凡事有一利必有一弊"，这在美国比较完善的教育制度里也体现了出来。就像他们的信用记录体系一样，学生的成绩也是被系统记录的。中小学阶段后果影响不太明显，但高招和研究生院招生的时候就明显了。比如，中学阶段的平时成绩记录不好，就不容易被好的大学录取；本科成绩记录不好，平均积分点不高，就很难进入一流的研究生院。虽然他们也有像 GRE 之类的考试，但是成绩在录取中占的权重不太大，平时成绩所占权重至少不会低于这些考试成绩。这是美国的学生升学录取制度。而中国则不同，一个学生高中一二年级甚至三年级平时成绩不怎么样，如果高考发挥得好，考分高，就可以升入名牌重点大学；本科成绩平平，只要研究生入学考试成绩好，同样可以被一流研究生院录取。这也就是我们通常所说的"一考定终身!"虽然有人批评它,但它也可以带给人好处。虽然实际上一考可能不会定一个人的终身,但是那一次考试在入学录取上的作用远比美国的入学考试大得多,可以说是决定性的。这样的不同录取方法也就是不同的游戏规则,为人们提供了不同的机会。在美国平时成绩差,某一天浪子回头了,即使奋发图强,入学考试时成绩好了也很难为录取委员会所青睐。而在中国,一个以前不知用功的学生,高三或者大三什么时候忽然悔悟,努力奋发,只要高考、研招考试成绩棒,也可以进入优秀的学校深造发展。

　　说到美国的教育体制给浪子回头的机会小,还要考虑到一个学生从一开始进入学校的一系列成绩记录积累对后来的影响。比如,中小学成绩记录不好,就进入不到好的高中,进而就进不了好的本科院校,然后呢,好的研究生院也难进。因为各个层次的录取都是有门第观念之见的。如果你来自一个名气小的或差的中学或大学,即使你每门课都是满分,全校第一,录取委员会也会认为还是不如一个出身于好的中学或大学的成绩一般的学生。据说北京某大学研究生录取曾有个说法,宁要本校普通学生,不要外校尖子生;大概就是这个意思。我们如果说这是歧视也可以。但是,就像某经济学家指出的,我们必须区别一件商品的优劣,有个标签方便,节约成本。就业的时候,用人单位往往喜欢从名牌大学的学生里挑选,因为这样挑到低质量学生的风险小,挑选成本也低。同样的道理,我们也可以说美国这种录取中的门第观念是无可厚非的。于是在美国,已开始的起点就像路径依赖一样,一步步地决定着后来的路子。中途想作跨越式高攀,很难。这样比较起来,在中国就好多了。如果高考时种种可能的原因,导致一个优秀的人才进入了一个三类大学或者不入流的地方院校,他们仍然可以努力学习通过考研,进入名牌重点大学。不同于美国的招生体制给中国的这些学生敞开了"攀高枝"的大门。

　　然后,还要提到美国教育体制中的一个特点,就是中小学里的快班和慢班。中国也曾有过且现在依然存在着的普通班和重点班。但是,我们的两种班只是教的内容难易程度不同,使用的都是高考大纲指导下的同样教材。重点班只是多做些难题,老师偏爱些。而且在普通班里优秀了,可以进到重点班;就是不去重点班,也照样可以和重点班的学生竞争。美国的快班和慢班则不同。他们两种班学的是不同的东西,慢班里的教材和入学考试的要求不同。一旦到了慢班,不可能再入快班,从而很难和快班的学生一竞高低了。

说到这里我们会发现,在美国,一个人的起点是多么重要。这是问题的一个关键。家庭是人生的第一步和以后许多步的后盾,所以,家庭背景就成了一个人一生事业的一个非常重要的影响因素了。家庭富裕的,都搬迁到好的社区,把孩子送到好的学校。于是,高起点开始了。这让我们想到教育产业化的问题。教育本来是实现缩小阶层差距的,但是当教育产业化后,父母的收入就和子女的受教育的程度和优劣呈现更强的线性相关;而良好教育和名牌大学又是社会分层的一个重要指标。于是,实现了复制性的社会阶层再生产。因此,在这个意义上我们反对教育产业化。

本篇谈的多是中美教育招生上的差异带来的机会不同问题。在此,我想就高招和人才选拔问题从进化论的角度再多说一点。首先要把进化和进步区别开来。进化不一定意味着进步,虽然包含进步的可能。进步包含着价值判断的意思;进化实际上是盲目的,自然选择下来的东西只是证明在某时某地的特定环境下的适应。自然在选择的那个时刻是不考虑以后该物的适应性的。许多生命可以在逃过去那个选择点后很适应,但是,自然选择不管这些,也管不了这么多。当然,该事物的过去无可非议是适应的。考试就是在做选择,它类似于自然选择,又不同于自然选择。

考试的目的是为了把优秀的人才选拔出来加以任用,或者把有开发潜力的优秀分子筛选出来,供给好的条件专门培养以备未来使用。因此,考试和成才,包括是否是人才的认可等紧密联系在了一起。考试的这些目的因此和自然选择不同。但是,目的归目的,实际上是否能够达到是另一回事。信息的不透明和不完备,使人们以通过考试获得被选者信息的途径来识别人才有很大的不足。考试本身的局限,包括考试内容和方式的局限,再加上人们无意识或有意识(舞弊的误差或错误)使得考试的信度大大降低,导致有些人才漏选,有些庸人却被误认为是人才而被录用。哈耶克曾在分析过"头脑清晰型"和"头脑糊涂型"两种类型的学术工作者之后说过,进大学需经考试的制度将会使许多对学术作出原创性贡献的"头脑糊涂型"的人遭受被淘汰到大学之外的危险。哈氏认为,多数原创性的知识都是来自"头脑糊涂型"的人。当然,这里所谓的"头脑糊涂"的人,是指那些对习以为常的东西问为什么,经常处于找答案"困惑"之中的人。爱因斯坦是一个典型的例子,幸运的是他至少进了大学。

考试的局限是考试本身逻辑的结果,这就是关于考试的内容和效度的问题。关于考试的内容和效度的争论,已有很长的历史,可参看郑也夫的《信任论》[①]第十一章"科举与学历(专家系统论一)",这里只简单述及一些内容。关于科举考试内容和效度的第一场争论发生在唐代,辩论的问题是明经科(主要考儒家经典)和进士科(主要考诗赋)孰优孰劣。儒家经典主要考记诵的本领,诗赋才能看出创造性的才华。所以进士科最终占了上风,从而也成就了大唐的诗作的灿烂辉煌。但是在评卷时,考记诵儒家经典就容易客观,诗赋的好坏评价起来就颇为困难,所以辩论依然持续不断。于是在宋代发生了第二场争论,主要发生在以范仲淹、王安石以及司马光、苏东坡为代表的两派之间。前者认为诗赋对治国无用,因为当时是用儒家经典来治理国家的;后者则认为靠考试记诵儒家经典不能更好地测试出考生的智力和才华。双方都有道理。他们没有想到、更没有做到的是后来经学——义理和诗赋——美文融合在了一起,成了支配明清两朝的八股文。事实上八股文和我们现在通常认为的八股文是不一样的。潘光旦和费孝通的研究告诉我们,"八股主要不是一种知识的测验,而是一种能力的检查"。[②] 但是直到今天,这场古老的争论还在进行着,因为考试本身的逻辑是,有用的东西未必适合考试,适合考试的东西未必有用。但是,大批量的商品式地生产学生,生产大学生,筛选人才必须有个众多人员参加的标准

[①] 郑也夫:《信任论》,中国广播电视出版社,2001年。
[②] 潘光旦、费孝通:《科举与社会流动》,《社会科学》,1947年,四卷一期。

化考试。这种考试往往是考一些无用的东西，或者不能很好识别出人才的东西。

究竟哪套制度能更好地选拔出真正的人才来，从以上的分析看，很难说。但招生和选拔制度作为一套游戏规则有其功能是确定的。这套规则会影响到许多人一生事业的穷通显达。受考试的逻辑制约后的制度选择依然可以差别很大，从上面我们的一些比较可以看出，有名的美国的标准化考试，像SAT（美国大学入学考试）、托福和GRE这样的考试成了一门考试学。这种考试的评卷客观程度很高。正是这种客观性高使得测量学生真才实学的目的难以达到。于是他们采用了平时成绩系统记录和综合评价的体制，这里边就有了前面我们分析的一步步把人的发展机会给规定了的特点。因而，他们的教育体制游戏规则给人们的选择机会之门是收缩性的。再加上父母收入对孩子教育起点的影响，他们的社会不平等问题更严重。"英雄要问来路！"

■ 明尼苏达札记

我反对了那次"校园改革"

(2009 年 10 月)

1992 年的春天,引进市场竞争机制的改革的春风,吹遍了大江南北、长城内外。"砸三铁","市场经济"等成了流行语。到了 1993 年的春天,这阵长风终于也吹到了豫东一所偏僻村野里的中等师范学校——永城师范学校。于是,竞争的机制也引进了我们的班级,改革的春风在校园里回荡。

班级里的分层

在一个班级里,和社会上一样,同学之间也有着分层的现象,当然这种分层是有它的标准的。要么是学习成绩,似乎这是一个很强硬的标准;要么是班级干部职位;再者就是评先评优,比如当时的永师,就有校级奖学金获得者、班级奖学金获得者、优秀团员(每个班级 4 个指标,前提是必须先评上三好学生)等。其实这些分层的现实,已经让那些从各乡镇每个初级中学里选拔出来的优秀学子们展开了很强的竞争了。这些竞争的结果还会影响到他们毕业后的分配和前途。这些竞争中造成的分层现象,在第一个学期已经初步形成。每个人在班级里的层次地位,第一学年结束则基本确定,可以说在以后的两年里不会有什么大的变化了。

这样已经很强烈的竞争和基本上尘埃落定的班级分层现状,是否还需要引进所谓的"市场竞争机制"呢?引进之后会有什么效果呢?比如会有经济学上所说的"溢出效应"吗?也就是能否带动整体素质的提高吗?当时的我还是中师二年级的学生,脑袋里没有这些概念,但是我却思考了同样性质的问题。因为我是班里的生活委员,直接地参加了校领导召开的这次引进市场竞争机制的会议,然后就要执行。而我,是全校里唯一一个当时直接正面地反对了这次改革的学生——就我所知,而且还在我的班级里开始拒绝了执行,造成了一些影响。所以,多年以来,我一直在思考着那件事。又加上后来选择了社会学研究作为自己的职业追求,更是变本加厉、全面深入地对此事进行了思考。略有一些想法,因为这次"校园改革"事件对其他社会改革有一定的启示,所以决定写下来。

校园里启动的班级改革

当时永师一个学生的生活助学金是 34 块 8 毛钱,如果我没有记错的话,三年都是这样,没有变化。本来是大家每个人都是 34 块 8 毛钱的,可以说就是"大锅饭",学习优秀与否和表现好坏都是一样的助学金。对学习优秀、表现优秀的学生有评先评优专门的表扬机制。

当全国都在"砸三铁"的时候,我的母校也在改革。先是废除馍票,实行菜金制。也就是原来男生 31 斤、女生 28 斤馍票全部改成菜票。当然这是全国取消票证的必然。这还没有影响学校里每个学生还可以领到每个月的 34 块 8 毛钱。班级的分层现象并没有受到影响。当学校领导出台了中师班级竞争机制引进制度之后,班级的分层才真正地显化,可以说是制度化地把分层给定了下来。

新的市场竞争机制是什么呢?就是从 34 块 8 毛钱的助学金上下手,而其他的评先评优制度保持不变。就拿我的班级做例子说吧,48 个学生,分成五个层次来分发助学金。这五个层次中最高的 5 人,最低的 5 人,第二层和第四层各 10 人,剩下的 18 人是中间层,也就是第三层次,是人数最多的一层。这样的分层结构,符合有些社会分层研究的社会学教授所说的"橄榄型结构",中间大,两头小。不过这种分层不是自然形成的,而是规定划定的。将原来的"助学金"改成"奖学金"。打个比方,原来的大锅饭一个人一个月可以领到 4 个馒头,那么新的制度下,就不是了,只有中间层的 18 位同学还是一人 4 个馒头,最上层的 5 个人一个人可以领到 6 个馒头,次高层(即第二层)的10人每个人可以领到5个,第四层的10人每个人可以领到3个,比原来少1个,最低一层5个人,每人只能领到2个馒头,减少了50%。实际结果是,最高层的每个人一个月可以拿到近50块钱,最底层的只能拿到十几块钱。在刚刚实行市场经济的20世纪90年代初,这个差别可着实不小。从经济上,一下子把班级里同学中间的分层关系给明朗化了。

那么,分层的挑选标准是什么呢?这个很重要,它直接地影响到激励机制的后果。标准就是每个人的综合评定分数。我记得大概的计算标准包括这样几项:学习成绩(以考试成绩为准)、各种竞赛活动的参与和获奖情况,包括作文竞赛、演讲比赛、体育运动会,还有学校广播站采用的新闻稿件,遵纪守法等,都按照一定的比例算进综合成绩里边。这样,如果学习成绩特好,因为比例最高,大概是60%到70%的样子,就有很大的希望进入最高层;如果体育成绩很好,在学校运动会上拿了几个冠亚军,也有希望获得一等奖学金。

我的反对及其理由

这个改革不是很好吗?可以让能者优秀者多得,可以激励大家都努力奋斗,共同进步。不是很好吗?我当时的反对不是很无理吗?

让我先回顾一下当时的情况。

我当时是班级里的生活委员。每个月发放那34块8毛钱的生活费就是生活委员的主要职责之一。按一般的道理看,我是最应该拥护这个"竞争机制"的,理由是我的学习成绩、竞赛成绩(也是学习方面的,比如我那三年里学校里举行过两次数学竞赛,我都是第一名,分数远超第二名)都是同学中最好的几个之一,广播稿我发的也是班级里最多的几个之一,我的综合成绩几乎可以说不会出前三名(事实上也是如此)。那么我每个月的助学金就可以比原来多出十几块钱,对于当时家境极为贫寒的我,这是何等的重要。

那么为什么我还反对呢?

在一次班级里的一分钟（抑或两分钟）早自习的公开演讲里，我把原因告诉了同学们，得到的是经久不息的支持的掌声。我已经记不得演讲的原话，但是内容还大概记得。我的理由可以归纳为这样几点：第一，这个34块8毛钱，对于班级里的大多数同学来说，是基本的生活来源，这所师范的生源绝大多数是农村孩子，家境不怎么富裕，有些非常贫寒。第二，家境贫寒的子弟我们还要帮忙呢，为什么要把原来手里的拿走呢？即使拿走后再以对贫困生的救济为由帮助他们，对他们的自尊心是否会造成伤害呢？（这后一点关于自尊心的话，当时我没有明说）。第三，我认为，这个激励机制不必要，因为本来大家都已经尽到自己的努力了，如果再引进这个机制，只会让同学们为着"综合成绩"而疲于奔命，综合素质提高不了，实际上分层结果还是一样。因为我的观察是，班级里的分层在班级组合在一起不久就基本形成，不会有大的变化。也就是流动的可能性太小了。但是，当时，我给同学们讲了一个条件：如果我们班级一直保持在同年级的五个班中的第一名，那么，我就按照原来的办法发放，大家都一样领到34块8毛钱。如果不能保持第一，就得采用学校的规章。我也是向学校领导政教科的蒋科长这样保证的，如果我们班保持第一，就不执行新方案；如果保持不了第一，就采用新的"竞争制度"。这样，在第一次执行新制度的时候，我的班级就是唯一一个没有执行的班级。

班级里的"反对者"

那么，我反对执行新制度，班级里有没有人反对我不执行新制度呢？有。我宿舍一位好哥们就直接告诉我，问我为什么不执行新方案。他的综合成绩在前三名之列，自然在最高层。我能理解他的心情。但是，我觉得，作为一个制度，要综合考虑，不能为了一个朋友就不坚持自己的理念。实际上，我估计还会有人不满意我的"新方案的不执行"，尽管人数不多。然而，至今我依然坚信，在那样的背景下，我的做法是对的。

我很感谢我的反对我的朋友，因为那更促使我反思我为什么反对班级里引进新改革制度。同时，我必须深深地感谢当时我的班主任侯老师，以及班长刘新枫,他们都在一定程度上支持了我。我也要感谢学校领导对我的宽容。至今,我都觉得他们对我这样一个学生的做法实在是太宽容了。我至今仍怀疑当时我为什么会有那么大的勇气,反对当时轰轰烈烈的"校园改革"。大概是我对贫困学生的深刻理解,以及对班级分层不易改变现象的观察,触动我的内心,增长了我的勇气。

"改革"阻挡不了:一次天然试验

大潮都是改革。我的反对也没有能够在行动上坚持下来。第一次助学金发放之后,不久蒋科长找我谈话,说我们班搞特殊,外班同学有意见。于是我不得不执行"改革方案",按照五个等级给大家发放"奖学金"。这样,一个好处是,提供了一次非常好的天然试验机会,"假如"实施了新方案,会给整体素质带来提高吗?负面作用有哪些?当然,这是后来意识到的。

实践证明:第一,我对班级分层和流动现象的观察和判断是正确的。不管大家如何努力,这个名次要想改动一下,实在是不容易。最后5名学生,也就是每次补考几率最大的几个学生。我就想,补考还要交补考费,面子上更不好看,这本身不就是最大的刺激了吗?

实践还证明,同学们确实为了"综合成绩"而疲于奔命。举一个例子吧。就说写广播稿,那玩意儿不是很容易写好而被广播站采用,从而在每天早操时间的新闻里播出的。而在新竞争机制下,同学们挖空心思,每天搜肠刮肚地写稿子,投稿子。浪费了很多的纸张,能够采用的基本上还是那么几个好写手的稿子。有一段时间,有些学生就写人物报道,写我,一连发了好几篇。有的同学就发现,写我的稿子好发,于是据说广播站编辑部每天会收到好几篇写我的稿子,以至于另一个班在团委工作的某同学,在一个会议上专门提出了这个问题,"你们班就一个陈心想了,怎么发那么多写他的稿子"。这些我是听别人回到班级里说的,因为我不是团委和广播站干部,没有参加那个会议。于是,班级里规定,以后不要再写我了。我写这个是为了举一个例子,说明为了挣得"广播稿"分,同学们是如何地费尽心思。实际上,如果没有这个竞争机制的引进,大家不必要这么费神劳心做一些不感兴趣也不是特长的活儿。本来大家,有的爱弹琴,有的爱练字,有的爱画画,有的爱写文章,有的爱好体育项目如打球,等等,实际上是各有所长。为什么要他们牺牲掉他们的兴趣而围着"综合成绩"转呢?

实践还证明,班级整体水平没有提高。上面说,班级里的分层现象没有什么变化,那么是不是大家都进步,也就是绝对水平提高了,只是同学之间比较,大家名次没有变化呢?实际上,尽管难以测量,我的观察却是整体绝对水平没有提高,不仅没有提高,而且还因为牺牲了兴趣,强化了某些指标而大量地浪费了时间和精力。

另外一个副作用就是对第四、第五等,尤其是第五等,也就是最后一等的学生的心理上造成的负面影响,到底如何?我无法估计,也无法测量。设身处地地想,会是什么样子?无疑肯定是有影响地。经济生活上的影响呢?我也不知道。对我而言,我是比较宽裕些了。改革是个好事。设身处地地再想想,假如我不是在最高一等,而是最低一等呢?那肯定是在原本就无法吃饱饭的基础上雪上加霜。

几点思考

我把自己对此事的思考归纳为这样几点:

第一,市场机制带来的是分化,不可避免地分化,走向两极。我在《不平等加剧伤害了谁?》一文里对这个问题有分析。市场是偏好具有某种特征的人群的。市场竞争的结果只能是两极分化,如果没有调节机制的话,会造成整体受伤害的局面。而本文里的班级里引进"市场竞争机制",更是不伦不类。比如,分层,一个班级里的学生分成五个等级,还不是市场机制的结果,而是人为先划分好分化层次。因为,实际上,班级里是无法使用所谓的"市场机制"的。

第二,教育上引进"市场机制"的结果只能是畸形的竞争,造成功利和浪费。制度本来是一种选择。这种选择在社会上,是权力和实力博弈的结果。我们班级里的制度,是外加的。实际上,我们社会上许多的角角落落都是"上级"给定的"规章制度",不符合实际,不是实际磨合的产物,更不用说"科学论证",而是"跟风走",赶潮流。我母校当时的改革就是"市场化改革"之风吹的,"风乍起,吹皱一池春水"。一池春水都被吹皱了,还能无动于衷吗?结果定下的量化的考核指标就牵着他们的鼻子走了。学校班级里如此,GDP作为地方政府的政绩不也正是这样的一个例子吗?

第三,没有基本生活保障的竞争是害大于利的。我上面说了,在经济上,我不知道新制度的实行对那些家境贫寒而又"综合成绩"不高的学生会有多大的打击。在基本生活保障得不到满足的情况下还这样"市场竞争"——某种程度上说,市场法则就是丛林法则——就是一种不人道。

最后,竞争已经无所不在,我们不用再大张旗鼓地摇旗呐喊了。我们要注意的是竞争的负面效应,以及调节竞争中的不良后果。我不想就这么一件小事情上纲上线地对整个社会说什么,但是,那次"轰轰烈烈的改革"也是我们的社会发展历程里的一个缩影。

我的母校的校园改革,已经成为历史,但是历史总在现实里探头探脑。我感谢我的母校有那么一次改革,她对我那么的宽容,让我有一次实地观察和感受的机会。我反对了那次校园改革,反对的是对是错?尽管我依然有充分的理由,坚信我是对的,但我依然在随着阅历的增加而更深层地思考着。

文凭社会:高校扩张与文凭贬值及其他

(发表于《明日教育论坛》第 30 期)

一、文凭社会

1978 年日本学者矢仓久泰出版了《学历社会》①,1979 年美国社会学家柯林斯出版了《文凭社会:教育和分层的历史社会学》。② 这宣告了文凭社会的到来,也即是学历社会的到来。在现代社会,学历和证书逐渐铺天盖地而来,令人有窒息之感。尽管科举和管理国家在古代中国密切相关,但学历和证书渗透到社会政治经济文化各行各业则是近些年的事情。自 20 世纪 70 年代以来,经理阶层变得专业化,学历几乎成为企业挑选经理的前提条件。现在领导干部知识化,也要有学历。学历标志的就是加利·贝克尔所谓的"人力资本"。为了制造更多的学历和证书,高校和各种培训机构出现并扩张了。但大学的扩大不会消灭学历社会,将如贝尔所说,"到那时,最为重要的是知识社会本身的内部分别。(它)将永远持续下去并永久存在。"

二、面对文凭社会,高校的扩张

文凭市场的需求愈演愈烈。以研究生教育为例。2005 年报考研究生

---

① 矢仓久泰:《学历社会》,王振宇、程永华译,吉林人民出版社,1982 年。
② Randall Collins. 1979. *The Credential Society:An Historical Sociology of Education and Straification*. N. Y.: Academic Press.

的人数突破百万大关,再创新高。回头看看过去数年的情况,中国研究生入学考试竞争确实是愈来愈激烈了。下面一组过去几年里全国报考研究生的人数统计数据就清楚地显示了这一点:

年份	1997	1998	1999	2000	2001	2002	2003	2004
报考人数(万)	24.3	27.4	31	39.2	46	62	79	94.5

为了满足社会教育市场的需求,高等学校扩招了。2005年全国普通高等学校本专科招生人数将达到475万人,比去年增长8%。2005年全国研究生招生总数为37万人。研究生招生总数中,硕士研究生招生31.6万人,比上年增长15%左右,博士研究生招生5.4万人,比上年增长2%。1998年的研究生报名人数不到28万,2005年增加到突破100万,是1998年的大约4倍;招生人数由大约8万增加到37万,大约是7年前的4倍多。这种竞争高学历现象的背后是什么呢?就业压力、经济富裕后的人力资本投资、提高自身素质、找份高薪工作、进一步获得提升等,都成为理由。但是最本质的是教育文凭和社会分层的相关性太大了,也就是教育文凭和利益直接联系起来,高文凭,高利益。古今中外,什么东西能够带来名誉利益,人们必然群焉趋之。随着"知识经济"和"科技是第一生产力"的观念在人们的头脑里扎根愈来愈深,学历和文凭的神话自然难以打破了。柯林斯在其1979年出版的《文凭社会》里就揭露了技术精英的神话。名义上人们求高学历是为了学习知识和技术,实际上并不完全是这样,许多高学历和高职位联系在一起了,高学历文凭是获得高职位的敲门砖,因此是为了这块敲门砖而去拿那些高等文凭,不是为了什么知识和技术。许多职位并不需要硕士、博士,一般人就可以了。但是为了抬高老板或者机构的地位和价值,招人就变成非研究生莫谈了。

教育和社会分层关系密切。从某种意义上说,这也是个好现象,靠文凭和证书获得高的身份和地位比起当年靠揭发检举"革他人命"而飞黄腾达好多了。《叫魂》①作者孔飞力在故宫查资料时和一个老红卫兵谈话,那老红卫兵很不满意现在的社会,因为,现在干什么都需要文凭和证书,不是当年靠打倒别人就可以升官发财了。老红卫兵的失落也正反映了学历社会的好处。

但是,学历社会迫使教育扩张导致水涨船高,文凭贬值。拿本科文凭的人多了,用人单位就提高了条件,非研究生不要。有了博士文凭,我们还要博士后。有顺口溜说现在是:"学士不如狗,硕士满地走,博士还可抖一抖。"于是,大家争相考研读博。随着高校的扩张,虽然学士不如狗,但是,如果本科文凭也没有的话,求职提升时不更糟吗?这样,本科教育越是普及,一个青年越是要力争至少读个本科。这是个社会锁定的事实,就像孙立平先生在《断箭》②里分析的那样,弱势群体在社会里要掉队了。如果不想被大社会甩出去,就要去求高学历文凭和各种资格证书。这样一来不可避免的结果是残酷的竞争,愈演愈烈。

研究生报名人数也是逐年递增,好在招生规模也在扩大。那么多科举考生年年备考,读四书五经,是社会的一种人力资本浪费。现在这种情况依然如此。比如高三复读生、"考研专业户"等。扩招造成了文凭贬值的后果就是社会巨大的浪费。柯林斯是教育膨胀和文凭贬值带来社会浪费观点的代表人之一。他认为货币贬值造货币的代价不高(当然他不是经济学家,不去考虑诸如社会后果带来的浪费和低效问题),而培养一个人拿到文凭是代价很高的,是一种很大的浪费。他在一篇访谈里说,麦当劳的普通员工也要有博士学位才能做吗?但是,这个分层的社会,人要往高处走,何其无奈!在文凭可以带来"黄金屋"和"颜如玉"的情况下,人们怎样才能走出"唯有读书高"的"教育情结"?

---

① 孔飞力:《叫魂:1768年中国妖术大恐慌》,上海三联书店,1999年。
② 孙立平:《断箭:关注当下中国发展中的社会断裂》,《社会学家茶座》2002/2003,第一、二辑。

三、文凭社会里的农村孩子失学问题

在文凭社会里,文凭是那么重要,学历是进入高级体面职场的入场券。那么,如果我们把眼睛转向广大农村,我们会看到一个很复杂的图像:一方面农民们含辛茹苦省吃俭用供子女上学,以求鲤鱼跳龙门;另一方面,大量的中小学生因经济原因或者升学无望,或者认为即便考上也上不起,或上了大学也难找工作的观念而辍学。于是农民的经济地位和前途的关系在文凭社会里更凸显了。布迪尔在《国家精英》[①]里揭示了经济资本和文化资本是如何共同作用再生产了社会统治阶层和下层人民的。通过教育系统和文凭制度,森严的社会等级制度得到了掩饰,把植根于经济与政治等物质权力的那种历史武断的社会秩序转变成文化精英阶层们温文尔雅之外部表现。社会等级制度作为衡量社会成员优秀与否的尺度,使一部分人获得了社会尊严,使另一部分人沦落下层。像布迪尔的母校巴黎高等师范学院这样的"知识分子精英学院",是培育法兰西高级知识分子的温床。学校的入学要求是学生要有很好的文化修养和学院气质,而这些正是那些来自于资产阶级贵族家庭的学生所具备的。如此就培养出了文化资本家。而像高等商学院和巴黎综合工科学校等高校旨在培养国家与工业界的领导者,吸引的学生则主要来自于,也注定了是来自于经济富裕的法国中产阶级上层家庭。法国的国家管理学院定位在上述两种精英学府的中间,重点培养内阁成员与高级社会服务人员,既注重文化能力,又强调经济能力,招收的学生主要来自于那些罕见的既有世袭财产又有文凭的家庭。

其实布迪尔的这种出身决定人生前途的基本思想,早在费孝通的那篇落款日期为1943年7月3日的《遗传和遗产》里就有了。只是布氏的是系统且有详细证据和实证材料的学术著作,费的只是一篇杂文。费说,"若是你愿意分析一下成败人的历史,除了少数例外,大多数可以把他们成功的

---

① Pierre Bourdieu. 1996. *The State Nobility: Elite Schools in the Field of Power*. Stanford, CA: Stanford University Press.

原因归功在他们父亲们给他们的遗产。尤其在一个平治的社会中,若是你父亲没有给你留下一笔可以使你有二十年不必工作的生活费,你就别梦想有进入学校的机会。不进学校,即使你自己很用功,却总得不到一个毕业的资格。很多位置是不允许没有这资格的人去占有的。从表面上说,以学识来选择人才是最合于优生的原则了,但因入学的先决条件在经济,于是最后决定者仍是遗产。"费举了当时英国的例子,根据托尼的计算,英国历任阁员中,除少数例外,都是出于英国四个有名的中学。这些学校学费极其高昂,平民子弟是无缘进入的,从而断送了他们的仕途宦运。中国的情况呢?费先生根据自己在当时中国农村的调查说,"我在农村里调查过不少实例,我的结论也是无法承认一个吃苦的农夫做了一生牛马能创立一个可以养老的家业。你要生活优裕,记着我的话,你必须有个好爸爸。他给你一笔财产之后,你才有资格讲努力,讲拼命。"现在的中国呢?从大量失学的农村中小学生的事实,我们认为布氏和费先生文章中的道理依然没有过时,觉得还是那样鲜活。

可以改变一下这种局面吗?怎样才可以让没有个富爸爸的孩子依然可以进学校受教育,有资格讲努力,讲拼命呢?以我本人的经历来看,希望还是有的。希望还在于制度的安排。不同的制度安排可以影响这种不公平和不平等。我这一代人中像我这样的地道农家娃子是大大受惠于中国的教育制度安排的。我小时候我家是贫困农村里的贫困户之一。1983年入学小学一年级时,书钱、学杂费一共才两块钱。因为我家是贫困户春节时学校又退还一块,给家里过年用。上初二的时候,差一点就去徐州打工,走上盲流的漫漫长路。幸运的是,当时学费不高,加上学校对我的特殊照顾,我坚持了下来,并且初三毕业以优异的成绩考入中等师范学校。以当时的中师待遇,顺利地念了三年,保送上了师范大学,也不收学费。直到到北京公费读研究生,我都一直受惠于国家的教育制度。现在回想起来,觉得自己很幸运,赶上好时机。现在即使扣除物价上涨部分,我家乡的中小学收费也比我那时候高多了。而且各种复习资料和学习用品的摊派也很厉害。这样做对农村孩子很不公平。不能因为他们的爸爸穷而使得他们失去了天资应该发展的机会。虽然像布迪尔和费孝通说的情况我们实际上难以完全避免,但是我们努力改善改善还是可以做到的。仔细想来,仅就农村孩子而言,国家办好九年义务教育是多么重要;同时希望国家能为家庭贫困的大学生设立完备的贷(奖)学金制度。具体办法的探讨,不是这篇小文的任务。

四、文凭与信任

从词源学上看,文凭(Credentials)的词根是 credere,有信任的含义。我们说现代社会生活依赖于两大"系统信任":其一是货币系统,其二就是以学历为基础的专家系统(郑也夫《信任论》)。但是现在是"真的假文凭"和"假的真文凭"都应运而生了。所谓"真的假文凭"就是人大天桥、中关村大街到北大西门一路上文凭贩子卖的文凭,确实是假文凭。所谓"假的真文凭"是那些老板官员们,秘书代上课、写论文毕业,从学校拿到的真实的大学里的文凭,制作和办理机构是合法的,真的,但从含金量实质而言,是假的。对于治理假文凭,"真的假文凭"好治,以后可以有个系统,计算机上去查;而且用人单位只要不是傻子,肯定会辨认出来的。我见过有人买的假文凭,盖的章质量很差的。更重要的是治理"假的真文凭",是个制度体系问题,颇不容易。

另一点,对大众来说,学校师生对待文凭的态度,对公众产生对文凭的信任感很重要。在西方社会,像英美这样的国家,毕业学位的授予是非常隆重严肃的。任何一个参加过英国或美国主要高等学府学位授予典礼的人,都不会不震撼于他们那种古典式的虔诚。各种设计得大同小异的博士、硕士服装和帽子,师生穿戴齐备,像大主教在教堂举行教会神圣礼仪一样,教授们庄严地授予毕业生学位文凭。在国内我念了本科,还念了一个硕士,从来没有参加过毕业典礼和学位授予仪式大会。不是我偷懒不去,而是没有,就是班级学生干部把证书一摞抱过来,大家领了。也或者是班干部作为代表参加了,而我这个普通学生是不知道的。没有一点神圣庄严的感觉。在美国我还没有毕业时,就参加过别人的毕业典礼。他们不仅自已参加,而且还邀请亲朋好友一起,人生一件大事,仪式之庄严而隆重自不必言。通过这些来增加人们对文凭的信任感。不然,视同儿戏,如何可信?!

五、文凭与考试

近来我手边有本《湘乡曾氏研究》,随手翻了翻。发现科举之路对不少的有才华者来说,着实是一大不利。曾国藩家族除了曾国藩本人是科举之路的成功者外,曾的几个弟弟和子侄辈大都是避开了科举之路而成就一番功业的,而走科举一路的则不易获得发展。比如,曾纪泽和曾纪鸿兄弟两个的路子选择就造成了明显不同的结果。曾纪泽虽然才分颇高,但是考运却始终不佳,两次应试,皆告落第,因此他绝意企求科举,转而专注于经世致用的学问,还自学了外语。后来出任驻外大使,成为一位值得称道的外交家。而他的弟弟曾纪鸿,自幼即十分聪颖,他年纪很轻时就以神童的姿态考取秀才,在算学和天文上都做得不错,而且通洋务,以他的资质才学,应是可以大有作为的,但是选择了科举的路子,一再落第,郁郁而终,年仅三十四岁。

考试的局限是考试本身的逻辑的结果,这就是关于考试的内容和效度的问题。关于考试的内容和效度的争论,已有很长的历史,直到今天,这场古老的争论还在进行着,因为考试本身的逻辑是,有用的东西未必适合考试,适合考试的东西未必有用。而且,就像进化中的自然选择一样,通过一场考试的筛选,留下来的只是适应了这次考试,而不一定适应以后,而有些可能如果被选中了就会前途无量。但是,大批量的商品式地生产学生,筛选人才必须有个众多人员参加的标准化考试。这种考试往往是考一些无用的东西,或者不能很好地识别出人才的东西。这种考试很可能就把哈耶克所说的"头脑糊涂型"的人给淘汰掉了。因此那些考试状元们,尤其那些高考状元们,不必为了得了这个状元而自傲得不得了。要知道古来对人类作出伟大贡献的人中有几个是状元?成不成才,路还遥远。仲永同学是前车之鉴;落榜生要争取还有学习的机会,也不一定是在学校里学。但现在是个文凭社会!

明尼苏达札记

关于"劣币驱逐良币"

——与周其仁先生商榷

(发表于《书屋》2007年第2期)

在周其仁先生博客里读到《劣币驱逐良币不成立,优胜劣汰违背规律》,该文后来发表于2006年5月28日《经济观察报》,很有意思。对周先生的大名早有耳闻,也念过先生大作,他有乃师张五常先生之风,加之对"劣币驱逐良币"这个现象很有兴趣,所以不敢错过这篇新作。拜读之后,我觉得有些话如鲠在喉,不吐不快。

葛氏定律(Gresham's Law,也有人译为格雷欣法则或格雷沙姆定律等),也就是通常所说的"劣币驱逐良币"定律。周先生以西方公案的方式介绍其来龙去脉,也就是先生说的"以讹传讹"。16世纪的英王伊丽莎白有位顾问,就是Sir Thomas Gresham(葛氏),他发现市场上流通的货币,由于在流通中磨损而重量不足,人们便把"足金"储存起来,熔化成金属块,甚至转运出口,只把"不足"的拿到市场上使用。这么一种现象,在约三百年后,经由英国经济学家麦克劳德(MacLeod)(《政治经济学基础》,1858年版),归纳为"劣币驱逐良币"(Bad money drives good money out of circulation),并称之为"葛氏定律",从而成为经济学理论中的一大定律。

笔者要商榷的第一点是,"劣币驱逐良币"这个定律是不是"以讹传讹"。我认为:一是葛氏自己从来没有说过"劣币驱逐良币";二是这一现象的发现权不在葛氏,之前早有人发现了"劣币"用于市、"良币"被收藏的现象。然这两个原因都不能说明先生所说的"以讹传讹"。第一个原因,很简单,我们以先生熟知的"科斯定理"为例,斯蒂格勒的命名是不是"以讹传讹"? 第二个原因更是和"以讹传讹"无关,因为不管是"葛氏定律"还是"奥氏定律"、"张氏定律"还是"李氏定律",所概括的"劣币驱逐良币"这一现象总是存在的,不知道是以"什么讹"传"什么讹"。

其实这只是个小节问题,关键在于,先生要驳斥的是"劣币驱逐良币"这个定律,它不成立,因为优胜劣汰违背规律,这个才是根本要商榷的地方。而先生的"以讹传讹"论意在驳斥葛氏定律,实际上风马牛不相及,而且第二个原因也正说明了其现象的存在。在商榷该定律是否成立之前,我还想说,先生文章的开头显示出的某种意蕴,颇值得玩味。

先生说以讹传讹的"劣币驱逐良币""是西方历史上的一段公案,可是在中国非常流行,大家不但耳熟能详,而且常用来作为对可观察事件的规律性总结",在中国的情形说得没错。那么在其他非西方国家呢?"我们不得而知。去年到印度开会,问过接待人员,回应也是广为人知"。周先生的意思是以讹传讹的"劣币驱逐良币"在西方历史上是公案,"可是"在非西方国家,至少在中国和印度是非常流行。读后以"度君子之腹"来揣摩,先生的意思大概是人家西方都是公案,我们却视为宝贝,是不是"崇洋媚外"? 个人鄙见,在马克斯·韦伯的著作中,我读到了这个定律,在诺贝尔经济学奖获得者信息经济学家阿克洛夫的经典论文里运用了这个定律,哈耶克的论著中也对其作了阐述,在英语界,我用 Google 网搜索到了 11.7 万篇"Gresham's Law"的网页。这么说是不是这个定律在西方也是"非常流行,大家不但耳熟能详,而且常用来作为对可观察事件的规律性总结"呢?尽管里面有反思和完善。

还是回到"葛氏定律"成立不成立上来。周先生说,"让我们想象回到贵金属货币时代,大家都拿银子付账。试想,要是不足分量的银块照样被作为'正常的货币'使用,谁又会比别人笨?"在某种意义上,就事论事,不无道理。"欧元之父"蒙代尔(Robert Mundell)在其 1998 年的著作 *Uses and*

*Abuses of Gresham's Law in the History of Money*① 对此问题以及其他有关问题都有精到的论述。在这里,可以说周先生至少没有考虑到,不仅"谁又会比别人笨?"不成立,因为人们的智商是有差别的,而且还有信息的不对称问题。比如在阿克罗夫的"柠檬市场"上,对旧车的信息,车主和顾客所知是不对称的。我们可以说"好"的旧车是"良币","差"的旧车是"劣币"。按照阿克罗夫的推理,在市场上由于信息的不对称,造成买家出的价格是同一个价。相比较而言的"好"车都退出了市场,最终市场上没有旧车。也基于同一个价格的原因,蒙代尔认为,对"葛氏定律"可以接受的表达是:Good money drives out bad if they exchange for the same price。因为两者交换价格一样才会发生这种"劣币驱逐良币的现象"。写到这里,我们因此可以说周先生在某种程度上是对的,但是作出"劣币驱逐良币不成立"的结论,是有些武断了。公平地说,周先生也没有完全否定这个定律,因为结尾一段里有这样的话:"在一定的信息和制度成本约束下,劣币可能刺激劣币,也能诱发出更多劣币。但是,还等不到越来越多的劣币把良币驱逐干净,劣币自己就不能维持"。说得没错。只是,还是蒙代尔做得地道,找出了局限条件,比如就提出了一个分界点理论(The Theory of the Breaking Point)的问题。这样,在某个分界点之前,"劣币驱逐良币",过了这个点之后,就不成立了,反而"良币驱逐劣币"。因此,历史上没有出现周先生说的劣币"把全世界人民压得不能动弹"的情形。详细的内容可以参看蒙代尔的作品,这里不赘述。

再一点要商榷的事情是关于理论和真实世界的问题。作为张五常先生的学生,周先生一定知道老师所说的,从对复杂世界的简化提炼出经济理论和在真实世界里找局限条件这两件事情。徒弟操起刀来,就忘了师傅的真传了。阿克罗夫的"柠檬市场"开创了信息经济学,文中就用了"劣币驱逐良币"这个现象作为推理的起点,结果也是同周先生推理的一样,市场

---

① Robert Mundell. 1988. Uses and Abuses of Gresham's Law in the History of Money. *Zagreb Journal of Economics* 2(2):3—38.

上不会有旧车出售,而真实世界却是有大量旧车在出售。因为理论是简化了的帮助人们理解和解释世界的工具,而真实世界是复杂的系统。我们有信誉制度,有修车老板可以帮买主检查旧车状况,买主也可能有一定的开车经验,开起来感受旧车状况等等。加上这些,就可以解释为什么没有出现"劣币驱逐良币"的极端,比如旧车市场没有卖主的情况。

最后附带提一点制度经济学大讲的制度问题。制度不同也会造成"劣币驱逐良币"现象。比如大学生找工作,如果以能力为用人标准,单位里会出现"良币驱逐劣币",否则以关系用人,可以断言,至少部分"良币"会被"劣币"驱逐出去。然后呢？如果有一个世界市场,某地方被驱逐出的"良币"便会流动到以能力为用人标准的地方,从而出现了"楚材晋用"、"孔雀东南飞"以及"出国潮"等。周先生可以从现实中找到好多事例来琢磨"劣币驱逐良币"是否成立,它的局限条件及其后果,也可参考前辈如蒙代尔和阿克罗夫等的著作。那样,站在前人的肩膀上,才会看得更远,见解也才更深刻。

"房奴"的背后：从电视剧《蜗居》谈起

(2009年12月)

电视剧《蜗居》之热，笔者以为最重要的原因，是剧中对当下"房奴"生活的反映。其他的什么性、腐败、包二奶等，并不足以勾起人们如此"厚爱"的神经。海萍、苏淳夫妇的"房奴"生活，以及为了海萍买房子借钱的海藻的悲剧，如此现实地反映了当今大都市里年轻白领的围着"房子"转的"狗样生活"。都市里，房产吹起的"泡沫经济"，让那些进了城，但城里没有根基，老家父母又无法提供经济支持的年轻人，为了安居之后乐业，必须为着"买房子"而奋斗。房子和车子，似乎是现代都市男士找老婆要具备的最基本的条件了，否则大概就是免谈。那么，借用蔡明小品里的话就是，这是"为什么呢？"房奴的背后究竟是什么原因，导致了如此的社会现实？笔者愿意把自己的一点思考拿出来与读者朋友们交流。

祖荫：财富不平等的复制

先不谈大的房产泡沫经济，我们还是从海萍逼迫苏淳向父母"要"6万块钱说起。这是第一个原因：代际之间社会不平等的复制，或者说财富、资源不平等的社会再生产。其实这个道理很明显，也很简单。如果海萍和苏淳双方的父母能够出得起钱，他们就不必过"房奴"的生活。就不会每天被一串的数字压得穿不过气来。如果说要父母出资买房子是啃老族，则必须有东西可啃。或者父母是"江州市人"，祖业丰厚，有房产，问题也解决了。

在社会地位的流动上和健康上，父母的地位和资源对子女的影响是非常显著的。经济学家和社会学家对这种地位的社会流动，以及父母的地位和财富对子女健康的影响有非常多的细致的研究。父母的受教育水平和地位，尤其是财富上，在子女身上会明显地体现出来，富人的孩子长大了还是富人的可能性，远远地大于穷人的孩子成为富人的可能性。比如海萍夫妇买房子，积攒了那么多年的钱，结果是越积攒钱，离买房子所需要的钱反而差得越远了。如果当时刚开始工作，就有父母的经济支持，在"江州"买了个位置好的大房子，这么些年，净盈利是多少呢？这么两头算算，父母的财富差别对子女财富的影响何其大呀！再加上为了买房拼命工作对身体的损害，女儿不能和自己一起生活所受的亲情折磨，为了钱而"穷吵"的伤害等，代价该是多么大。这是任何一个社会都存在的现实，社会地位的代际复制，父母的财富和地位直接地影响着子女的福利。有人说在美国富豪都不把财富传给子女，而是捐给社会。事实上代际的财富继承仍然是主流。就是我们退一步说，他们不把财富给子女，但子女从小得到的良好教育和锻炼，以及父母的地位带来的社会网，也足以让他们自己成为富翁。

符号：炫耀性消费

为什么非要买房成为"房奴"，而不是租房呢？我们可以从拥有房子作为地位和能力的信号或者符号来看，它是一种炫耀性消费。对炫耀性消费的研究是从凡伯伦的名著《有闲阶级论》开始的。有些物品的消费不在于其使用功能，而重在这种物品作为一种代表性的地位符号。而且买房子和找老婆如此密切地联系在一起，正应了"炫耀"与"性"的进化论解释。郑也夫在《神似祖先》一书中，有一章专门讲"性选择与炫耀"。比如在动物界里，达尔文的"性选择"理论认为，动物的色彩、羽毛、唱歌、跳舞等，都是一种炫耀，以此来吸引异性。如果说海萍是结婚之后围着买房子转的话，那么海藻与小贝的分手以及与宋思明关系的发展，房子就是一个很重要的原因。现在不少的女孩子相对象，房子几乎是第一条件。农村有句老话，

"没有梧桐树,哪来金凤凰?"房子就是那"梧桐树",老婆就是那"金凤凰"。

　没有房子的想房子,有房子的还想要大房子,有大房子的还想着豪华别墅。人的欲望是不断地膨胀的。背后的原因就是和他人的比较,这种比较就是要发挥物品的炫耀性功能。对于个体的成功而言,这种追求是一种理性,而对于整个群体则是非理性的,要付出很大代价,造成个体之间的"军备竞赛"。比如,经常引用的雄孔雀的尾巴的例子。雄孔雀漂亮的长尾巴能够吸引异性,使其得到"老婆",或者得到更多的"老婆",因为雌孔雀以此漂亮的长尾巴选择"老公",相当于"以大房子"来相对象。可是雄孔雀的长尾巴在逃避敌人时却是一个很大的累赘。这就是一个代价。还有大量的营养跑到尾巴上去了,这又是一个代价。为了讨老婆、"包二奶"的男士们不也付出了同样的代价吗?成为"房奴"是代价之一,贪污腐败也是代价之一,宋思明就是一个例子。

　炫耀性消费如果处理不好,就是这种集体困境。最近还看到经济学家研究人们对炫耀性物品的消费和人力资本的投资的论文,研究的是印度某地婚嫁的炫耀性消费,比如婚宴、嫁妆之类。有的人家为了嫁女儿摆婚宴,可以花掉六年的家庭总收入。因此,有些人家终身背负着为一次面子的炫耀性消费欠下的债务。经济学家问,为什么不把这些资金投入到教育,来提高人力资本,走出贫困的泥沼呢?答案就是因为这些消费是炫耀性消费,可以展示家庭的地位和实力,而投资教育,一时半会儿不会显现这种炫耀性的效果。因而,这种消费就导致了那些人一代一代地复制着贫穷,走不出贫困的陷阱。当然,投资买房子不完全等同于婚宴之类,但仍然极为相似,尤其是其后果造成的"房奴"和他们的"负债累累"。

政策:房产泡沫政府的责任

　现在我们来从政策角度看"房奴"问题。房奴在美国一样是个严重的社会问题。我们的政策很大程度上是从美国学来的,虽然有本土化的地方。我们就从影响美国的著名公共知识分子创新经济学家和人才学家弗罗里达的《经济冲击如何重塑美国》①一文，来看看美国政府是如何在近百年的历史里促成了现在的房产泡沫。

美国在大萧条之前，只有一小部分人有自己的房子。但是在 20 世纪的三四十年代，政府出台了长期抵押政策，降低了支付款，使更多的人有能力买上房子。尤其是房利美（Fannie Mae）的创立（1938 年），更促进了这个抵押买房体系的运作，它可以购买那些抵押。当联邦收入税创立的时候，抵押减税的项目赋予购房消费享有着其他项目消费没有的特权。所以，从 1940 年到 1960 年的 20 年里，有房子的人占总人口的比例从 44% 上升到 62%。随着大家拥有了房子，人们对汽车的需求也增大了。近些年，诸如可调税率抵押贷款和抵押次贷等金融创新，使更多的人买了房子，而且依然保持着对房子的高需求。截止到 2004 年，69.2% 的美国家庭都拥有了自己的房子。和大萧条一代比，对生活在现代金融体制下的年轻一代而言，买房子变成了美国梦的更为核心的部分。这次经济危机表明了人人早就都知道的，美国人的生活已经超出了应有的限度，依靠着虚幻的房产财富和大量外资，他们消费了远远超出自己生产成果的东西。

这种房产泡沫的代价也是很明显的。在地价低廉且房地产业占主导地位的地区，泡沫造成了大规模的无法持续的经济增长。房产泡沫鼓励低密度散居的生活方式，而这不适合一个以创新为基础的后工业化经济。最重要的是，这种生活方式将劳动力限制在某个地区，主要是由于房产不能及时变现盈利而套住房主，而现在的情况是劳动力的弹性和流动性更加重要。在一个灵活性和流动性大的情况下，因为房子而阻碍了流动，对一个地方的发展不利。房子卖了吧？比如老工业城底特律，卖不出价钱了。为了房子，人就拴在这儿了。不过，正像有些人说的那样，一旦房子价钱泡沫地不值钱了，人们也就无所留恋地要搬走了。而且弗氏认为，虽然拥有房子可以带来一些社会利益，比如公民参与，但是与此同时经济是要付出代价的。经济学家奥斯沃尔德的研究表明，在欧美，那些有房率高的地方，同

---

① Richard Florida. How the Crash Will Reshape America. *The Atlantic*. 2009.3.

样也经受着高失业率。高有房率是一个很重要的预测高失业率的指标,比工会入会率或福利支出慷慨程度更为重要。常常发生的是,人们被房子绑在了那些衰落了的地方,如果可以找到工作的话,也是被逼无奈地去工作,因为那些工作并不是他们的兴趣所在,也无法发挥出他们的能力。

因为借鉴的是外来政策,加上本土化,我们中国的情况也有政府的政策问题。尤其是政府和开发商的某种特殊联系使得房产泡沫问题更为严重。政府如果不用政策这只有形的手干预房产泡沫问题,后果就不仅仅是房奴的问题,而是整个的经济被扭曲的问题。

租房:可能的出路

政府的政策要鼓励租房,而不是买房。弗氏认为拥有房子作为美国梦的核心地位是政府的政策造成的。弗氏对当今的房产泡沫、金融危机和重塑美国社会的解决方法,第一个就是去除以拥有房子作为在美国的特权地位的象征。从减税到低抵押利率等实质性的激励扭曲了对房子的需求,有了房子还要大房子,更大的房子。如果没有这些特殊政策,他们不会去买更大更好的房子。而且这些政策也影响到了居住模式,大家都到郊区住大房子,人们的居住密度就很松散,这也不利于人们的交流和沟通,从而降低了碰撞出创新火花的机会,也减少了创新。而创新型经济正是新经济的核心。

有人会说,还是买房子好,可以更有尊严、更快乐等。租房子和买房子比较,谁更快乐呢?沃顿商学院的格雷斯·王最近的研究表明,在控制了收入和人口之后,买房者并不比租房者更快乐,买房者报告的压力不比租房者小,买房者的自尊也不比租房者更高。而且弗氏认为,当住房拥有率上升的时候,我们的社会变得不再有活力。美国的情况是,20世纪的五六十年代,一年里可能移居其他城市的美国人大约是现在的两倍。去年移居的美国人占总人口的比率是调查局自20世纪40年代末开始有统计以来最低的。这种在劳动力市场蔓延的刚性,对经济而言是个不好的信号,特别是在一个行业、产业和地区急剧变化的时代。

从买房到租房,弗氏认为赎回危机创造了一个现实的机会。与其抵制赎回,政府不如提供便利以使痛苦和混乱最小化。比如,要求收回房屋的银行将房子按市场租金,回租给原来的房主若干年(租金通常低于抵押贷款月付,到期的时候,原房主按照市场价有优先购买权)。一个更大、更健康、有更多选择机会的租房市场将使租房成为对很多人具有诱惑力的选择;也使经济整体变得更有弹性和反应迅速。尤其是在现在这样一个流动率越来越大的新经济时代。

回到我们的电视剧《蜗居》,如果租金也越来越高的话,在大都市实际上租房也会成为一个问题。所以,笔者认为,租房只是一个可能的出路。还有一个可能就是,因为"长安米贵,居大不易",所以,没有财力居住下来的人,就到小些的城市。当然,海萍、海藻他们都是不愿意回到老家小城的。北京、上海这样的大城市是创新经济的火车头,这里是人才汇聚的地方。人才要扎堆儿,才能更容易发挥自己的兴趣和特长,才有更多的机会遇见哲学家、诗人、科学家、赞助商、志同道合者,胸怀大志的年轻人还是应该在这样的大城市有所作为的。当"鱼和熊掌"不能兼得的时候,就要权衡利弊予以取舍了。

■ 明尼苏达札记

地位物品:增长的社会限制

(2008 年 8 月)

增长理论的开创者,1948 年与美国经济学家多马同时提出被人们称为哈罗德-多马增长模型的罗伊·哈罗德爵士,为了一张伦敦到纽约的便宜机票写了一个短短的会议论文。论文写于 1958 年,收录在当年的会议论文集里。14 年后的早春某天,告别了在世界货币基金工作了五年半的职位,将赴牛津大学纳菲尔德学院之前,41 岁的弗雷德·赫希,拜会亲友时和以《无快乐的经济》①等著作闻名遐迩的西托夫斯基相遇。赫希望着西托夫斯基,问他有什么好的题目吗,他可以到牛津去做。谈话后,西托夫斯基就把 1958 年会议论文集里含有哈罗德论文的两页复印给了赫希。就是这一举动,西托夫斯基认为是他对经济学最好的贡献之一。因为 9 年后的 1977 年,一本经典著作《增长的社会限制》②问世了,也是赫希留给我们最好也是最后的礼物——第二年的元月赫希因病与世长辞!

那么哈罗德的短小论文写的是什么,能激发一个学者写出一本经典名著呢?哈罗德作为一位英国上层精英,在他的短小论文里展示了上层阶级的某些特权,它永远不会是每个人都可以得到的,不管平均实际收入增长到多高,比如雇佣人,把家安在纽约最好的地方,在最好的饭店里享用最好的饭菜。这个现象很好理解,就是从这个现象出发,赫希提出了"地位物品"的概念,或者翻译为"位置性物品"。地位物品和非地位性物品的区分

---

① Tibor Scitovsky. (1976)1992. *The Joyless Economy: The Psychology of Human Satisfaction*. Oxford University Press.
② Fred Hirsch. (1977)1995. *Social Limits to Growth*. London: Routledge.

是赫希的杰出贡献。前者是指与其他人所拥有的同类物品的比较在很大程度上影响着这些物品的价值,即这类物品的消费会影响消费者在某一社会环境中的相对地位,故被称为地位物品或位置性物品,如汽车和住房;后者是指那种消费是物质性的,但不是地位象征物,因此被称为非位置性物品。

资本主义社会假定经济增长是社会和谐的前提条件,因为增长可以保持高就业率,也是提高消费标准的要求。可是赫希指出,当经济增长超过一定水平时,两个新的社会限制就产生了:社会性稀缺和道德秩序的削弱。而社会性稀缺比罗马俱乐部发布的物质性稀缺更重要。当物质性物品越来越容易获得的时候,社会性稀缺就产生了。人们对位置性物品或者服务的胃口就越来越大。赫希指出,历史上只有一小撮贵族精英阶层参与到地位性物品的消费,而社会中的大众消费,几乎完全是基于商品的功能性或实用性。只是在近些年,构成消费人口大多数的群众才开始卷入地位性物品的消费。随着越来越多的消费品被当作代表地位的商品,就产生了无法满足的需求过剩,导致了经济不稳定。比如,当越来越多的人们考虑购买湖边别墅的时候,别墅价格也在增长。别墅不仅是物质性商品,更是展示社会地位的社会性物品。而在这样的地位性竞争中,新贵们就很容易气馁,好不容易挣来的钱一下子就不值钱了,没有达到他们的预期。自由市场资本主义的美好前景受到了怀疑。

对物质性物品的需求容易满足,比如吃饭,我们的胃就那么大,吃多了还消化不良。可地位性物品需求无限,因为地位是永远的社会性稀缺品。这种本质是关于地位高低上下的现象在现代社会就到处可见。比如现在社会上的文凭贬值。一些朋友当年自考大专文凭,几年之后一看,拥有这种学历的已如过江之鲫,数不胜数。当大量的青年人都可以获得本科文凭、硕士文凭,甚至博士文凭的时候,这些文凭自然就越来越贬值了。即使学生的实际水平比20世纪80年代高好几倍,多了就不值钱了,文凭不再能保证获得工作了。另一个例子,我们都看郊区居住条件好,马上大家都搬过去,安静宽松的环境就被破坏掉了。

这种位置的竞争,很容易变成一个个体理性造成集体非理性的困境。举个简单的例子,大家在剧院里看戏,前排为了看得更清楚,站了起来,后边的不得不也站起来,大家都站起来,大家都踮起脚尖,一样都看不好戏,还累得要死。还有国内的高考,出国的考托福等都属于这样的个体理性造成集体非理性的例子。本质上就是录取是按名次,录取名额是位置性物品,而且不仅仅是炫耀的问题,是本质的地位问题。但这种对地位性物品竞争的结果是社会性浪费,而且是不容易直接看到的隐形浪费。

具有讽刺意义的是这种浪费代价还被放在了国民收入总值里。比如学生为了高考所进行的诸多辅导班消费、模拟题消费、复读消费等,这些都在国民收入总值里边,而事实上则是绝对的浪费。再比如美国中产阶级为了住上大房子,到离工作单位好远的地方购买了带花园的大房子。这样每天上下班路上开车的时间更长,耗费的油更多,即使浪费的宝贵时间不算在国民收入里,消费的油钱一定会算在里边。赫希呼吁人们制作一套新的社会成本折算方法,而不是以 GDP 表现的经济增长算法。

由于社会性稀缺带来的恶性的地位竞争,第二个主要的增长的社会限制就是道德秩序的恶化。对社会性地位的竞争,驱使人们用越来越多的时间加班加点地工作,然后在商人的美丽诱导下消费,去追求永远稀缺的地位性物品。结果是人们把结朋会友也当成了时间的浪费。我们的社会,社会交往、休息和玩耍都越来越变成了要购买的商品。这样的后果是社区精神、友谊和家庭生活遭到腐蚀,婚姻也难免其害。

作为资本主义经济秩序的核心假设,自私人对于作为组织社会的工具是不完备的。作为对杜尔克姆和亚当·斯密的回应,赫希认为,个人追求私人的本质是个人主义的经济目标要具备社会道德的支持。在市场越来越支配人们生活的时代,可以内化为道德责任感的宗教发挥着越来越重要的世俗社会功能。道德价值可以限制对私人利益的最大化。

赫希不仅诊断了问题的存在,而且提出了一些政策建议。比如通过税收来支持教育、卫生服务、优美的环境,以及公众对稀缺设施的享用。更为有意思的是,赫希建议,为了减轻对位置性物品的竞争,对那些工资报酬和心理满足都高的工作要实行低工资。我认为,本书最精彩的部分是对地位性物品的论述,而不是对社会道德秩序问题的揭示,更不是对社会政策的建议。但是政策建议对我们还是有一定的启发的。

在与其首次出版时隔近 20 年的 1995 年,这本经典著作由西托夫斯基作前言再次出版,英年早逝的赫希应该得到了安慰。他以财经记者出身的文笔,独具慧眼的揭示,使得本书可读性很强,直摄人心的闪光点很多。正如西托夫斯基前言里所说的,这种独特性还在于赫希不是针对某个具体问题的某些方面,把经济学同人的作品整合在一起,而是来自于他对自己生活世界的观察,因为赫希可能对经济学同人们的作品根本就不熟悉。这也是一个值得思考的现象。当然更值得思考的是,在后物欲时代来临的现代社会,位置性物品的稀缺也更突显出其社会性稀缺,对此,我们该以什么样的对策来面对。

■ 明尼苏达札记

富足之后

(2008年5月)

"人类眼下遭遇的是二百万年未有之大变局",就是温饱大体解决了,它首先发生在北部世界,温饱在北方的世界已经基本解决,在南部世界也开始解决。生存不再是严酷而艰难的。这是亘古未有的划时代的变化。习惯了千百年来传统的生活方式和人生价值观念的人们,面临着一个前所未有的挑战,即如何适应这个大变局。于是东西方的智者就开启了思考和探索。在探索的诸多成果里,郑也夫的《后物欲时代的来临》[1]和布林克·林赛的《富足时代:繁荣是如何改变美国政治和文化的》[2](以下简称《富足时代》)尤其值得我们关注。两本书都出版于2007年,前者是3月份,后者是5月份;前者是中文,后者是英文;前者作者是中国学者,后者为美国学者。这两本书为我们理解我们所处的时代和生活提供了丰富的理论和历史的分析和解释,可以帮助我们洞察时代变化的根茎脉络。

这两本书都是在探讨温饱问题解决之后,人们是怎么样应对富裕社会生活的,以及应该怎么样应对。但是郑主要集中在理论上解释并在一定程度上批判"消费社会",而林赛则是从历史的角度,分析了二战后美国开启的富足时代如何改变了美国的政治和文化。

在人类历史上,温饱问题,也就是食物、住房和工作等生存问题一直是人们日常生活的首要问题,也是政治事务的首要问题。可是20世纪50年

---

[1] 郑也夫:《后物欲时代的来临》,上海人民出版社,2007年。
[2] Brink Lindsey. 2007. *The Age of Abundance: How Prosperity Transformed America's Politics and Culture.* N.Y.: Collins.

代,在美国开启了人类历史的新纪元,人们首次解决了温饱问题,迎来了富足的时代,生存问题很容易就解决了,不再严酷艰难了。对这个变化,林赛具有讽刺意味地用马克思的术语,就是美国从"必然王国"走向了"自由王国"。《富足时代》的第一章就是"自由王国"。富裕时代的到来是自由主义对社会主义的胜利。近现代世界两大最主要的意识形态,自由主义(或者说资本主义)和社会主义,主要就是围绕着对匮乏时代的生存问题的不同解决方法而展开争论和对抗的:自由主义哲学的根基是对人性的怀疑,其主张以法律和制度约束人性,主张自由竞争,以实现社会富裕;社会主义则坚持认为,自由主义的私有制本性决定了它的剥削性和侵略性,因而是不可能为人类带来共同富裕的,只有公有制、计划经济和社会主义政党的专政才有可能实现社会的大同,其哲学根基是对人性的肯定,即使是罪恶的资本家,也可以通过专政和改造成为同志。

林赛在《富足时代》一书开篇首章中描写尼克松和赫鲁晓夫著名的"厨房辩论"。1959 年,美国在莫斯科举办了一场国家博览会。当尼克松和赫鲁晓夫参观博览会来到一个设备齐全的样板间——美式别墅的厨房展台时,两人之间发生了一场有关自由主义经济体制和社会主义经济体制孰优孰劣的争论,史称"厨房辩论"。尼克松表示,在美国,一个普通蓝领工人都能拥有展览的这么多东西:能够容纳两辆车的车库、适合在所有地形条件下驾驶的汽车、大屏幕的豪华电视、各种各样的玩具和小摆设,以及储存所有这些东西的充足空间等,为此需要付出的每月大约 100 多美元的月供,对一个普通蓝领工人来说,完全能够承受。苏联人对此表示怀疑,他们认为这样一座房子对美国家庭的代表性还赶不上泰姬陵对 17 世纪的印度建筑所具有的代表性。赫鲁晓夫还谴责拥有多种牌子的洗碗机是一种浪费。尼克松回答说,人们喜欢进行选择,而美国的自由主义模式被证明是能够为他们提供尽量丰富的选择的。如今,历史事实证明,在引领人民实现富裕这一根本性目标的较量中,社会主义实际上已经落后于自由主义。这就是林赛论述的起点,是自由主义(资本主义)让我们实现了"富足时代"。

那么富足之后呢？林赛和郑都从人的需求或者追求着手来分析。林赛的《富足时代》第二章就是"攀登马斯洛的金字塔"，也就是在马斯洛的需求等级体系里，人们有了基本的物质需求之后向更高的需求努力，要自我实现和自我表现。这就是温饱问题解决之后，人们的生活和价值观念的转变。

郑开篇第一章就讨论政治家作为人生观的制定者的淡出。无论在东方还是在西方，政治家都曾经是人生观的权威制定者。在西方，宗教的权威也一直在与政治家争夺人生观的话语权。但是在近现代的世界上，无论在东方还是在西方，政治家们都先后从为人们提供人生观的这种角色中淡出，取而代之的是商人，因为消费是西方社会的唯一一个意识形态。这个意识形态的形成是商人和理论家共谋的结果。商人推动消费，快乐哲学的理论家提供了理论。郑在对快乐哲学的批判之后提出了人生的不同于马斯洛需求体系的三种追求：舒适，牛逼，刺激。

美国的富足社会迎来了"婴儿潮"的"爱的一代"（Love Generation），他们生养在富足的社会，没有体验过生活的艰难，加上教育的普及，他们对传统的价值观和生存哲学以及权威提出了挑战。比如作者引用一个梦想当医生的大学生，不停地折腾来折腾去。当她母亲在带她去上吉他课的路上问："你到底想要表现什么？"时，"我！"，女孩回身大叫。追求表现自我，这在她的妈妈看来，不可思议。

我们也正在面临着同样的问题。看看中国古代的先哲提出的人生观。孔子说："君子居无求安，食无求饱。"孟子说："生于忧患，死于安乐。"又说："天将降大任于斯人也，必先苦其心志，劳其筋骨……"范仲淹说："先天下之忧而忧。"成语有："艰难困苦，玉汝于成"。俗话说："人有享不了的福，没有受不了的苦。"这一句句箴言都离不开劳、苦、艰难、忧患。正如郑所说：

> 生活不再那么艰苦了，温饱解决了。还能拿过去的那种人生观来教育众生们吗？你说：艰难困苦，玉汝于成。新生代们出生伊始生活就不艰难，他们问：为什么要艰难困苦呢？这不是陷入了悖论吗：人们

通过艰苦的努力以及他所创造的生产力的进步,使他渐渐脱离饥寒和苦难,而我们却又要说:苦难才是他成长和成功的基本条件。这不等于说,他的成功将使他自己堕落和失败吗?

生存的挣扎,已经得到解决,适用于一切人的生活意义不复存在了。每个人必须为自己寻找意义。

那么,消费能够填补意义的真空吗?在郑的论证来看,只有"消费"显然不行,"*每个人必须为自己寻找意义*"。传统上物质的消费解决舒适和牛逼,也就是炫耀的问题,但是当来到富裕社会之后,"以物质资源来炫耀,不仅是荒诞,而且是自残。于是我们面临为牛逼和炫耀寻找新的空间和非物质的平台的问题"。

我们来看美国自从20世纪50年代进入富足时代后,人们是如何应对这个转变问题的。在林赛看来,20世纪50年代开始的富足时代重塑了美国的政治和文化,此前,食物、住房和工作等生存问题是政治的首要议题,而在这之后,则精神和价值问题开始主导美国自1960年以来的政治和文化变革,人们寻求生活的意义和自我表达,同时渴望心灵的稳定,渴望回归传统价值体系。也就是说,富裕之后的人类如何解决空虚和无聊,实现心灵充实的问题取代生存问题成了首要问题。

林赛在书里指出,此前的美国,以新教主义伦理推动人们勤奋工作、约束自我放纵,这种伦理认为,将工资用于投资的人既赢得了尊重也赚取了利润,而将工资浪费在威士忌和扑克牌上的人则将一无所获;但是,富足改变了这一切,资本主义解决了匮乏,造就了人类大规模地追求自我实现。那些"婴儿潮"时代出生的人从不知道什么是匮乏,并且因此对匮乏毫不畏惧,他们对父母的禁欲和自制不屑一顾,他们敢于反抗一切形式的权威并尝试一切形式的娱乐,从而催生了至今仍然主宰着美国政治的两场文化运动:20世纪60年代的反文化运动和80年代的保守主义运动。反文化的左派分子渴望探寻新的自由,提倡民权、女权运动、环境保护主义、性、毒品和摇滚乐,而在一定程度上作为对反文化左派分子无节制行为的反动,社会保守主义开始复兴。当嬉皮士们在旧金山庆祝"爱的夏日"时,福音派牧师奥勒尔·罗伯特正在俄克拉荷马州成立他的大学,以宣扬保守主义,与左派的放荡思想作斗争。这两大文化运动直接导致了今日所谓的两个美国:沿海的美国和腹地的美国,即"蓝色美国"和"红色美国"的分裂现状。这带来了美国的多样性,同时也让美国像巴别图书馆一样:

"图书馆容纳了一切事物……包括关于未来的缜密历史、天使长的自传、图书馆的真实的目录、数千种错误的目录、这些错误目录的谬误性的展示以及真实目录的谬误性的展示、巴士底的诺斯替教的教义、对这个教义的评说、对这个教义评说后的评论、对你的死亡的真实记录、用各种语言写成的每本书的版本以及每本书的改编本。那些亵渎上帝的人宣称,荒诞是图书馆的准则。

任何合理的(甚至谦逊和纯粹的连贯性)都几乎是不可思议的例外。"

巴别图书馆有大量的藏书,书的完全内容不为人所知,它的书卷包含了字母的所有可能的组合。这是一个隐喻,比喻美国社会和文化的复杂性和多样性。正像理解阿根廷作家博尔赫斯的小说《巴别图书馆》,见仁见智,我们理解美国的文化运动的复杂性同样视角不同。

大众文化运动造成的多样性和复杂性使得美国出现了不同的裂隙。分裂的美国需要重组。这需要认清问题的实质。而在林赛看来,美国两大文化运动都没有认清问题的实质。反文化的左派分子将真正的自由和危险的过分行为结合在一起,而传统的右派分子将极端保守主义与保留婚姻等宝贵制度的愿望混在一起;左派分子攻击资本主义却又为其成果感到欣喜,右派分子赞扬资本主义却又对其释放出的活力加以指责。因此,林赛认为,这两种偏激的文化运动所主张的理念都是不理性的,都是不切合实际的、无效的、无关紧要的(irrelevant),他们都没有了解、更不能代表美国真正的"沉默的大多数"。林赛认为,解决这个问题还在于自由至上主义,即折中两大文化运动的理念,在经济上认可自由主义,同时在社会问题上也同样持自由主义的立场和主张。因为大多数美国人已经从20世纪60

年代中吸取教训,他们现在接受这种观点,即人们应该对自己希望如何生活做出自己的选择,只要他们对自己的选择负责;他们认为西方的自由主义及其成果大体上都是好的,因此值得珍惜和发扬。这就是最后一章——"合众为一"(拉丁文"E Pluribus Unum,"也是美国的格言,美利坚合众国之义)。他们在更大的自由和必要约束的选择之间开始了文化的调和。这种综合的核心是新版的中产阶级道德观,更加有节制和严肃,更加合理,而不是像"你觉得好就做"的日子那样狂野。对家庭、工作和国家保持强烈的责任感,但是他们对国家多样性具有心胸宽大的容忍,并就告诉他人应该怎么样活着方面,保有深深的谦卑。

林赛用"9·11"和新奥尔良卡特里娜飓风两个灾难事件来反映美国富足社会经历了反文化运动和保守运动之后的整合与分裂。无疑"9·11"事件让美国人的爱国情绪高涨,展现出对外部危险的团结一致;而卡特里娜飓风则呈现出种族的裂隙。但是无论我们的技术力量如何强大和如何富有,都无可避免地会有冲突和骚动,没有"一劳永逸的幸福",自由也像潘多拉的盒子,总是让我们被诸多令人烦恼的事情缠绕,但是它也给了我们最值得珍惜的人道博爱价值观。

林赛的历史溯源和分析,无疑为郑从理论上论证富足之后的社会文化和政治的转变提供了丰富的论据。而郑不同于林赛,把诸多方面辐辏于消费主义,而是逻辑严密地对消费社会进行解释和批判,前瞻富足社会的文化出路。

> 温饱解决后贵族们陷落到空虚无聊之中。摆脱空虚无聊有两个出口:一个是堕落,一个是升华。

从商家通过广告、降低消费门槛、买通官员和专家而操控社会,以及人们物质崇拜的心理和追求时尚诸多方面,郑揭示了消费的机制。而这种消费主义只能导致堕落,无法解决空虚无聊的问题。

> 时尚和大众文化很可能要比其政治上的姊妹制度代议制更为拙劣。因为它有巨大的盲目性。乃至,它要比它政治上的姐妹们——政

治民主制,遭遇到更为猛烈的批评。

但是受到对贵族文化探讨的启发,郑走向了一个带有理想化色彩的前瞻性的预言,或者指路,那就是说"走向游戏时代"。

> 游戏是我们最好的选择,很可能也是我们最终的依赖。它是良性的刺激;被一个有深度的游戏俘虏,或者说对之上瘾后,就不必再去寻找肤浅的刺激了,因此游戏是可持续的刺激。它是良性的牛逼,且因为它的成本最小,它还是可持续的牛逼。

尽管郑没有像林赛那样,一再强调自由主义,可实质上只有自由主义才可能实现"游戏时代"。我们可以说,自由主义是缺省的潜台词。

虽然两位作者来自不同的文化背景和国度,但是两本关注富足社会时代的佳作互相映照。林赛的分析定位在美国的特定和具体的时空背景下,给我们展示了社会富足之后一种已经发生的政治和文化的转变。追随美国的富足实现富裕的其他国家的人们,可以从中吸取经验教训,安排自己的生活。而林赛缺乏对消费社会的批判和分析,这也正是郑一书的集中点。郑的书冠名为《后物欲时代的来临》,我没有见到作者对这个书名的解释,主观上认为,大概有两层意思:一是该书论述的是温饱解决之后的时代的问题,也就是实现了富足之后的社会的问题,因而叫"后物欲时代",然而在中国和全球,这个时代的到来是个进行时,所以叫做"来临"。这个书名也有提醒人们我们面临的挑战,并为这个挑战做好准备的意思。因此该书在一定程度上更具有超越特定时空的抽象性。尽管如此,郑也夫的文献资料主要还是来自西方国家,尤其是美国。这样,两本书合起来读,说的还是同一个世界,以及她扩张着的未来。

"八字"与人生

(2009年11月)

看了这个标题,大家大概误以为是一位跑江湖的算命先生在讲经布道。我不是算命先生,不会批八字、看流年。至多算个教书先生,教过一些学生,现在供职于高校研究机构。但为什么还要谈"八字"与人生呢?那就让我先将一则现象作为引子吧。

美国畅销书作家格拉德维尔(Malcolm Gladwell)在其新作《出类拔萃》[①]里就讲了这样一个现象:加拿大的精英冰球手多数出生在冬季。根据统计,那些精英冰球手出生的日期在1月到3月的占40%,4月到6月的占30%,7月到9月的占20%,而10到12月出生的只占到10%。这是个巧合么?如果不是巧合,又是为什么?格氏认为这不是巧合。他给出的解释是,选拔冰球手的日期选择造成了1月到3月出生的孩子,在发育成熟度上上比那些虽然同年但在10月到12月出生的要占不少优势。就是这样一个优势,即使是一点点,也造成了差别,他们入选为上层队员,从而获得了更多的锻炼机会,进而和其他球手的差距就越来越大了。这个选择选手的年龄标准是随意的,但却造成了那些冰球手的不同命运。这不正是"八字"与人生命运的关系吗?因此,为了纠正这种出生日期造成的其他天才冰球手没被发现,格氏认为应该改革选拔日期的选定,比如可以三个月为一组,这样,出生日期造成的差异就会大大减小。

如果上面这个故事是关于一年中的出生日子对命运的影响的话,那么

---

① Malcolm Gladwell. 2008. *Outliers: The Story of Success*. N.Y.: Little, Brown and Company.

该书里讲到的大名鼎鼎的比尔·盖茨先生的故事就是关于出生的年代对命运的影响了。格氏的书主要是强调非个人因素对个人成功命运的影响。我们知道盖茨先生具备成功人士所必备的诸种优秀品质,比如聪明、勤奋、具有耐力等。但是具有这些品质的人可不止他一个,可以说一抓一大把。为什么比尔成功了,成为了世界首富呢?如果我们了解一些背景知识就会知道,在技术史上,1975 年对于硅谷是多么重要的时刻。个人电脑的诞生,造成了电脑市场上巨大的商机。那么谁会"主其沉浮"呢?这时候,如果你的年龄过大,你已经有所成就,不再具有那么强烈的冒险精神了;如果年龄太小,还不具备必要的技能和条件。而我们的比尔恰好出生于 1955 年,1975 年正是刚要进入二十岁的毛头小伙子。此人从中学到大学和兼职的电脑经验使他具备了必要的编程技术条件。初生牛犊不怕虎,所以他不惜从哈佛退学,抓住了千载难逢之机。这正是英雄和时代的结合。当我们再看看以同样靠微软进入富人排行榜的几位大老们,我们会发现他们出生之年和比尔相差无几:保罗·艾伦生于 1953 年,斯蒂夫·鲍尔默生于 1956 年。还有其他的例子,不一一列举了。这就是说,来得早不如来得巧。要生逢其时!

加拿大冰球手的例子,我觉得也不新鲜了。罗伯特·弗兰克的《落后》一书就讲到小孩子进入幼儿园的年龄优势问题。当然,弗兰克是为了展现个体理性造成集体非理性的道理的。他发现,因为同一年里出生较早的孩子在成熟度上占有了优势,而人的优势具有长期累加效应,也可以说是"马太效应",因为优势可以带来优势,从而"贫者更贫,富者更富"。

从以上这些现象,我就联想到了我本人。我认为我的资质还可以,但绝对不是很高的。要从社会流动的方面讲,我父亲是地道的农民,我幼年家境极为贫寒,现在不仅念了硕士,还拿了个洋博士,到一个研究所供职。我常常会想,为什么我能有这样的机会?虽然原因复杂,但是"八字"的重要性是不可忽视的,出生年代和成长时代提供了机会。虽然我已年过而立,成绩却乏善可陈,但我还是想以此为例来回顾一下一个普通人所经历的时代变迁与人生机会。

我出生在 20 世纪的 70 年代中期，很快就是改革开放的年代了。而我的姐姐比我大了六岁，当我 80 年代初进学校受教育的时候，我的姐姐已经从小学退学了。她的学习成绩如此之好，以至于多年后她的老师还在不断地提起，颇为惋惜。那时候农村本来就很穷，我家尤其穷。吃不上饭，交不上学杂费，加上姐姐年龄比我大，可以帮家里点忙，结果她就退学回家了。如果我没有这个大我六岁的姐姐退学帮家里忙，或者改革开放再晚上几年，我是否会退学呢？或者根本就没有机会上学呢？天知道！

我记得小时候，我很喜欢去上学，没入学的时候，就跟着姐姐去学校，趴在教室窗户外听老师讲课。当我六岁去入学时，我的启蒙老师，是住得不远的邻居，总向我妈啰嗦，说我年龄太小。最后我妈让我下一年再入学。结果第二年入学的时候生了点病，大概是感冒，具体记不清了，因而误了入学日子。所以，我正式入学时是 8 岁，上小学一年级。如果说年龄，我在班级里只能说是中间，因为有不少比我年龄大的留级生，他们虽然年龄上有优势，但智力上并无优势可言；和新入学的比较，大概我占有年龄上的优势。因此，我以第一名（语文 99 分，数学 100 分）的成绩完成了小学一年级的学业。让我觉得奇怪的是，和我并列第一名的那位女生，到了二年级，竟然变成了差生，几乎什么都不会了。是因为她在一年级时是留级生？这个原因似乎不足以解释。我至今想不通为什么。虽然一个年级一个班，从一年级到五年级班里的学生由 40 多人变成了 20 多人，最后参加升学考试时只有十几个学生，但是这个班级在语文和数学课上，几乎可以说代课老师都是当时学校里几个老师中最好的，也因此，这个班级成了这所小学历史上最好的一个班。现在这所小学已合并到其他小学了。

巧合的是，到初中毕业时，这所初中也只有一个毕业班（总共 5 个班，初一、初二各两个班级）。而 91 届毕业班的任课教师组合应该说是这所中学历史上最强的。学生中有十来个是教师子弟，教师的重视自不必说。班主任张学武老师教英文，业务水平很高，责任心也很强。可以说他对我的影响多年来都还存在着，虽然离开那所学校近 20 年了，他对工作的一丝不苟，对学生既严格又充满慈爱的那份责任心，一直深深地影响着我。而且当时还有一个副校长刘老师,数学教得非常棒,经常去给我们"开小灶"。加上这一届的学生里优秀生较多,因此,强强联合,铸造了母校历史性的辉煌。世事沧桑。而今,这所中学也被合并掉了。

我非常幸运地在小学和中学都赶上了最好的班级和教师组合。这样,在1991年,虽然要和来自师范学校附属中学的考生竞争,我还是以全乡第二名的成绩公费考入永城师范,有了三年的中师生活。现在中师学校也成了历史,可那时却是优秀生首选之一(中专中师),然后才是高中。考中师的竞争是异常激烈的,因为一旦考上,就是国家人,吃商品粮,有城镇户口。但于我而言,我当时本意并不是考中师,为此还曾经难过得哭过。因为上了中师,就是要当标准的小学教师,不可能上大学了。校长亲自找我,和我谈话,父母也做我的工作。其实,我没有选择,中师是我最好也是唯一的选择。否则,我家庭的经济状况不允许我读高中,还谈什么考大学。

中师三年,对我未来的发展而言是个基础阶段。很幸运地,我进入了91级五个班级中的二班,还是个音乐加强班。我以前没有学过音乐,只是偶尔老师教过几首歌,居然在面试的时候表现出了音乐上的"优势"而进了这个音乐加强班。我幸运地进入这个班,我说幸运,是因为这个班有一个优秀的班主任,侯思超老师。侯老师是唯一一个跟班三年直到学生毕业的班主任。他不仅教几何课极好,而且是一个深通因材施教的老师。中师三年对我影响最大的老师就是侯老师。我幸运地成为这个班级的一员,我说幸运,同时还在于这是个非常优秀的班集体,学生多才多艺,团结互助,三年里在五个班中都是第一名。在学校层面上,我进入永城师范后,正是中师最为繁荣的时期。并且尤为独特的是,以才子王士亮为教务科长的学校领导层实行了一项新举措,专门从新入学的学生中每个班选拔5名尖子生,组成一个特殊训练班。周末"开小灶",接受特殊的学习训练,即语文和数学的强化训练,为将来在全省中师生保送考试中获得突出成绩。选拔的标准是每个班入学考试语文数学总分前五名的学生。我正好在此列。到三年级的时候,这个班取名为"宝塔班"。到后来又通过一次所有学生都可以参加的选拔赛,我以第一名的成绩被选拔到了"宝塔班",学校里最好的教师来专门为这个班上课。这是第一次，师生的卖力可想而知。后来不几年，这个组合班级就解散了。还要提的一点是体育课，我的中小学体育课几乎为零，而在中师，体育教师耿克臣老师是资深高级教师，国家二级裁判员，对学生非常好，要求又非常严，让我受益匪浅！在这些之外，其他各科可以说，绝大多数的任课老师都很有水平和责任心，我不仅在各门文化课上取得了很大的进步，音乐、体育、美术等方面也都得到了很好的训练。可惜我天生在这些方面比较愚钝，很对不起教我的老师。

需要重点提出的是，在这所学校，在当时的政策下，我获得了"保送"上大学的机会。这所学校真是朴实无华，实实在在。如果有任何的腐败松动，我上大学的机会都可能跑掉。近250个各个乡镇选拔来的优秀学子，上级只给0.5%的"保送"指标。我之所以加上引号，是因为，这个保送资格的获得，不仅要在本校通过层层选拔，还要通过全省统一入学考试。去郑州考试，是我生平第一次乘坐火车。我得到了去河南师大读书的机会，是时代和制度给予的一次机会。

我总是想，为什么这些特殊的班级组合和学校的历史性时刻我都赶上了。我想到了诺贝尔经济学奖获得者西蒙在总结自己职业道路的时候说的话，都是环境和自己互动的产物，就是自己顺应当时的环境，走下来的，没有所谓的计划，几乎是"随遇而安"！我大概也是这样"随遇而安"的吧。师大我所在的班级又是一个"特殊组合"：全班59人，中师保送生和高中高考来的各占一半。以前不曾有过，后来也没有发现。后一届全是中师保送生。这样一个独特的班级结构，让这个班级的人才各式各样，从而能够互取所长。加上辅导员热爱学术，又刚刚当辅导员（还是大四学生），这个班级的学习气氛很浓厚。虽然任课教师整体学术水平有限，但是老师们还是很卖力的，责任心很强。我的统计学的基础就是在李学亮老师的"教育统计学"课上打下的，这门课的考试，我得了最高分。既然以辅导员为首的整个班级学习气氛很浓，考研究生就是许多同学的选择。我就在这个大军之列。偶然的机会，听说了社会学，找来书一阅读，就着迷了。这样就选择了中国人民大学社会学专业。

能进入中国人民大学读社会学,还要感谢考研制度所赐之福。因为外语和政治科的考试,让许多人大社会学本系学生纷纷落马,而我这两科的成绩又比较高;否则要是比专业课,打死我也比不了。来人大之前,我从来没有上过一节社会学课。考研专业课全部靠自学。人大社会学的实力之强,人所共知。人大三年是我学术上的起步和第一次飞跃期。我除了或者选修或者旁听本系各位老师,诸如潘绥铭、李强、李路路、沙莲香、夏建中等老师的课,还在其他系里选了课,比如清史所的杨念群、高王凌,国际关系的杨光斌、人力资源的彭剑锋、政治系的景跃进等老师的课。除此之外,就像好友田方萌说的,那个时期是人大讲座非常活跃的时候。我记得除了社会学系的郑也夫、李强、周孝正等的讲座之外,外来者我记得自己听过樊纲、刘小枫、张曙光、李银河、景军、秦晖、梁晓声、周国平,还有台湾作家陈映真等名家的讲座。虽然方萌认为那个时期非常活跃,而我以为人大的这类活动一直都挺活跃的。

这时候,时代岁月带给我的特殊礼物是,天意的缘分,我成了郑也夫老师的第一个入室弟子。郑老师1998年3月到人大,我是4月份到人大面试。要问我华语圈里谁对我学术影响最大,我可以肯定地回答:郑也夫先生。如果不是郑老师的一再鼓励和支持,我也不会出国。因为我当时想早点参加工作,在经济上支援家庭,为父母分些负担。是在郑老师的支持和鼓励下,我才坚持考了托福和GRE,申请出国。

另外,我还要提到的是,我读硕士研究生时的同学之间,非常友好团结,上下届间关系都很密切,不是那种"老死不相往来"的风气。有些高校的研究生基本上都是独行侠。我很幸运,在一个好的环境里读书,在许多的时候,相互帮助,彼此交流。那是一段很值得怀念的美好岁月。

2001年的8月底,我拿着明尼苏达大学社会学系的录取通知书和麦克阿瑟奖学金,乘飞机来到美国。两周后,即发生了"9·11"事件,从而签证难上加难。如果这个事件早发生一个月,我赴美的机会当时还会有多大?天知道!我还会成为戴维·诺克的学生戴上洋博士帽吗?也只有天知道!

这就是"八字"与人生道路的选择。是人在选择道路,还是道路就是这样的,人只是在走这样的路?从加拿大的冰球手的选拔,到电脑巨擘比尔·盖茨的成功,到我这样一个平凡人的生活道路,都展示了一幅时代造就个人的图景。社会学通常是从个人之外寻找社会流动和地位获得的原因,来分析个人间的差异,出生的"八字"就是这样一个差异来源。"八字"无法选择,我们就寄希望于"制度的改变"。格拉德维尔就建议把按学生的出生日期来选择班级的制度改变一下,以减小出生日期差别带来的不平等。可制度是外在的,非个人力量可以轻易改变,而就是她配合了"八字"。

■ 明尼苏达札记

戏与拟剧人生观

(发表于《社会学家茶座》2008年第5期)

伟大的英国剧作家、诗人威廉·莎士比亚说:"人生如舞台。"从这个观点出发,社会学家欧文·戈夫曼,创建了社会学里的拟剧论(dramaturgy),借助戏剧(theatre)的类比,对人们的日常生活进行研究,也因此有人直呼其为"戏剧论"。这个理论把人的日常交往和生活比拟为戏剧表演,每个人或是个体表演者或是戏班中的一员,生旦净丑在不同的舞台上、特定的场景下按照自己的角色要求来表演。这个框架是观察家与分析家研究社会行为所用的最古老的模式之一。社会是个大舞台,每个人都在表演,按照脚本进行活动,而这些脚本来自先前的演出与演员。

戏剧舞台又可分为"前台"和"后台",前台的表演者需要关注自己的形象和布景的限制,而后台的表演者则要显得轻松和自然。前台是粉墨登场的所在,演员在前台的表演,为了符合观众所期望的形象,演员还需要对自己进行"印象管理"。人们在现实的生活中总是努力把自己最闪亮的一面表现出来,希望给别人一个好的印象,以得到大家的肯定和支持。因此,演员要费尽心思化好妆,穿好衣服,背好台词,端起架势,使出浑身解数。当老师的要有老师的样子,当大夫的要像个大夫,不能像个街头混混,不符合社会他人对这个角色的期望。不然,在这个位子上就会混不下去了。每个人可以有许多个角色,在家里是妻子、丈夫、父母、子女,在单位是领导、员工、教授、秘书,在临时会议上是主持人、演讲者,等等。不管如何,每个职位都有一套相应的要求和规范,也就是对演员的要求和规范,达不到就不是个好演员。在拟剧理论下,确实如郑智化在《水手》里唱的,"生活就像在演戏"。而这些都是前台的表演。如果说前台是单位,那么后台是家庭;前台是公开的,后台是私下的。不同的情景下,人们有着不一样的表演,如果后台的行为也是"演戏",而把人生看作舞台,则人们无时无刻不在表演之中。还因为人在社会之中扮演的角色有"前台"和"后台"的区别,有时候会被认为"虚伪"和"言不由衷",等等。

对于人生的戏剧比喻,中国古已有之。潘光旦在研究伶人的时候,对此有精辟的论述。他说:生命等于戏剧,人等于角色。宋人倪君临终赋《夜行船》词开头两句,"年少疏狂今已老,筵席散杂剧打了"。潘先生并认为这打杂剧的人生观在中国是很普通的,许许多多戏台上的对联也直接或间接地阐明这种态度。美国的传教士明恩溥(Arthur H. Smith)在《中国人的特性》①一书里这样写道:

> 我们真要明白中国人所以爱面子的理由,我们先得了解中华民族是一个富于戏剧的本能的民族。戏剧可以说是中国独一无二的公共娱乐;戏剧之于中国人,好比运动之于英国人,或斗牛之于西班牙人。一个中国人遇到什么问题而不能不加以应付的时候,他就立刻把自己当做一折戏里的一个脚色……假若这问题居然解决了,他就自以为"下场"或"落场"得很有面子。假若不能解决,他就觉得不好"下台"。再若不但未能解决,并且愈闹愈糟,他就不免有十分"坍台"的感触。再若问题之不易解决,是由于旁人的干涉或捣乱,他就说那人在"拆他的台"。总之,在中国人看来,人生就无异于戏剧,世界无异是剧场,所以许多名词就不妨通用。

潘先生说这段话"说得好",说得确实好。因此这里把潘先生引证明恩溥书里的话省略的地方摘录如下②:

> 任何一个中国人就会以为自己是戏剧中的一个人物。他把自己

---

① 有人翻译为《中国人的素质》,参见明恩溥:《中国人的素质》,秦悦译,学林出版社2001年版,第7—8页。
② 参见潘光旦:《中国伶人血缘之研究》,载《潘光旦文集》(2),北京大学出版社2000年版,第91—92页。

放进戏剧场景之中,像戏中人一样行礼、下跪、俯身、叩头。西方人看到这种做法,即使不认为荒唐,也以为多余。中国人是用戏剧术语来进行思考的。每当他的自我防御心理觉醒之时,即使他对两三个人讲话,也像是对大批民众。他会大声地说:"我对你说,对你,还有你,对你们说。"如果他的麻烦化解了,他可以自称在赞扬声中"下了台";如果这些麻烦没有化解,他就会发现无法"下台"。所有这些事情,如果你弄明白,就会知道与现实毫无干系。事实永远不是什么问题,问题只是形式。如果在合适的时间用合适的方式讲出一段漂亮的话,那完全就是戏了。我们是不去大幕后面的,那样的话就会搅坏世界上所有的戏。在生活的各种复杂关系中像这样恰当地去做,就会有面子。如果不这样做,或者忘记这样做,或者中断表演,就叫"丢面子"。一旦正确理解,面子就是一把钥匙,可以打开中国人许多重要素质这把号码锁。

在日常生活中,借用戏剧的比喻确实是俯拾皆是,比如,"给点面子,不然下不来台","一个个你方唱罢我登场","给哥们儿捧捧场","重打锣鼓另开戏","这是唱的哪出戏?","一个唱红脸,一个唱白脸"等日常的用语,都是以戏剧来说人生和生活的。既然莎士比亚把人生比作舞台,学者们又发展出了拟剧理论,明恩溥说的中国人的戏剧思维,或者叫拟剧人生观,就不只限于中国人。虽然在娱乐形式上戏剧不再是当然老大,而且又日渐衰微,但是,积淀在历史长河中的拟剧思维方式依然支配着人们的生活。

曹雪芹曾说:"假作真时真亦假,无为有时有还无。"对于戏剧里的演员而言,他们的演戏和生活,孰真孰假,则心理上浑然难分了。近人张次溪《伶苑》中记载了这样一则有趣的故事:

> 穆相(穆彰阿——笔者注)孙之为伶也,家人强归袭伯爵,不可;或怪之,相孙曰:"吾以一身备帝王将相,威重一时,此何为者?"或曰:"子之帝王将相,乃伪耳。"孙笑曰:"天下事,何者为真哉?"客大惭而退。

潘光旦从心理角度上分析伶人的时候,曾提到这个例子,认为是人生失意的一种"补偿"。关于真和假的关系,此伶人笑问:"天下事,何者为真哉?"虽然有些消极,但仍是一种对人生的体察领悟。

入戏太深,难分戏与人生实际生活的是真是伪的故事,《红楼梦》里有一个很好的例子。在第五十八回,曹雪芹用曲笔,借芳官之口讲述的藕官和药官的故事。

> (贾宝玉)问他祭的果系何人。芳官听了,满面含笑,又叹一口气,说道:"这事说来可笑又可叹。"宝玉听了,忙问如何。芳官笑道:"你说他祭的是谁?祭的是死了的菂官。"宝玉道:"这是友谊,也应当的。"芳官笑道:"哪里是友谊?他竟是疯傻的想头,说他自己是小生,菂官是小旦,常做夫妻,虽说是假的,每日那些曲文排场,皆是真正温存体贴之事,故此二人就疯了,虽不做戏,寻常饮食起坐,两个人竟是你恩我爱。菂官一死,他哭得死去活来,至今不忘,所以每节烧纸……"

藕官入戏太深,把演戏当了真,是可怜又可爱。以假作真而伤心悲痛,是其可怜之处;情感如此真挚,胜过许多俗世虚情假意,是其可爱所在。

观众和演员一样,也有人会入戏太深。而对多数人而言,还是会从戏里走出来的。"戏是假的,理是真的",这是小时候听戏的时候常听大人们说的。许多人爱听戏,通过戏体验一种"典型化"的人生。明知道戏是假的,还是会被戏里的人物的遭遇打动,流泪唏嘘。因为,"人生就是一台戏"。

有首歌中唱道,"一家子一台戏,那戏可不是好演的"。是的,每个人既是演员,又是观众,想演好"戏",确实也不是容易的事。生旦净丑在剧里是不一样的,有的是主角,有的是配角,有的是名角,有的是丑角。演得好的,"武陵年少争缠头,一曲红绡不知数",春风得意,名满四海。可是,每个人不可能都做到这样,也不可能永远这样。琵琶女会老,时变景会迁。因此人生的悲欢离合,世态的冷暖炎凉都像一幕幕戏剧一样,在人生的舞台上不停地旋转。不管愿意不愿意,每个人都在扮演着自己的角色,有时候为别人"捧场",有时候要别人"捧场",奔波匆忙里演绎着人生的悲喜剧,直到"谢幕",曲终人散。这种人生观是借用了戏剧的比喻,因为戏剧的"理是真的",拟剧论依的就是这个理,中国人的戏剧思维也依的是这个理。可是,戏可以"重打锣鼓另开戏",而每个人的人生只有一次!

人为什么会有利他行为?

(发表于《社会学家茶座》2005年第4期)

围绕人类利他主义话题的争论已经有很长的历史了。实际上,本文所谈的有关利他主义的讨论是从汉密尔顿回应达尔文的自然选择理论正式开始的。按照达尔文的自然选择理论,人人都是自私的。然而事实上社会中存在利他,汉密尔顿就从基因的角度论证,自然选择不是在个人层次上进行的,而是在基因的层次上进行的。此后,诸如威尔逊、特里弗斯、道金斯、西蒙、米勒等学者都对这一论题做出了自己的贡献。这一论题的核心是:什么是人类利他主义?它的起源和进化机制是什么?

这实际上是从产生利他的原因来看的,主要有三种利他类型:亲族选择(kin selection)利他、互惠利他和群体利他。每一类型都是一个解释人类利他主义的理论。因为解释这种人类现象是仁者见仁,智者见智,所以要这样给利他主义分类,势必类别繁多,所以往往需要归纳成几个主要的类型或理论。这里不仅拟对上面提到的三个利他类型作一评述,而且增加了两个非常重要的理论:性偶选择(sexual selection)理论和诺贝尔经济学奖获得者西蒙的利他主义理论。

两个基本概念:利他和自私

在评述这五个理论之前,我们先看看核心概念:利他和自私。显然,利他和自私是相反的。自私是寻求自我利益的,甚至为了获得自己的利益而不惜牺牲他人的利益。在基因学意义上而言,自私是在基因尽可能多的自我复制的意义上说的。那么,什么是人类利他主义?对利他主义的定义缺乏一致意见。利他主义这个词来源于意大利语中的"altrui"。1851年,奥格斯特·孔德造出这个词,表示慈善的意思。虽然现在对于利他主义的精确定义仍存争议,但最基本的定义是寻求他人的利益。然而,这个定义常常被扩展,包括利他主义者自我牺牲的必要性。爱德华·威尔逊把利他主义定义为"为了他人的利益损害自我的行为"。还有一个主要的思想是互惠利他主义,即自我牺牲的行为是为了对方未来的回报。如果行为是为未来的回报所推动,实际上并不符合通常所接受的利他主义的概念。结果是,在某种程度上,不同的解释运用了不同的定义。本文将适当地注意不同的理论对利他主义的定义,但并不会影响读者的阅读。

亲族选择理论

这一理论是汉密尔顿在20世纪60年代的博士论文中提出的,后来由梅纳德命名。按照达尔文的自然选择理论,自然界是优胜劣汰,适者生存,人与人之间充满竞争,人是自私的。但事实上却存在利他行为,于是汉密尔顿提出亲族选择理论用于解释人们对亲属的慷慨这种利他行为。这种理论认为,人们对自己的子孙和有血缘关系的近亲慈善是隐含着基因利益的。因为他们的亲人和他们有着相同或非常近似的基因,帮助亲戚就是使和自己基因相同的基因得到更多的繁衍复制。对亲属的利他实际上是基因的自私。这一理论后来被道金斯进一步发扬光大,他于1976年出版了《自私的基因》一书,影响甚大。根据亲族选择理论,血缘上和我们越近的亲戚,我们对他们就越好。我们的利他主义是和我们与他人分享的相同基因的比例成正相关的。这种比例就是由我们共享多少个祖先决定的。这种理论也被用来解释人类的道德,但观点各异。汉密尔顿和威尔逊等人认为,对亲族的利他是对非亲族利他的重要建构材料。这里就有一个重要问题,亲族利他必须以人们有辨别自己亲族的能力为前提。如何辨别,在布查德教授看来,基因上人有识别认知能力,但还是要靠后天的环境,比如,住在同一个群体,以不同方式交往等。大概,中国的人伦道理就有这种功能。

亲族选择利他是选择性的利他,不是普遍性的博爱。所以,在解释对血缘亲戚的利他上很有力,但很难解释对非亲族的利他行为。而互惠利他理论就可以解释大量的对非亲族的利他行为。

互惠利他主义理论

20世纪70年代早期,罗伯特·特里弗斯提出了互惠利他主义理论。他发现,如果动物能够因经常的互动足以产生相互之间的信任,那么它们就会通过相互的友好而获益。互惠利他主义理论认为,许多明显的利他主义行为如果放在更大的社会背景和更长的时间里考察,在理性意义上看是自私的。这种理论认为,在互惠性上,有三个定义特性:动物以给予交换回报,每个行动对给予者都是有代价的且对获取者都是有利益的,给予是依赖于已经获得的利益的。只要满足了这三个条件,动物就会持续地相互交换利益。每个行为从其社会脉络中抽离出来看都是利他主义的,但从整个情况看是互利的。

在互惠利他主义中,人们必须能够识别出只索取而不付出的骗子,然后施以惩罚。就像艾克斯罗德在《合作的进化》一书中所展示的,在许多为了互利而合作的策略中,"一报还一报"是一个成功的策略。基于这一策略,他提出了第一次世界大战的堑壕战中的"自己活也让他人活"的系统。这一系统表明,基于互惠的合作即使在敌对双方之间也可以达成,友谊不是必要条件。但是正如郑也夫指出的,艾克斯罗德没有考虑是否博弈参与者在实施"一报还一报"策略时都有能力惩罚背叛者。

互惠利他主义理论有个前提条件就是要重复博弈。这样看来,似乎一次博弈是不可能产生利他主义的,因为没有在下一轮博弈中对背叛者惩罚的机会。然而费尔(Fehr)和洛肯巴赫(Rockenbach)的最新研究发现,利他主义在一次博弈中也可以发生,但是博弈者之间的回报在不同的奖惩条件下是不同的。他们发现,以公正为基础的(fairness-based)的利他主义是人类合作的强大源泉,对自私或贪婪的目的的制裁会几乎完全摧毁利他主义的合作,尽管感觉上公正的制裁才会造就完整的利他主义。总之是说,为了更好地实现利他主义合作的制裁,实际上破坏了人类的利他主义的合作。那么如果没有这些制裁又会如何呢？真让人为难了。

上面的两个理论,解释了大量从适者生存的观点乍看上去令人迷惑的人类行为,但是,依然有许多的利他主义行为,比如对乞丐施舍金钱和对非亲属的慈善捐助之类的利他行为,用这两个理论还无法解释。那么,让我们来看看性偶选择理论。

性偶选择利他主义理论

这个理论认为,利他主义的进化是性偶选择的结果。达尔文的自然选择是个体层次上的生存,只有个体通过择偶和繁衍才能把基因传递下来。个体选择配偶的同时也是被选择者。人们为了把基因高质量地传递下去,就要选择高质量的配偶。为此,人们就要增加自己的魅力,吸引异性,选择性偶,甚至不惜在某些方面付出大的代价。那么怎么样选择？人们怎么样才能知道哪个人的基因较好？这就需要有识别标志。首先是美丽漂亮,这标志着健康,尤其是男性选择女性的时候。在动物界,比如鸟儿美妙的歌喉,孔雀长长的绚丽的尾巴等,从自然界生存的观点看,这些特点往往是不利于生存的。拿雄孔雀来说,长长的尾巴很漂亮,但是要耗费很多营养和能量,而且不利于逃避敌人,但为了在性偶选择上胜利,不得不付出这种代价。再就是资源的多少,这标志着能力,可以养活更多更好的后代。于是,金钱、地位、文凭等就成了重要指标。进化心理学家们的研究结论认为,男性选择女性配偶的首要标准是是否漂亮,女性选择男性配偶的第一个标准是资源的多少,能力的大小,这很符合我们通常所说的"郎才女貌"。

那么,这和利他主义有什么关系呢？关系在于帮助他人等利他行为是人们在展示自己的资源能力,而且这里要加上另一个性偶选择的标准,就是慷慨大方,这展示出利他者的善良。有学者研究了一百多种文化中人们择偶的标准,除了极少数例外,几乎都把善良排在第一位。利他行为就是为了获得善良、慷慨和有能力的好声誉,从而可以吸引更多更好的异性,在性偶选择上获得成功。由此,对乞丐的施舍、捐赠甚至做好事不留名等自私的基因和互惠理论无力解释的行为都可以得到解释。即使捐赠不留名的人,在他的亲友圈里也都知道其捐赠行为,从而获得了好的声誉。研究表明,捐赠者通常并不关心捐赠的钱物用在了何处,因为,捐赠本身带给他们的好声望就是目的。再如那些看似不合理的消费行为,也是在表明自己的大方豪爽。凡勃伦的《有闲阶级论》里面讲到人们的过度消费是出于炫耀的心理,如果用性偶选择理论看,里面有人类进化的深层心理机制。

布斯(Buss)的研究发现,善良是世界上人们选择配偶时最希望对方具有的条件。其他关于择偶的研究也不断地证实善良、慷慨、同情和柔顺具有的魅力。1995年,泰斯曼(Tessman)第一个提出性偶选择对道德形成的作用。他指出,人们的慷慨超出了亲缘和互惠的需求。扎哈维(Zahavi)在20世纪70年代就提出,利他主义会通过带给人们社会地位而在繁衍上有隐性的好处。理论上看,择偶是最有力的一代又一代的道德过滤器。它使人们在道德上偏爱几乎任何程度不同的利他主义或英雄主义,对几乎任何冒有生命危险的利他都予以补偿。这就是"通过择偶使得人们更有道德"的假设。

以上所介绍的理论似乎都让人觉得人们的利他主义行为是基因意义上自私的,甚至择偶带来的道德在某种程度上也是社会心理历史长河中自然进化而来的。那么,有没有某些理论强调道德是后天获得的呢?下面我们来看两个可以给我们以希望的理论。

西蒙的利他主义理论

西蒙把利他主义定义为利于他人繁衍的行为,即"一般而言,那些以牺牲利他者的适应性来增加他人繁衍后代的适应性行为"。西蒙的模型是定义在"即使……也……"的论断上的:即使基因是自然选择的控制物,在社会经济层次上的对一般能力的学习也可以带来对利他主义的积极选择。

西蒙的利他模型是建立在人的有限理性和驯服性两个假设上的。有限理性认为个体的知识和计算能力是有限的,这意味着在我们可以知道的行动之外,还有其他的行为可能发生,以及每个可能的行为评价后果的多种可能性。驯服性意指接受教化的潜能和接受及相信通过社会渠道获得的教化的倾向性。从进化的角度看,"驯服性"必须被视为表现为"依赖通过社会渠道获得的建议、推荐、说服、信息等作为选择的主要基础的倾向性"。对"驯服性"一词,西蒙并不十分满意,他更喜欢用"可社会化性",这个词不会令人太觉尴尬。对于一个驯服性的人,西蒙不是视其为被动的,而是将其看作在社会上学习能力强,易于学习为社会所赞成的行为和信条。在有限理性和驯服性的条件下,随之而来的是社会和组织比个人知道得多的假设。借助于有限理性假说,西蒙认为,人类和其他生物在适应的意义上讲并不是行为最优化的,因为他们不具有达到最优化的知识和计算能力。人们只是能够考虑到有限的利于他们的适应性的可能行动,至多能够不完全地甄别一下有关每个行动的后果的信息。有许多未预料到的后果都有可能发生。为什么聪明的利他者会不加选择地接受教化呢?为什么他们会有利他行为呢?根据西蒙的理论,原因有二:一是有限理性的前提假设,即使聪明的人也会因为有限的知识和计算能力去辨别通过社会渠道获得的教化;二是顺从社会规范和接受社会支持的信息的倾向性会强化个体在甄别增加还是减少自身适应性方面的有限能力。在某种程度上,利他是驯服性的副产品。另一个支持对驯服性积极选择的力量是禁止社会违规行为的社会惩罚。所以,利他行为是教化、鼓励、惩罚等综合作用的结果。因此,我们希望对人们形成利他主义思想和行为有所作为,比如通过教育和媒体。西蒙的解释是可行的和富有解释力的。

群体选择理论

群体选择理论也对人类利他主义做出了解释:成员利他的群体存活下来,自私的出局。所以,利他的社会以牺牲自私的社会存活下来了。这个理论由温·艾德华兹最先提出,很有争议。该理论认为,自然选择不是发生在个体层面上而是发生在群落或部族层面上的。

然而,大多数动物群体都是自私的。里德利(Ridley)认为唯一偏爱个体的动物群体是家庭,而多数动物都形成了远远超过大家庭的群。它们之所以这样做是因为简单的自私性。每个个体在群体里都比处于群体之外更好,因为群体能够为捕食者提供替代目标,数量多时更安全。"自私的群体"是汉米尔顿的用语,他证明了围在池塘边的想象的蛙群通过群集在一起以躲避池塘中蛇的注意。蛙躲在两只蛙之间只是想要减少自己被吃掉的可能性。因此想象的蛙群总是聚成一团。自然界中除了家庭之外的群聚都是自私的群体。因此,这种逻辑成了群体选择思想背后前提假设的致命弱点。只有在代和个体的时间一样短,他们是相当的近亲繁殖,在群体间很少移民,整个群体和群体内的个体一样可能灭绝,以上这些条件都满足的时候,群体选择才会淹没个体选择的效果;否则,自私会像流感一样遍布各个种群。个体的野心总是和集体的约束相违。当然,人类例外。使人类不同于其他动物的是文化,人类有代与代之间直接传递传统、习俗、知识和信仰的实践。这是一种全新的进化方式,不是基因意义上的个体间或群体间的竞争,而是文化意义上的个体间或群体间的竞争。当利他的群体战胜自私的群体之后,就像里德利展示的一样,某些个体从后者群体中进入到前者群体中,于是在文化的意义上而不是基因的意义上,自私的群体消失了。所以,群体选择是通过文化而不是通过基因进行的。

博伊德(Boyd)和里彻森(Richerson)从博弈论出发开始探讨群体选择。如果从总体上看,互惠带来的合作只存在于很小的群体里,因此,他们认为我们应拒绝互惠的解释,寻找其他的关于人类合作的解释。通过数学模拟他们发现,文化学习——遵从(或因袭)传统主义——使得合作更可能发生。如果儿童不是通过他们的父母或试错法学习,而是通过模仿成人角色模式中最普遍的传统,而如果成人遵从的是社会中最普遍的行为模式,总之,一句话,我们是文化的羔羊,那么合作就可以在非常大的群体里持续。群体之间的选择就可以和个体之间的选择一样重要。博伊德注意到当每个人都模仿的时候,模仿更有好处。用博伊德和里彻森的话说:"遵从传统的传递至少为为什么不同群体之间在合作上,约束他们的自私方面人类不同于其他动物提供了一个理论上有说服力的、实践上可能的解释。"人类社会是由群体组成的,超个体的。从遵从性获得的群体的团结是在世界上和其他群体竞争的宝贵的武器。这和西蒙的"驯服性"理论很像。人们不可能事事都去条分理析,如西蒙认为的,照他人所说的去做,比自己辨别出最好方法再去做代价要小,也通常做得更好。这就是遵从传统、习俗、已有知识和信念等。看来,通过文化影响和教育使人们更利他还是很有希望的。

从"龙生龙,凤生凤"说起:布查德和他的双生子研究

(发表于《社会学家茶座》2004年第3期)

关于遗传和环境对人的发展与成就的影响的争论由来已久,而且还会继续下去。在我们的日常生活中,关于两者对人的影响也有着朴素的认识。在遗传方面,我们有着这样的古语:"龙生龙,凤生凤,老鼠生来会打洞。"在环境影响的方面,我们有"近朱者赤,近墨者黑"。"文革"中"血统论"的拥护者打出这样一副对联:"老子英雄儿好汉,老子反动儿混蛋",基本如此。遇罗克曾为了反驳"血统论",写了一篇名为《出身论》的文章,结果为此献出了年轻的生命。此种意识形态下的歧视和迫害不计其数。"文革"结束近三十年了,尘埃落定,让我们根据现代科学对此的研究,再回头看看上述观点,也许不无益处。

在当代对遗传和环境对人的影响的研究中,明尼苏达大学的托马斯·布查德爵士及其合作者的研究方法和成果是不可忽视的。

布查德爵士及其研究中心

托马斯·布查德1963年在加州大学伯克利分校获得学士学位,1966年获得博士学位。次年在加州大学圣巴巴拉分校任教,1969年转到明尼苏达大学,任教至今。自1983年以来担任明尼苏达双生子和收养研究中心主任。1985年至1991年,1998年至2000年两次担任明尼苏达心理学系主任。布查德教授是大学人类遗传学研究所(the University's Institute of

Human Genetics）成员，从 1985 到 1997 年任该研究所执行委员。他自 1995 年以来多次获得各种科学奖项。

多年来，明尼苏达大学心理学系在行为研究上都强调基因因素。当年，大多数美国社会科学家都是强烈的环境主义者。当威廉姆·海伦展示了老鼠的迷宫学习能力可以有选择地驯养时，帕特森教授就强调一般智力和特殊心智能力方面的可遗传因素。早在 1962 年，保尔·弥尔发展了精神分裂症患者的病因学的遗传学理论。1966 年欧文·戈特斯曼在心理学系发起了一个在遗传行为学方面的培训项目。戴维·吕肯注意到，"如果用双生子来做，每件事情都更加有趣"，于是在 1969 年成立了双生子登记注册处，很快与托马斯·布查德和奥克·特立根合作开始明尼苏达分离抚养的双生子研究。

在明尼苏达双生子和收养研究中心的支持下，布查德教授及中心研究人员的主要研究项目为明尼苏达分离抚养的双生子研究。该研究分为两部分。第一部分是对早期开始分开抚养的同卵双生子和异卵双生子进行为期一周的体格和心理测定。心理测定部分包括个性特征、心智能力、价值、心理兴趣、精神运动的技能、阅读、拼写、写作，以及各种类型的心理测试。体格测定包括精神病学的访谈、体格生命历程访谈、标准的血液成套测试、血液接合性测试、24 小时心电监测，以及牙齿和牙根膜的详细检查。这一部分开始于 1979 年，大约二十年后完成。第二部分的研究开始于 1987 年，是一项关于老化过程的为期 10 年的追踪研究。参与第一次测试的成年的双生子年龄在 24 岁以上和 66 岁以下，每年到明尼苏达接受一次重复测试。布查德教授还把大量精力投入在明尼苏达双生子登记注册处。那里有通过邮件收集的大量关于在一起抚养的双生子的样本。那些关于分离抚养的双生子的资料通常和在一起抚养的双生子的资料结合起来进行研究。这个中心还和其他大学在双生子研究的某些专门课题上进行大量合作，比如偏头疼、能量新陈代谢、头痛、面部表情、音质方面等。

明尼苏达双生子和收养研究中心已经硕果累累，在《科学》、《遗传行为学》、《遗传学手册》、《心理科学》、《美国心理学》、《人类生物学》等学术期刊上发表了约150篇文章,在国际学术界产生了重大的影响。

布查德研究的方法论意义

随着行为遗传学研究的逐渐繁荣,遗传与环境共同作用对人产生影响的观点已经为人们所广泛接受。因为遗传和环境总是复杂地交织在一起,难以分开,要雄辩地说明遗传(或者环境)的独立作用,确实不易。异地抚养的同卵双生子为这一困难找到了一个极其难得的突破口。在生物学意义上,双生子有同卵双生子和异卵双生子两种。同卵双生子是由同一个受精卵分裂而来,他们具有完全相同的遗传基因。异卵双生子是由两个受精卵发育而成,他们的遗传基因在概率上只有50%相同。抚养方式则分为分离抚养和一起抚养两类。同卵双生子已经殊难得到,更何况要同卵双生子从小分开,异地抚养。对异地抚养的同卵双生子的研究可以更好地比较同样基因的人在不同环境中的性格和行为的异同,从而可以检验遗传和环境对人的独立影响作用。布查德的双生子研究方法并不是他最早提出的。早在一百年以前,优生学奠基人著名生物学家高尔顿已经提出了这种想法。但自1979年至今布查德教授所从事的从小分离、异地抚养同卵双生子和异卵双生子的研究超过100对,将这一研究推向高峰。

同双生子研究的目的一样,明尼苏达的收养研究是试图通过环境较类似而基因差异较大的个体的状况来考察基因和环境对人的影响各占多大的成分。研究收养正是为了研究不同基因(父母不相同)的孩子在同一个家庭中成长的情况,从而考察环境对人的影响。所以可以通过:基因相同、环境不同;基因、环境都相同;以及基因不同、环境相同三种情况来透视环境和基因对人的影响作用。当然,所谓相同和不同都是程度上的,不是绝对的。

正如布查德所指出的,对于人类个人差异的研究,常常出现概念的或者方法论的错误。(1)生活在一起的(reared together)生物性亲属间的相关,即兄弟姊妹之间或者父母和子女之间的智商相关,在病因学意义上是不明确的。遗传行为学者很快指出,"家庭的并不等同于基因的"。不幸的是,社会科学研究者们没有同样迅速地看出,另一方面同样正确,即"家庭的并不等于环境的"。当生活在普通的生物性意义上的家庭里,父母和子女间的心理特征(以及其他特征)的相关是完全地混淆了,同时反映出遗传的和环境的因素。因此,分开抚养的双生子和收养研究的设计就是为了避开这样的问题。

(2)从(1)可以推出,当基于在一起抚养的生物学意义上的亲属时,对来自父母的待遇(孩子抚养实践)的具体测量和他们的孩子的特征(个性)之间的相关是无法解释的。也就是,当基于生活在一起的生物性亲属时,父母行为和子女行为特征之间的相关也是完全地混淆了和无法解释的。相关可能来自共享的基因,也可能来自同一个生活环境。正像布查德所说,对这类错误推论最好的保护是通过多种方法的确证的事实。这些方法依据不同的假设,也因此各有优缺点。

双生子和收养研究已广为行为遗传学界所采用,用以解释遗传和环境因素对外显差异的独立影响。双生子方法被誉为完美的自然实验的同时,也被许多人斥责为一无是处。收养研究也被视为理想的区分遗传和环境影响的方法,即使它有着一些重要的局限。这里只是说明,对待这种方法的使用和对其研究结果的接受要谨慎小心。

遗传和环境对人的心理差异的影响

布查德的异地抚养的双生子研究发现,同卵双生子表现出若干富有戏剧性的、很难归结为是偶然的相似性。比如,他观察到两个39岁的大男人都有咬手指头的习惯。还有两位都喜欢啤酒,而且都喜欢听装的,更令人感到奇怪的是,他们都用小指开易拉罐。有两位妇女,她们早年做过同样的梦,而且她们都生了一个女儿,她们的女儿并分别获得了她们所在(不同)州的同样的中学数学大考的状元。有两位兄弟在同一年都开始患偏头痛,几年后症状同时消失,再后又在同一时间复发,而后又一起症状消失,总是同步,令人惊奇不已。好像我们看的香港电影《双龙会》中的两个双胞胎兄弟。布查德发现那些从小分开抚养的同卵双生子有着同样的或高度相似的说话方式、身体仪态、气质、幽默感、职业、兴趣爱好、习惯,甚至婚史等。实际上,遗传和环境对人的影响体现在许多不同方面。

(一)认知能力

根据三层次智力理论,塔尖是一般智力;第二层包括视觉处理、听觉处理、短时记忆以及长期回顾等;第三层次,也就是最底层,包括概念形成、分析综合、计算能力等。塔尖和第二层次,第二层次和第三层次都有很高的相关性。为了研究遗传对智力的影响程度,遗传行为学家们根据同卵双生子和异卵双生子在共同的遗传基因上的不同,来比较他们智商方面的相关。布查德和麦克高在1981年的一篇文章中总结了世界上已发表的34个4 672对同卵双生子研究和41个5 546对异卵双生子研究,结果发现,一起抚养的同卵双生子智商间的平均相关达到0.86,而一起抚养的异卵双生子只有0.60;分开抚养的同卵双生子的相关约为0.72,而一起抚养的兄弟姊妹只有0.46,一起抚养的无血缘关系者则只有0.32。这说明异卵双生子在智力上的相似性不如同卵双生子高,基因有明显的影响。

关于心智发展,同卵双生子之间的相关从3个月时的0.70到2岁时会增加到约0.84,15岁时稍有增长。而异卵双生子之间的心智发展的相关则从3个月时的0.69到5岁时基本增加或降低不多,到15岁时则下降到约0.54。从同卵双生子共享更多的基因可以推断,基因对人的认知发展有着很大的影响。在智商变化上,研究发现,基因的影响4—6岁时占总影响的约42%,6—12岁时上升到约55%,12—16岁时,百分比略有下降,16—20岁时上升到约57%,及至成人,则上升到约87%。共享的环境的影响,则是4—6岁时占总影响的约36%,6—12岁时下降到约28%,12—16岁时,百分比略有回升,16—20岁时下降到约26%,及至成人,则下降到约为0,不再有影响了。而非共享的环境,则4—6岁时占总影响的约22%,6—12岁时下降到约18%,此后直到成人,则几乎保持不变。总之,双生子、收养和跟踪家庭智商研究都得出一致的结论:随着年龄的变化,至少直到中年时期,共享的环境因素在重要性上降低,而基因因素的影响在增长。这一关于智商的可遗传性发现,激励心理学家们去研究对这些可遗传的影响的脑的根源,研究最终集中于脑的大小。对特殊的心智能力的研究发现,遗传和环境对其的影响与对一般智力的影响结果是一致的。

总的来说,遗传行为学家们认为,证据有力地支持这个见解,即心智能力按等级层次组织起来,最高的是一般能力,下面是具体的心智能力。一般能力比起具体心智能力有着更重大的实际重要性,而且显著地受基因的影响。近年的研究显示,一般能力的遗传可能性从童年到青年再到成年一直在增长,在老年才有所降低。我们通常都认为随着年龄增长,人们受环境的影响越来越大。然而,随着年龄增长而增长的遗传可能性的发现充分地驳斥了这一点,而且得出的是与通常的直感相反的结论。共享的家庭环境对一般心智能力的影响远比通常认为的小得多。具体心智能力也受基因的影响,但是许多影响是由一般能力来作为媒介的。基因对具体心智能力的影响也随年龄的增长而增大,但证据支持不如一般能力多。

(二)个性特征

个性特征是一个重要的研究方面。根据布查德1997年的一篇文献综述的文章,在5个重要的个性特征指标上,可遗传性分别为:外向性54%,随和性52%,自觉能力40%,神经敏感性58%,开放性52%。在布查德1997年发表的论文《当双生子相遇的时候》里,他总结说:一般而言,同卵双生子的个性特征有50%的相关,而异卵双生子有25%的相关,非双生子兄弟姊妹之间的个性特征只有11%的相关。基因影响可以解释个性差异的大约40%—55%,而共享的家庭影响几乎等于零。当然,布查德是谨慎地推广这个结论的。因为抽样范围没有包括处于贫富两极的人群。

(三)社会态度

态度通常是指对某些对象(人、机构、情景)的后天学习获得的积极的或消极的倾向。社会态度一般是指社会上有关的政策(比如关于堕胎的政策),机构(如联邦政府),各类人(比如黑人、犹太人、阿拉伯人、民主分子、共产主义者、社会主义者)等的倾向。社会态度以前通常被认为几乎完全是受家庭和文化实践影响的结果。近年的成年双生子研究,包括分开抚养的双生子研究和收养研究显示,社会态度,比如宗教虔诚、保守主义和极权主义,大概和个性特征一样是可遗传的。而宗教归属关系(比如基督教、犹太教、伊斯兰教)几乎完全是受环境影响。还有一些研究显示,工作态度和价值观以及工作满意度也受基因因素的影响。

社会态度受基因的影响。比如,对右翼独裁主义,同卵分离抚养的双生子同类相关为 0.69,异卵分离抚养的双生子同类相关为 0,同卵一起抚养的双生子同类相关为 0.63,异卵一起抚养的双生子同类相关为 0.42。基于成年双生子研究和一个收养研究的宗教虔敬测量的双生子相关和参数估计,布查德发现,在宗教业余时间兴趣方面,一起抚养的同卵双生子相关为 0.58,异卵在一起抚养的双生子相关为 0.28,同卵分离抚养的双生子相关为 0.50,异卵分离抚养的双生子相关为 0.12,加性基因差异估计为 0.57,非共享环境差异估计加误差为 0.44。布查德发现,即使在人们通常认为是后天学习获得的社会态度上,遗传因素的作用依然非常明显。

(四)心理(学意义上的)兴趣

心理兴趣的领域和个性特征非常不同,但通常人们把二者混淆在一起,认为是一致的。大量双生子研究结果表明,兴趣显著地受到基因的影响,但可能要比个性特征受的影响小一些。在职业兴趣方面,许多心理学家,以及大多数普通人都认为,职业兴趣只不过是人的个性特征的外在表现而已。实际上,两者几乎没有重合的部分。沃勒等人根据明尼苏达职业兴趣库存数据中 4 000 位成人的样本,在 1995 年的文章中报告了两者之间的相关。在报告的 187 个相关中,仅有 9 个相关系数等于或者大于 0.30。在职业兴趣的双生子研究方面发现,同卵双生子在以下职业兴趣方面的平均同类相关分别是:实践类 0.50,科学类 0.54,商务类 0.45,文秘类 0.44,社会救助类 0.48,艺术类 0.50。而异卵双生子在这些职业兴趣方面的平均同类相关分别是:实践类 0.37,科学类 0.29,商务类 0.30,文秘类 0.26,社会救助类 0.30,艺术类 0.32。柏茨沃斯和布查德等人 1993 年的论文总结了在分开抚养的双生子、一起抚养的双生子、收养家庭、血亲家庭等情况下的兴趣尺度相关。比如,研究型的兴趣,同卵分开抚养的双生子的相关为 0.39，异卵分开抚养的双生子则为 0，同卵一起抚养的为 0.46，异卵一起抚养的则为 0.24，收养家庭父辈和子辈的研究型兴趣尺度相关为 0.11，而血亲家庭父辈和子辈的相关则为 0.19，收养家庭兄弟姊妹的相关为 0.05，而血亲家庭兄弟姊妹的相关则为 0.12。由此可见，遗传是发挥了作用的。但有些兴趣就不是这样的。比如现实型的兴趣，收养家庭父辈和子辈的兴趣尺度相关为 0.17，血亲家庭父辈和子辈的相关则为 0.11。但平均而言，同卵分开抚养的双生子的相关为 0.32，异卵分开抚养的双生子则为 0.08，同卵一起抚养的为 0.47，异卵一起抚养的则为 0.23，收养家庭父辈和子辈的研究型兴趣尺度相关为 0.11，而血亲家庭父辈和子辈的相关则为 0.13，收养家庭兄弟姊妹的相关为 0.14，而血亲家庭兄弟姊妹的相关则为 0.14。基因和环境可以解释兴趣差异的比例平均而言：基因影响占 36%，共享的环境占 11%，而非共享的环境影响则占 53%。

（五）精神病理学

各种行为错乱也受到基因因素的显著影响。但对不同的行为错乱影响程度不同，而且多数的行为失序同时受到多个基因的影响。双生子和收养研究总是暗含着基因对大量的行为错乱的影响的存在。这些错乱行为包括精神分裂症、情感失调和病态人格等。可以通过关于一起抚养的同卵和异卵双生子在成人和儿童期行为错乱的一致性来看看基因因素有多大的影响。同卵双生子患精神分裂症的一致性为 38%，而异卵双生子则仅为 11%。同卵双生子患情感疾病的一致性为 65%，而异卵双生子只有 14%。男性同卵双生子患大麻依赖症的一致性为 50%，而同患此症的男性异卵双生子只有 31%。女性差别不大，女性同卵双生子患大麻依赖症的一致性为 35%，而同患此症的女性异卵双生子为 29%。在少年犯罪方面，同卵双生子的一致性为 91%，而异卵双生子则为 73%。同卵双生子患易饿病的一致性为 23%，而异卵双生子为 9%。孤独症，同卵双生子一致性为 64%，异卵双生子为 9%。惊慌失措症，同卵双生子为 24%，异卵双生子 11%。童年时注意力不集中，同卵双生子的一致性为 58%，异卵双生子为 31%。由此可见，在行为错乱上，同卵双生子同时发生的比例要比异卵双生子明显偏高。因为同卵双生子比异卵双生子共享多一倍的基因,可以推测,基因或者遗传在人的行为错乱上发挥着很大的作用。同时我们要注意,他们的样本量是不一样的,而且影响因素的复杂也使得不同指标方面难以进行影响程度的比较。有些疾病,显然后天环境影响是很大的,比如水源的污染导致的整村或者一片地区的人们患上同样的疾病。

学术科学、价值伦理、社会政策和政治正确

布查德的双生子研究同时驳斥了生物决定论和环境决定论。他的研究结果解释了个人的独特性,并提醒我们,人类是复杂的生物世界的不可分割的一部分。布查德解释道:"因为实际上每一样事情都是习得的,所以我们不对遗传的和习得的行为作出区分。问题是,在多大程度上人们倾向于去学习。"也就是说,虽然我们的环境提供给我们问题、资源和挑战,基因却决定了我们如何对这些外力进行反应。在布查德为研究生开的进化心理学课上,他曾为了阐明自己这方面的观点举了一个类似于毛泽东在《矛盾论》里,为了说明外因和内因的关系问题所举的鸡蛋和石头的例子。鸡蛋在适当的温度等外部条件下可以孵出小鸡来,而石头在同样的外部条件下无论如何也孵不出小鸡。鸡蛋之所以可以孵出小鸡来,是因为它有着成为小鸡的基因,也就是所谓的内因,是根据,而石头不具有。所以,行为遗传学家在反对文化或环境决定论的时候,没有走向遗传决定论,而是说:"没有预先安排我们做的我们做不了,而安排我们做的但环境没有提供条件我们同样做不了。"因此,可以说,学校教育应该是以学生为中心的,任何其他因素,包括老师、教材等,都只是为学生"这些鸡蛋"孵成"小鸡"提供外部条件,坚决不能逼迫学生,拔苗助长。应该让学生的潜能在合适的条件下得到发掘。

正像布查德所说的,我们已经承认遗传的作用,而且一定程度上进行了量化,但是其中遗传发挥作用的机制依然是个黑箱。随着基因工程和生物科学、神经科学等的研究的进展,这个黑箱有望被打开。

遗传行为学的研究不仅在学术界而且在全社会都引起了巨大的反应。

因为研究结果会导致社会伦理、价值观念、社会政策和政治正确方面的重新认识,甚至为某些极端分子或"心术不正"的人所利用,造成认识、伦理、政治、政策等的震荡。其中尤为敏感的问题是遗传与智商的关系和遗传与暴力犯罪的关系问题。当年德国纳粹分子宣扬的种族优劣论曾经让遗传行为学成为学界的禁区。而 1994 年默里和赫恩斯坦的著作《钟形曲线:美国生活中的智力和等级结构》[①](以下简称《钟形曲线》)被布查德教授称为"打破最后一个禁忌"。布查德给这本书写的书评的题目就是"打破最后一个禁忌"。在这篇书评的开头,布查德就引用了美国《独立宣言》里的名言:"我们认为下面这些真理是不言而喻的:人人生而平等,造物者赋予他们若干不可剥夺的权利,其中包括生命权、自由权和追求幸福的权利。"接着,布查德说,政治权利和法律地位上的平等已经扩展到了自由平等的理念里,但收入的差异显示出机会的不平等。而在智力上的个人或者群体差异对理想化的平等提出了挑战。《钟形曲线》论证的基本观点是:在当代社会生活中,在社会分层体系里地位的高低很大程度上取决于人的智力,而智力是可遗传获得的,种族间平均智商是有差距的。因此该书作者被有些人批评为种族主义者和精英主义者。而不幸的是,一般认知能力作为社会地位的一个主要决定因子和一般认知能力上的差异主要取决于遗传因素的命题,确实为这个领域里的许多专家所支持。

有必要注意的是,这些观点必须建立在大家都有同等的教育机会和条件的情况下,美国的教育很大程度上实现了这一点,尽管不是完全实现。而对于我国教育来说,这一目标还远未达到,因此不能把《钟形曲线》的观点生搬硬套过来,简单地将社会结构视为人的智力差异的结果。《钟形曲线》讨论了这一发现的政策含义,比如对被认为平均智商低的黑人的社会救助要减少之类。布查德认为,判断这些社会政策的价值和相对成本,不是一个科学话语的事情,而是一个政治的事情。应该清楚的是,知识精英

---

① Richard J. Herrnstein and Charles Murray. 1994. *The Bell Curve: Intelligence and Class Structure in American Life.* N. Y. : Free Press.

统治不需要是一个达尔文主义的丛林,而一个负责任的社会应该为每一个人提供生存空间。布查德认为,知识分子的一个目的就是怀疑已有的智识,提出困难的问题,寻找新的和"更好的"解决新老问题的方法。因此,在这个意义上,《钟形曲线》的作者是成功的。我们也可以说,至少在这个意义上,布查德也是成功的。

虽然建国后,优生学和遗传学被定性为资产阶级反动学术,但是,"文革"中的"血统论"所持的就是遗传学的观点,而且所谓的"龙生龙,凤生凤,老鼠生来会打洞",把它推向了极端。"出身论"的对联"老子英雄儿好汉,老子反动儿混蛋,基本如此",倒是兼顾了遗传和环境的作用,但其中一个重要的错误,就是把出身家庭的影响扩大化了,也就是夸大了他们及其家庭成员共享的家庭环境的影响作用。而根据遗传行为学家对双生子和收养的研究,非共享的环境发挥的作用更大。而且,实际上"文革"时所谓"红"、"黑"的标准是异常混乱的,许多人从来也没有共享过那些"红"或"黑"的环境甚至基因。这问题是否可以用社会学里的标签理论和社会学家默顿的自证预言来说明呢?有人原来不是"红的"或"黑的"五类,只是因为别人或者社会给他们贴上了这个标签在心理上造成影响,从而实现自我实现预言?这些问题还有待于进一步研究。

最后,强调一点,因为遗传和环境对人的影响很复杂,两者交织在一起,所以接受已有的研究结果要非常小心。而且,由于研究方法和条件上的限制,我们对待研究结果要有所保留。也因此,对遗传和环境对人的影响的研究还有广阔的空间。

■ 明尼苏达札记

解密天启：读《神似祖先》

(发表于《读书》2010年第9期)

  现代科学以生物的社会行为来思考人类社会行为是从达尔文的进化论思想开始的，而社会生物学的"教父"哈佛大学教授爱德华·威尔逊则把这一思潮推向了前所未有的高度，对社会科学和社会观念产生了巨大的影响。社会生物学系统地研究一切动物的社会行为的生物学基础，就人类而言，则是以进化论的理论框架来解释人类行为的起源与进化的生物学机制，并试图以此来解释人类社会的行为、组织、文化、制度、宗教、伦理、游戏、美学、语言，甚至情感和心理等现象。在过去的三十多年里，社会生物学以其独特的视角，在各个学科几乎都取得了丰硕的成果，尤其是在进化心理学领域，对诸多人类行为和社会现象都给出了全新的富有说服力的解释，使我们常常惊叹："呀，原来如此！"

  《神似祖先》[1]是郑也夫出版于2004年的《阅读生物学札记》[2]的修订本，可以看做一位社会学家与生物学家思想碰撞而激发出的一场精彩对话。在进化论的概念框架下，这本书涵盖了非常广泛的话题，不仅有利己与利他、遗传与环境，而且从自然选择、适应与进步观，到疾病与痛苦，生长与衰老，有性繁殖与婚姻制度，炫耀与性选择，行为、感情与生存策略，语言的本能性，生物与文化的进化，等等。阅读此书，几乎每一个话题都有让你会心地发出"原来如此"的感叹，恍然大悟的地方。

---

[1] 郑也夫：《神似祖先》，中国青年出版社，2009年。
[2] 郑也夫：《阅读生物学札记》，中国青年出版社，2004年。

一、"神似祖先"的意义

"神似祖先"是郑近年来不断宣扬的一套思想中的关键词。自西欧工业革命以来的世界文明,已经让我们与祖先生活的环境和生活的方式大大不同了。不说远古的,就是与上百年前,甚至几十年前的人相比,也根本不同了。但是我们作为人类的本质性和沉淀在心理行为深处的特征,与我们的祖先并没有本质的差别。"适者生存!"这就提出了一个严酷挑战:是改变人类自己适应变化了的环境,还是改变环境,让环境来适应我们人类的古典式生活?很明显,我们很难改变巨变的生活环境,只好选择适应环境。

如何适应?这不是一个容易回答的问题。因为,我们不仅要认识现存的环境,更要深刻理解人类万千年来进化而来的性情心理行为本质。人本质上是动物,是一种特殊的动物。只有通过对大千世界里的生物行为的"仰观天文、俯察地理"式认识,才有可能解密上天赋予人类理解自身的种种自然符码。生物学的发展就是这种"解密天启"的过程。而郑的《神似祖先》正是一本综合生物学发展的成果,揭示人类本质性行为,对现代人类生活具有深刻启迪和指导意义的书。

正如郑在前言里对"神似祖先"的解释:"其隐含的主语不是身体,而是行为。就身体而言,没有疑问,我们绝对地形似祖先。因为在进化的长河中,夏商周时代的先人与我们的距离尚且太近,遑论元明清。祖先的身体是穿越了自然选择之剪刀的适者。因此**我们在行为上唯有相似祖先才能获得健康的身心**。而生存方式是不可逆的,行为上的形似是不可能的,因此,应该和可以追求的唯有神似,比如狩猎已成往事,跑步却适宜今时。"

二、适应与进步观以及社会科学的预测和解释

在人类漫长的历史上,似乎只在近现代人类思想里才出现了"进步观"。至少在中华文明里源自《易经》的"六十四卦"以及后来的"五行学

说"、"六十年一个甲子"等都是如白昼和四季一样的循环论。而为近现代催生出"进步观"的力量有两支：其一是，技术的进展和物质的增长，人类社会与文明猛然从静态变为动态，从缓步变为疾行，这是进步观产生的社会历史基础；其二是，与这些变化相伴随的思想家们对意识形态的重塑，从培根、笛卡儿、圣西门、孔德，到穆勒、黑格尔和马克思，从理性、历史、科学等多个方面论证了进步的不可阻挡。而达尔文主义思潮的加入，因为它排列出了从低等动物、鱼类、两栖类、爬行类、哺乳类，直到人类这样一个进化序列谱系，使得文明与社会的进步从物种的进化那里找到了根源和基础。

对进步观的质疑也来自几乎同样的两支力量：其一是，人类历史的现实经验。自近代工业革命以降的几百年来，人类控制自然和自身的能力增长了许多，甚至可以克隆出人来，可以取代上帝来"人造生命"了，但是，世界远不美好，环境污染严重、惨烈的世界大战和大屠杀，还有像"9·11"这样的恐怖袭击事件。所以，人们开始反过来质疑社会的"进步"了。这样的第二支力量就是敏感的学者对"进步观"的批判。他们指出："进步观只是历史的、晚近的产物，很可能只属于一段历史时期；科学的进步与道德的滞后导致手段的滥用，科学很可能成为人类毁灭的工具。"

在这种批判中，生物学家的出场非常重要，通过对达尔文适应概念的清理，他们深层次地批判了进步观。自然选择理论并不包含任何积累性进步的观念，适应只是个体对当时环境的适应。虽然经验上看生物发展有着复杂的趋势，但是墙和醉汉的理论比喻很有道理：醉汉在路上蹒跚，其右边是一堵墙，左边是一条沟。醉汉可能向两边中的任何一边迈步，但既无"前定"的规律，也无方向上的嗜好。是墙壁制约了他向右行，他几度右行撞墙，又几度左行接近水沟，当某一次左行更远些的时候，就掉进了水沟。简化这一边有这么一堵墙，简单到墙的地方就到头了，就无法再简单了，比如有些细菌和病毒；这种复杂是因为它提供了可能，而并不是必然。向"墙"发展的被墙撞了回来。而且复杂并不能代表更适应，而且事实上往往会更脆弱。实际上，达尔文只在《物种起源》的最后才使用了"进化"这个字眼，这样一个字眼导致了人们的误解和混乱。变异和选择中，变异提供了能够适应环境而保存物种繁衍的更多可能性,在这些变异中,适应了当时局部环境的就被"选择下来了"。郑说得很清楚,在生物学里,像"选择"、"自私"和"利他"这类的词汇只是一种词汇的修饰,实际上都不是有目的的。达尔文在一本宣扬进化论的名著上写下这样的眉批:"千万别说什么更高级、更低级。"在回答同行的信中说:"经过长期思考,我无法不相信,所有的生命都没有天生进步的趋势。"

进化是一个当时局部环境的适应,是偶然的,因而是不能预测的。因为生命科学与物理科学的天然的不同(虽然物理学上也有测不准原理),达尔文对现代科学方法论作出的最大贡献就是生命科学的不可预测性。进化学说"论证了解释和预测彼此对立,并没有必然的联系。"

而对于社会科学而言,它与物理科学相反,而与生命科学有相似的特征。生命科学研究的是"个体",社会科学的研究对象也是"个体"。郑在本书里对个体的定义非常好:个体是一种生命现象,是有性繁殖的产物。有性繁殖导致了子代中的成员既相似又不同。个体的最基础的特征是这种繁殖方式注入的。个体是唯一的、独自的。这样,社会科学里的预测就成了妄自尊大,而解释才是社会科学可以有所作为的空间。"历史是可以预测的",这个论断就这样被自然选择的适应观"釜底抽薪"式地颠覆了。郑又对比了自然选择与市场选择,"在这两种机制中,谁能中选事先都是不知道的。所以严格的预测是不成立的,解释却是可以的,解释是由结果推过程。"

三、情绪与理性

虽然说,情商也越来越为人们所重视,但是对智商和理性的崇拜仍然占据主导优势。在该书的《感官、情绪、理性》一章里,郑形象地将生存比作博弈,那么,"情绪是博弈中的'快棋',思维是博弈中的'慢棋'。二者本来是相辅相成的。但是,人类理性能力的发达,以逻辑推理为基础的科学在现代社会中日益壮大,以智力为基础的正规学习和考试成为社会晋升的第一门槛——三位一体,导致人们过度崇尚理性和智力。"

所以郑说，"其实，生活中无数维持个体生存的行为和促进社会晋升的表现都不凭借理性的力量。躲避下落物用不上推理。择偶的成功中激情和执著的因素很可能不小于理性能力。一个杰出音乐家和运动员的很多技能，在相当程度上是非意识、下意识的运动。它们雄辩地说明了没有意识和理性，可以完成很多活动和工作。且有些技能是意识和理性不能达到的。"

理性在帮助人类决策上具有重要作用，而这种作用的发挥也必须有其他因素的支持。而情绪和感受就在这些因素之中。在科学研究、投资、婚姻、结盟、交友这五项活动中，科学研究是高智商和低情商的人的明智选择；而其他四项活动"则是模糊的，信息不齐备的，充满未知的，靠理性根本无法完成判断，越是思考越是彷徨，犹豫不决其实显示出思考者的理性能力和对理性的偏爱，因为单靠理性此题无解，他觉得轻率解题是对理性的亵渎。当理性不能完成一个判断，而情势逼迫你作出判断时，情绪推动了决策。没有情绪，人将迷失在信息中"。郑引用了老牌心理学家萨尔文的话：情绪支配着我们的一切重大决定。这是一句值得从多方面反复寻味的箴言。也就是说，面对包含混沌和未知的问题，情绪和偏颇的人有解，冷静和理性的人无解。因而，"生活中的成功者，往往是智商和情商的综合分值更高的人，靠单项能力打不了天下"。

愤怒与笑无疑是进化过程中选择出来的两种情绪，具有重要的功能。对笑的功能的探讨无疑是郑对这个领域的一个重要贡献。减少敌意、拉近距离可以说是一级功能，嘲笑、玩笑和搞笑则是二级功能。我对这两个功能表示认同，但是，我觉得认为"动物有愤怒，鲜有笑，说明笑比怒来得晚，是进化中后来的产物，而人类的情感的进化优先于理性的进化，"则有待商榷。很有可能情感和理性、笑与怒是孪生兄弟。而嘲笑的功能是超越了笑与怒的鲜明而对立的两种表示，刻意要收敛那份鲜明，它是含蓄的抗议，是披上了笑的外衣的不满。我以为这是一个很深刻的洞察。当然如果细分，笑的种类太多了，各具功能。比如，"笑里藏刀"的笑，是对敌意的一种掩饰，麻痹敌人的防卫意识，取得斗争成功的一种策略。这个领域还有很广阔的可开发的空间。

四、利己与利他

现代科学地探索利他与自私的问题,是从汉密尔顿回应达尔文的自然选择理论正式开始的。按照达尔文的自然选择理论,人人都是自私的,然而事实上,社会中存在着利他,母亲无私奉献的爱是最突出的例子。汉密尔顿就从基因的角度论证,自然选择不是在个人层次上选择的,而是在基因的层次上进行的。这样说,人依然是自私的,只是在基因的层次上,而不是个人层次上。这个观点通过道金斯30多年前的世界名著《自私的基因》而传播到了世界各地,并且超越学术界,到达了普通大众。

郑用小说《镜花缘》里的君子国来显示完全的利他不是物种生存的好策略。"天助自助者"。但是实际上人们也不是完全的自私。亲选择就是主要理论解释之一,这是发端于汉密尔顿的在基因层次上的自然选择,也就是基因是自私的,母亲无私的照顾孩子是因为孩子和她共享50%的基因。按照共享基因的多少,形成了一个基于基因的"差序格局"。根据现代遗传学说的成果,郑有力地批评了以道金斯为首大行其道的"自私的基因"说,认为,"道金斯的逻辑缺乏一致性。一方面他说基因都是自私的。另一方面他又说它们(基因)以错综复杂的方式相互配合和相互作用,同时又和外部环境相互配合和相互作用。诸如'长腿基因'和'利他行为基因'这种表达方式只是一种简便的形象化说法,理解它们的含义才是重要的。一个基因不能单枪匹马地建造一条腿,不论是长腿还是短腿。由此推断,似乎一个人的自私不是因为他身上的每个基因都是自私的,而是由几个'利他行为'基因造成的。"

对这一理论的漏洞,郑从亲子的识别困难度给出了自己的解释,来弥补这一逻辑上的不一致:"无论从祖先的情况看,还是从其他灵长类动物的情况看,亲子对父亲来说都不够确定。你的儿子可能是别人的儿子,与此对应,别人的儿子不排除是你的儿子。确定的是大家处在一个血缘群体中,彼此都是亲属,共享比率不等的基因。亲缘利他没有被亲子利他淘汰出局,利他的范围由小到大,力度由强到弱,父子确定性上的模糊状态很可能是其成因之一。"但是,我认为,从郑的书里,没有很强的证据可以支持这一解释。而且,如果说男性不容易识别自己的孩子,别人的孩子也可能是自己的孩子,那么女性呢?超越亲子的血缘利他同样存在。

五、人的多种可能性与进化中的淘汰

从阅读的有关书籍中,包括《神似祖先》,我得到一个共同的印象,似乎一切生物界的现象都可以用进化论来解释,就是用遗传、变异和自然选择的机制来解释。比如,炫耀与性选择。雄孔雀的漂亮尾巴为什么这么长?因为雌孔雀选择对象的时候要以漂亮的尾巴来衡量对方的素质,比如是否健康、强健等。为什么男人找对象更重视对方的美貌?女人更重视男方的能力、地位?也就是为什么是"郎才女貌"?生物社会学给出的解释是女方的美貌展示出自己的健康,男方的能力和地位可以更好地养活子女。总之,似乎一切都可以从适应和自然选择里找到根据,都可以从有利于生存和繁衍里找到根据。

事实上却存在着诸多的现象,似乎与进化论的生存和繁衍这个生物的本性不相符合。比如,和尚道士的存在,单身贵族的存在。这样就有引入了文化的解释,从而有了生物的进化和文化的进化。从道金斯的"觅母"概念出发,人又成为了"文化觅母"的奴隶。也就是,人不仅服务于自私的基因,而且服务于文化"觅母"。文化以觅母的形式传播,像自私的基因一样变异,选择,进入人的头脑,从而控制了人的思维,也就是文化观念。这种解释可以为"师徒父子"提供理论基础。那么是这种文化"觅母"的控制让有些人成为和尚和道士了吗?

"存在的就是合理"的吗?如果漫长的进化把不适应的都淘汰掉了的话,为什么现实中依然存在着诸多的不利于生存和繁衍的东西呢?是否生物界的无比繁多的可能性都可以类比人类呢?比如雄孔雀的长尾巴和人类的炫耀类比;"清扫鱼"打扫大鱼身上的寄生虫、微生物作为互惠利他来类比人类互惠利他;企鹅能识别自己的孩子,来类比人类母亲对孩子的母子情。所有这类类比都是社会生物学给人类的启示之源。那么,是否可以把一切的生物界行为和人类类比呢?如果这样的话,那么人类的可能性真是非常丰富了。为什么会有这么多的可能性,而诸多的可能性没有被进化淘汰掉?

我觉得首先是生物界在适应、变异和选择的机制下,保存了生物界,尤其是人类的众多开放的可能性,从而保存了当时局部条件下不利于生存和繁衍的变异。这就是以数量保质量的生存策略。突出的例子是蒲公英,一下子播撒那么多的种子,最终能成功地再生为蒲公英的是极少数。人类繁衍中的精子可以和蒲公英的策略类比,为什么不直接来一个精子就行了,为什么要那么上万上亿个,才有那么一个幸运儿中彩票?这可以说是以数量保质量的策略在人类中最原始的一个。这里又有个问题,为什么女方的卵子不和精子采用同样的策略?也许可以用不经济来解释,因为那样,亿万之间的最佳配对太复杂。这种解释还不够令人满意,但还没有更好的解释。

这里还存在着一个问题:即便是从亿万个精子里选择,依然还有畸形儿的产生。为什么人类的进化机制淘汰不了这种现象?我试着解释就是以增加可能性的策略来增加存活下来的机会。举一个我们熟知的"塞翁失马"的例子作类比,那个老头儿的儿子因骑马摔伤是个残疾,本来是个坏事,但是边塞打仗征兵,他因为残疾而没有被征去打仗而存活了下来。所以,有时候劣势就是优势。我猜想,进化过程虽然保存着选择,但因为"适应"的无方向性,只有采用保留众多的可能性的策略。当然这是一种拟人的修辞说法。实际上生物是没有这种目的性的。而这种策略的代价就是诸多不利于当时局部环境的子代依然不断地复制产生,再淘汰,再产生,一轮又一轮这样下来,没有一劳永逸的最优。如果真是这样,我们的社会科学和社会生活又可以从中获得许多的启发。

人类不同于其他生物,创造了文化,更增加了开放的可能性,这样基因和文化互动的结果是人类具有生物界里最大的可能性。这也许是如此复杂的人类,因为复杂而更加脆弱的人类的一个无可比拟的优势。

■ 明尼苏达札记

黑猩猩的权与性

(发表于《社会学家茶座》2011年第1期)

政治比人类还古老。近30年前,动物行为学家弗朗斯·德瓦尔出版了《黑猩猩的政治:猿类社会的权力与性》①一书,用拟人的笔法描写和分析了荷兰阿纳姆动物园里的黑猩猩们的政治行为,挖掘了黑猩猩玩狡诈权谋的"马基雅维利智慧"。这是一本富含思想又非常有趣的著作。德瓦尔研究的是动物园里的黑猩猩,与野生黑猩猩最大的差别是,野生黑猩猩要花一半的时间觅食,而这个群体衣食无忧,可以把全部时间用来从事自己喜欢的活动。加之所处的空间有限,他们绝不可能将自己与群体完全隔离开来,避免与他者的竞争和冲突,因而政治行为更为密集突出。让我们先看看德瓦尔描述的这个群体的"王朝兴亡"史。

阿纳姆动物园:权力更迭

好事者——暂且这么称呼吧——把一群黑猩猩在荷兰阿纳姆动物园里圈养了起来。这个群体中的大妈妈威武雄壮、年高德劭,可以和西班牙或者中国家庭中的老祖母相比,加上没有雄性成年黑猩猩可以与之抗衡,大妈妈就成了这个王国的老大。德瓦尔是这样描写这个"女强人"捍卫权威的行为方式的:

> 在群落建立之初的那些年份,当她享有至高无上的权力的时候,

---

① Frans de Waal. (1982)1998. *Chimpanzee Politics: Power and Sex among Apes*. Baltimore: Johns Hopkins University Press.

她会像雄黑猩猩那样对其他个体进行威胁性武力炫示。她会毛发竖立着,一边走一边跺脚。她的专长就是猛踢某扇金属门。当她做这件事的时候,她会像荡秋千一样晃动她的两条长臂之间的宽大躯干。她会将双手撑在地上,然后让双脚猛地冲向某扇门,由此造成猛烈的一击。那噪声就像爆炸一样。

可是大妈妈当首领十八个月的时候,好事者又从其他地方弄来了三只成年雄黑猩猩,其中两个就是将来王位的竞争者:一个叫耶罗恩,一个叫鲁伊特,他们成了群落里最年长的雄黑猩猩。耶罗恩长鲁伊特几岁,又是"老乡",都是从哥本哈根动物园转移过来的。这样,大妈妈领导的黑猩猩王国的平静生活就被这三个外来者打破了。德瓦尔一再强调,权力的统治是一种秩序追求,秩序是等级地位上下互相认可后形成的,一旦大家各自遵守"君君臣臣父父子子"的礼仪,生活就平静下来。以耶罗恩为首的三个雄黑猩猩的到来,冲击了大妈妈的位子。大妈妈开始不安,三个外乡雄黑猩猩遭到以大妈妈为首的"本土"黑猩猩的防御性攻击,这样的攻击甚至会让三个外来者害怕得"屁滚尿流"。在这个江湖风雨四起的时候,大妈妈和她的得力帮手和亲密战友格律勒——一只地位仅次于大妈妈的雌黑猩猩——一同被带出这个群落一段时间。这就为耶罗恩和鲁伊特提供了爬向权力之巅的机会。

在好兄弟鲁伊特的帮助下,老谋深算的耶罗恩终于在大妈妈不在的日子里,摆平了其他黑猩猩,成了这个群落的雄一号,建立了"耶罗恩王朝"。三个月后,耶罗恩的王权地位坐稳了,大妈妈和格律勒才被送回来。"胡汉三"回来后,新老权力者之间还是要调整自己的地位,双方的窘况很快消失了,大妈妈也不得不接受既成的事实。因为大妈妈的攻击已经得不到其他成员的支持,甚至其亲密战友格律勒不仅不帮忙,而且在进入大厅十分钟后就开始和耶罗恩套近乎,友好接触。大妈妈经营的权力联盟就这样被耶罗恩瓦解了,大妈妈的"王朝"结束了。

黑猩猩们形式上的等级地位的维持和承认是通过"问候仪式"来实现的,大概类似于"朝贺"。而形势不断地变化。一旦地位低的一方不断地试探挑战强者,强者的实力下降了,这种"朝贺"的变化则预示着新的改朝换代要来了。耶罗恩的雄一号位置也被他的"好兄弟"——雄二号鲁伊特惦记着。耶罗恩主政两年多后,鲁伊特开始了挑战。

鲁伊特和耶罗恩同样精明,他的政变得到了大妈妈等黑猩猩的支持。他经常给雌黑猩猩们梳毛和捉虱子,抚爱她们的孩子,取悦她们。权力重组后,鲁伊特成了雄一号。可是耶罗恩并不甘心,于是开始寻找联盟。他找到了另一只雄黑猩猩——基尼,他们两个单挑,都不是鲁伊特的对手,但是联合起来,就比鲁伊特强大了。"弱弱联合胜过强大",他们上演了一出黑猩猩版的"三国演义"。在老谋深算的耶罗恩的协助下,年轻气盛的基尼顺利地取代了鲁伊特成了老大,耶罗恩的战果是充当二把手。而这个二把手是实际的掌权者,基尼只是形式上是老大,耶罗恩才是实际上的老大。

基尼没有政治经验,在其他猩猩们的冲突中,他总是偏向自己的小兄弟,而这时候,鲁伊特则以公正的行为和好名声获得了更多的支持。领导取信于大众,获得支持,要有好的形象。于是富有经验的耶罗恩出面解决冲突,这样二人的黄金搭档使鲁伊特没有机会东山再起。可是,基尼渐渐地开始忽视耶罗恩这个二把手,在基尼的眼里,耶罗恩甚至成了讨厌鬼,不再是当年向鲁伊特夺权的岁月,那时候每次战斗胜利后,基尼都长时间地为耶罗恩梳理毛发。二人同盟逐渐瓦解,鲁伊特的机会来了。在耶罗恩的支持下,在位四年的基尼被鲁伊特暴力拉下王位。

可是,耶罗恩没有和鲁伊特结成黄金搭档,因为鲁伊特太强大了,二把手的重要性显示不出来。这样耶罗恩给基尼一个教训,使他认识到自己的重要性后,又和基尼重温旧好,再结联盟,而且通过阴谋,在一个午夜把鲁伊特彻底消灭了:鲁伊特不仅手指和脚趾被弄断,而且睾丸都被挤了出来。基尼受了点小伤,而耶罗恩则安然无恙。随着鲁伊特的死亡,"三国演义"似乎要结束了。基尼再次老戏重演,以为"飞鸟尽,良弓藏",鲁伊特没有了,耶罗恩就不需要了。耶鲁恩的地位又回归为群体中的普通一员。

这时候,又一位少壮派长成了,年轻的雄黑猩猩丹迪,它成了耶罗恩的盟友。和当年联合基尼攻击鲁伊特一样,这次是联合丹迪攻击基尼。在一次残酷的攻击中,基尼试图逃跑,淹死在小河里。这个结局大概是基尼应得的报应吧。

故事的结尾,丹迪是雄一号,这个黑猩猩王国的老大。不倒翁式的耶罗恩(回顾我们的历史,似乎不乏"耶罗恩"式人物),仍然是二把手,在幕后用权。

黑猩猩的社会机制

从上面的权力更迭历史可以看出,黑猩猩的社会是一个争夺权力,充满斗争的社会。在这个意义上,黑猩猩也是政治动物,他们娴熟地玩"马基雅维利智慧"的权谋。那么,这个猿类社会究竟是什么样的社会政治呢?德瓦尔的几个主要概念可以概括这个社会的基本运作机制:等级体系、联盟、和解。

黑猩猩的群体是一个等级体系的组织。因为权力的外在表现需要位置,位置有个高低。权力大的在上位,权力小的在下位。建立这样一个等级体系是雄黑猩猩的天生本能。与雌黑猩猩不同,雄黑猩猩为了争夺权力和地位,可以不顾一切。但是,混乱和激烈斗争都不可能成为常态,那样的耗费大家都受不了。所以必须有个强者成为老大,控制住局面,实现稳定和平。通常情况下,维持这个等级体系的是一套"问候仪式"。问候是单向的,总是地位低的黑猩猩向地位高的黑猩猩问候,孩子们决不会得到问候。强势的黑猩猩对弱势者行为恭顺的问候的回应,则是将自己的身体伸展得更高并将自己的毛发竖起来,看上去"雍容华贵"。这样做的结果是,在他们中间形成一种鲜明的对比。用德瓦尔的话说:"一个几乎匍匐在尘土之中,另一个则帝王似的接受着对方的问候。"这种问候仪式表示对现政权秩序的认可,对上下级地位的接受。

耶罗恩曾经一度那么的无所不能,以至于整个群体中出现的3/4以上的问候都是冲着他一个来的,在某些时期,这个比例甚至上升到了90%。那时,鲁伊特也经常问候他,而鲁伊特自己被其他黑猩猩问候的频率就要低得多了。那时,像大妈妈与普伊斯特这样的高等级雌黑猩猩从不问候鲁伊特。

挑战往往先从问候的态度和频次开始。比如上面所说的鲁伊特开始挑战耶罗恩就是从减少问候以及空洞化的问候开始，这类似于我国春秋时期，各诸侯国向周天子的朝拜制度。问候的空洞化标志着权力格局的实质改变：

> 在冲突中，如果地位低的一方越来越频繁地获得胜利，或者，如果他至少能经常使地位高的一方表现出害怕与犹豫，那么，有关双方力量对比的事实就逃不过他的眼睛。如果这种已经转变了的关系持续下去，他们之间的问候就会逐渐变成只不过是一种空洞的形式。最终，地位低的一方会停止问候地位高的一方。

有了统治，就有争夺统治权的斗争，这中间一个关键词就是结盟。从黑猩猩的政权交替来看，黑猩猩自身的强壮体格和战斗力是一个不可少的条件，但这还远远不够。可能会因为体格强大、太厉害了，反而成了劣势（友人方萌这里提出怀疑，举例比如，美国体力太强大，中日也没有联盟对付它。笔者也倾向于认为合纵连横的结果，通常是"秦灭六国"），比如鲁伊特的强大，迫使耶罗恩和基尼结盟。这个过程显示，联盟是黑猩猩谋权的几乎必不可少的手段。从这个故事里，我们可以看到这样几对联盟：从第一代的大妈妈和格律勒，到耶罗恩——基尼、耶罗恩——鲁伊特、耶罗恩——基尼第二次联盟，到耶罗恩——丹迪。政权的垮掉几乎都和联盟的瓦解有关。所以，黑猩猩们也知道利用合纵连横之术，包括拉拢雌猩猩们。互惠是黑猩猩生活中的一个重要策略，没有互惠为前提，根本就无法结成联盟。互惠既是"以善报善"，也包括"以牙还牙"。

一个群体不能忍受持续的冲突，必须有化解冲突的办法。黑猩猩的王国里，和解行为也值得我们思考。虽然看他们的权力更迭史也是惊心动魄，但是这个群体的常态是友爱和睦。冲突双方都急于在冲突后迅速得到和解，相互亲吻拥抱，相互梳理毛发，否则他们会感到很不安。在这个群体里，雌性黑猩猩似乎是化解冲突的好手。看看这样一个镜头：

她（一只雌黑猩猩——笔者注）平静地走向那只正在进行威胁性武力炫示的雄黑猩猩，松开了他握着石头的指头，而后带着那块石头离开了。

德瓦尔说：

"这种行为有时一天之中就会发生好几次。我们将这种行为称为'没收'。我们从来没有发现过在这种情况下雄黑猩猩有对雌黑猩猩产生攻击性反应的。有时，他的确试图将他的手挣脱出来，如果这种努力失败的话，他可能会去寻找另一块石头或一根棍子。然后，他会继续其虚张声势的武力炫示。不过，雄黑猩猩再次获得的武器还是有可能被没收：有一次，一只雌黑猩猩单单从一只雄黑猩猩的手中就没收了不下于六件东西。"

从这本《黑猩猩的政治》一书里，我们得到的对雌黑猩猩的基本印象是，她们更爱好和平，"和平使者"的形象。但是，雄黑猩猩也很有绅士风度，不会在雌黑猩猩调解时对她们有攻击性行为。下面让我们更全面地看看，在黑猩猩的社会群体里，雌雄黑猩猩的行为差别。

雌雄行为差异

德瓦尔对比了阿纳姆动物园里的黑猩猩行为的性别差异，这种差异把权力和性（和性别）联系了起来。有四个主要差异：第一，雄黑猩猩更偏好等级体系，而且地位竞争远远比雌黑猩猩惨烈。而雄黑猩猩们尽管地位竞争很残酷，但又喜欢和平共处在一个等级体系的大群体里，而不是像雌黑猩猩那样形成自己的小群体，单独生活。德瓦尔的解释是雄性要竞争领地，容易受到外来攻击，所以必须形成自己的群体才好生存。

第二点就是和解情况。雄黑猩猩是积极的和平，是通过接触和攻击形成等级秩序的和平，而且冲突后的和解也是很普通平常的事情。而雌黑猩猩则是消极的和平，比如野生雌黑猩猩们则居住很分散，很少攻击性行为，尽量避开与他者的冲突。但是，一旦冲突了，雌黑猩猩之间记仇时间很长，很少获得和解。尽管我们可以看到,她们对化解雄黑猩猩们的冲突很上心。

再一个就是在结盟方面,雄黑猩猩们是机会主义的,注重战略规划,只要对他的地位竞争有利,就可以结盟,甚至敌人也会成为盟友,说白了,就是利益至上。这让人想起一个西方政治家的话:当他是朋友时想着他以后是敌人;当他是敌人时想到他以后会做朋友。因此他们的联盟是"与时俱进",随时可以变化的,不稳定的。当然了,变化不好就是联盟被瓦解,地位被抢夺,比如基尼、耶罗恩和鲁伊特三个雄黑猩猩之间不断变化的联盟关系与权力的变化。而雌黑猩猩们的承诺就比较稳定,而且主要和自己喜欢的黑猩猩结盟。

最后一点就是在依附关系上,雌黑猩猩远离敌手,惹不起但躲得起,和敌手拉开距离,远远避开。而雄黑猩猩们是同时和朋友以及敌手保持来往,而且他们把群体的统一置于内部竞争之上。也就是,不管内部如何斗争,都不可使群体分裂。

进化论的解释

黑猩猩雌雄之间的行为差异该怎么解释呢?是天生的,还是后天学习到的呢?德瓦尔的解释用的是达尔文的进化论。日常生活中的雌雄黑猩猩们采取了不同的行为策略,这些策略都是围绕着社会目标(social goal)形成的。而社会目标的性别差异则是进化来的。德瓦尔在发表在《价值的起源》(*The Origin of Values*,1993)的一篇题为《黑猩猩(和人类)行为的性别差异:重要的是社会价值?》的文章里,从进化论视角对这些性别行为差异作了解释。他认为,决定社会目标的价值体系是与生俱来的,赋予特定的目的——情境的价值决定了社会目标的优先秩序。

从进化论的角度看,黑猩猩的目标是生存和繁衍。对于雄黑猩猩而言,他们就要尽可能多地得到雌黑猩猩,并和他们交配,从而生育更多的孩子。而要达到这个目标,首先要有领地,领地的大小决定了可以获得的雌黑猩猩数量的多少,这就要有一个群体来获取或者保卫领地;另一方面,是在群体中的地位决定了雄黑猩猩获得与雌黑猩猩交配的机会。雄一号有时候几乎把群体里所有的雌黑猩猩都收到"后宫",搞"性"垄断。田方萌认为,性垄断在缺乏群体间竞争的时候更常见,因为领袖不需要群众的军事合作。可惜这里只是内部争斗,缺乏群落之间的竞争。不管怎样,对"性垄断"的追求是为什么他们拼死拼活地夺取地位的深层原因,竞争地位不仅仅是为了表面上的"问候仪式"获得的尊贵感。因此,他们的结盟、机会主义、好攻击、内部竞争而又保持群体统一都是为着这个目标而采取的策略。策略是后天学习得到的。从耶罗恩的不倒翁地位看,年龄和年龄带来的丰富经验无疑地在权力争夺战中具有重要的作用。这个年龄和经验,就为雄黑猩猩的策略工具库提供了丰富的选择。

  对于雌黑猩猩来说,她们和自己喜欢的同伴结成联盟,而且稳定,这样有利于她们生养孩子。德瓦尔的书里对此有详细地描述。即使大妈妈曾经登上过权力的顶峰,似乎她对权力的追求使她成为雌黑猩猩的另类。可是,后来大妈妈还是回到了雌黑猩猩的本职工作里,大妈妈在失去权力后生了自己的孩子,对自己"小公主"的疼爱是如此炽热,母性发挥得淋漓尽致。养育孩子需要一个和平稳定的环境,因此雌黑猩猩们都很少有攻击性行为,而且"爱好和平",调解雄黑猩猩之间的冲突,他们支持年长的首领而不是嘴上没毛的政治暴发户。

  阅读《黑猩猩的政治》,就像看人类社会的政治大戏,他们的行为几乎就是我们熟悉的人类行为。可惜的是,黑猩猩的政治活动都是发生在一个群体的内部,如果有不同部落群体间的互动行为,会更有意思,也更逼真于山头林立的人类江湖。虽然阿纳姆动物园里的黑猩猩们是在衣食无忧的条件下玩政治,而且雄黑猩猩们也不组建"家庭",抚养自己的孩子,他们也分别不出自己的亲子,从而和人类还是有很大区别。但是作为人类最近的亲戚,黑猩猩的诸多行为和深层的行为原因还是可以作为镜子,照照我们人类自身。正像作者所说,"本书的要旨不在于取笑政治领袖们或者猿们,而在于提出人与猿之间的基本相似性并由此促使人们去反省他们自己的行为"。就借用作者下面的话结束本文吧:

乐意将它们(类比)留给我的读者们。但任何一个细心观察过办公室、华盛顿的政治圈或大学里的院系的人都会发现：社会的原动力在根本上都是一样的。刺探与挑战、结盟、破坏他人的联盟以及为了强调某一观点而拍桌子等游戏一直都存在着并等待着任何一个观察者去观察。权力欲望是人类所普遍具有的。我们这个物种自诞生以来就一直在忙于使用各种权术，这也是任何人都不必对本书所指出的进化上的联系感到惊讶的原因。

有为者亦若是

——读曾纪泽《使西日记》

（发表于《书屋》2006年第3期）

曾纪泽，字劼刚，湖南湘乡人，曾国藩长子，出生于1839年，即鸦片战争前一年；1890年去世，距离甲午中日战争还有四年。他是处于内忧外患大变局时代少有的开局先锋之一，杰出的外交家，也是当时秉承"经世致用"新思维的知识分子。

曾国藩以其道德文章、治兵方略，以及唐浩明小说的对其的精彩描述，其名头家喻户晓，可知道曾纪泽的人就少多了。曾国藩镇压了"太平天国"，是对内对同胞的胜利；而曾国藩调教出来的才华横溢的儿子，出色地完成了对俄谈判任务，取得了对外的胜利，真的是青出于蓝而胜于蓝。[①] 如果没有曾纪泽当年成功地对俄交涉，今日中国版图雄鸡尾部大片的国土就会失去，且新疆南北也会被分割，不管是战略上还是资源上，对中国都极为不利。在这个意义上，我们更应该纪念曾纪泽，而不是他的父亲曾国藩。

公元1878年11月22日（光绪四年十月二十八日），曾纪泽乘法国"阿马松"号邮船离开上海，远赴欧陆，出使英法。曾纪泽使西时中国所面临的国际背景是：俄国强占了伊犁，法国攻入了河内，日本割去了琉球，英国吞并了缅甸；帝国主义派驻中国的使臣威妥玛等公然在呈递给清政府的文字中叫嚣："将来中华天下，不免分属各邦"，"不在各国有无侵占之心，而在

[①] 李恩涵：《曾纪泽的外交》，中国台湾"中央研究院"《近代史研究所专利》(15)，1985年，第327页。

各处有易侵占之势"。中国被瓜分的危机迫在眉睫。

在国内,清议之流诋毁西学和洋务。中国向来以天朝大国自居,视他者为夷狄蛮邦,可是一败再败于西方列强,天朝心态不免大受冲击;以物议派为代表的士大夫觉得列强还是蛮邦,不过一时用"奇技淫巧"武器占了上风,要其承认天朝落后于夷狄,心理上却承受不了。因此,对洋务人士诋毁甚烈,如对郭嵩焘,就是显例。后来,郭嵩焘的《使西游记》把西洋的文明说成两千年,不同于从前的夷狄,显示了他的非凡见识,却在京城上下掀起轩然大波,激起"满朝士大夫的公愤",《使西游记》被毁版。之后不到一年,郭嵩焘即从任上被撤回,从此未再启用。郭死后多年,还有人上书,"请戮郭嵩焘、丁日昌之尸以谢天下"。以此可见一斑。但清流也分三等境界:

> 上焉者,硁硁自守之士。除高头讲章外,不知人世更有何书。井田学校必欲遵行,秦汉以来遂无政事。此泥古者流,其识不足,其心无他,上也。中焉者,好名之士。……或陈一说,或奏一疏,聊以自附于腐儒之科,博持正之声而已,次也。下焉者,视洋务为终南捷径,钻营不得,则从而诋毁之。以娼嫉之心,发为刻毒之词。此其下矣。

以上这段话就是引自曾纪泽答复好友杨商农的信。① 杨商农"来函谆谆恳恳,以清议为言","不甚以洋务为然,规余(曾纪泽)与松生不应讲求西学"。而这些清议之流都认识不到的,却为曾纪泽所指出的真实状况是,"中西通商互市,交际旁午,开千古未曾有之局,盖天运使然"。"天运"也就是时代的潮流,形势如此,"中国不能闭门而不纳,束手而不问,亦已明矣"。曾纪泽告诉他们,空谈高论于事无补。"穷乡僻左,蒸汽之轮楫不经于见闻,抵掌拊髀,放言高论,人人能之。登庙廊之上,膺事会之乘,盖有不能以空谈了事者,吾党考求事理,贵能易地而思之也"。从来都有明理之人、办事之人以及庸俗愚蠢搅局之人。曾纪泽既是明理之人,亦是办事之

---

① 曾纪泽等:《使西日记(外一种)》,湖南人民出版社,1981年。

人,因此就要和庸俗愚蠢的搅局者斗争。

在这种内忧外患的情况下,办洋务就尤为困难了。曾纪泽在出国前两宫召见对话中表达了他对办洋务的远见卓识。曾纪泽认为"办洋务之难处,在外国人不讲理,中国人不明事势。中国臣民常恨洋人,不消说了。但须徐图自强,乃能为济;断非毁一教堂杀一洋人,便算报仇雪耻"。慈禧对曾纪泽说:"这些人明白这理的少。你替国家办这等事,将来这些人必有骂你的时候,你却要任劳任怨。"曾纪泽对曰:"臣从前读书到'事君能致其身'一语,以为人臣忠则尽命,是到了极处。观近来时势,见得中外交涉事件,有时须看得性命尚在第二层,竟须拼得将声名看得不要紧,方能替国家保全大局。"

两宫召见之后,曾纪泽去接被朝廷上下讥讽辱骂从而罢了官的郭嵩焘的缺,可以想象是什么样的压力。面对时局,曾纪泽认识到必须做到"办事之人不怕骂"。他不仅要做到"不怕骂",还要不辱使命。郭嵩焘为国人士大夫所骂,而郭的杰出外交作为却为西方人士所赞赏,所以曾纪泽对内要顶得住,对外还要拿得出手,至少不能表现得比郭嵩焘差,辱没父亲曾国藩。曾纪泽在日记中表达了自己出使前的心情:

> 奉旨以来于此二者(道路遥远和风涛凶险)尚不甚措意。所惧者,事任艰巨,非菲材之所堪称。现任名望,海外闻知,偶有失误,上累前徽。郭筠仙长在欧洲甚得西人敬重,承乏其后,深恐相形见绌。夙夜兢兢,实在于此。

曾国藩晚年就是栽在天津教案处理的外交上的。曾纪泽深知外交事务其中的艰难,能够忍辱负重,要何等勇气和胸怀!后来的实践证明,曾纪泽不仅没有辱没先人盛名,而且由于其卓越的表现,弥补了曾国藩在天津教案中所受的委屈,难怪左宗棠说他"孝不违亲"。

为了不被骂成"卖国贼",当时多少英才不敢作为。连恭亲王、李鸿章这样的人物都束手束脚,畏首畏尾。在郭嵩焘的日记里有这样一则,他"与威妥玛论两宫、恭王及李鸿章",威妥玛谓中国无意求进步。郭对曰:

"……恭王能谙悉一切情形,不敢任耳。"威问何故,郭曰:"直苦人言庞杂,不敢任耳。"威曰:"亦知之。动辄怕说是汉奸。合淝伯相亦是半明半昧。"郭曰:"合淝尽透彻。"威言:"吾与办事甚多,纯是一种猜疑。"郭说:"合淝直是不能主持,无从直切定议。但使恭王肯任事,外得合淝助之,天下事尽可为。中国地利、人才原自不乏,勿轻视也。"威曰:"我持论亦如此。政府无人便无如何。"郭亦不能置对也。① 中国有人才,政府又无人才,真是一对矛盾,而后来恭亲王和李鸿章还是没有逃脱卖国贼的骂名!

在中国开始现代外交的草创期,奠定制度基础是很重要的。作为开局先锋的曾纪泽凡事从长远打算,从以下两件事情可见一斑。一是驻外国买房还是赁房的小事。慈禧问:"你去住房如何定局?"曾纪泽答:"郭嵩焘早经赁定房屋,臣去悉当照旧。近与总理衙门王大臣商量,将来经费充足时,宜于各国各买房屋一所作为使馆。外国公使在中国,其房屋皆系自买自造。中国使臣赁房居住,殊非长局;且赁价甚贵,久后亦不合算。"二是学习语言文字与做外交官的关系的处理也是从制度建设上着眼。慈禧问:"你既能通语言文字,自然便当多了。可不依仗通事、翻译了。"曾纪泽答:"臣虽能通识,总不熟练,仍须依仗翻译。且朝廷遣使外洋,将成常局。士大夫读书出力后再学洋文洋语,有性相近性不相近、口齿易转口齿难转之别。若遣使必通洋文洋语,则日后择才更难。且通洋文洋语洋学,与办洋务系截然两事。办洋务以熟于条约、熟于公事为要,不必侵占翻译之职。臣将来于外国人谈议公事之际,即使语言已懂,亦候翻译传述。一则朝廷体制应该如此;一则翻译传述之间,亦可借以停顿时候,想算应答之语言。英国公使威妥玛,能通中华语言文字,其谈论公事之时必用翻译官传话,即是此意。"

在这段对话里,使用翻译又反映出曾纪泽考虑的是朝廷体制,是"常局"。语言文字能力和办外交、办洋务确实是两种才干,"术业有专攻",后来纪泽与沙俄谈判,他并不通俄语,而获得了大成功,即是一个很好的例

---

① 钟叔河:《郭嵩焘:伦敦与巴黎日记》,岳麓书社.1984年版,484—485页。

子。虽然曾纪泽说翻译不可少,但同样强调学习外语的重要,自己听懂了,可以在翻译传述的时候想应对之策,他自己就是身体力行学习外语的,不仅英语,还有法语。

面对天朝的崩溃、中华文化的先进和落后,曾纪泽试图找到中国文明和文化自信的地方,以求获得自信和勇气,才能在外交上有底气。比如这样一则日记:"二十三日夜,与松生一谈。松生言,西人政教多与周礼相合,意者,老子为周柱下史,其后西到流沙,而有周之典章法度随简册而俱西,但苦无确证耳。其说甚新而可喜。余谓欧罗巴洲,昔时皆为野人;其有文学政术,大抵皆从亚细亚洲逐渐西来,是以风俗人物与吾华上古之世相近……或者谓,火轮舟车、奇巧机械,为亘古所无。不知机器之巧者,视财货之赢绌以为盛衰……观今日之泰西,可以知上古之中华;观今日之中华,亦可以知后世之泰西,必有废巧务拙、废精务朴之一日……"从这里看,曾纪泽认为中华文明仍然是先进的,西方文明依然是落后的,而且西方学习的是上古时代的中国。

曾纪泽还将西方近代科学技艺的发展溯源于《易经》。"西人不信五行而言水、火、气、土,以为创论。不知《易》以乾坤坎离为四正,即水、火、气、土也。……即大地全体,中心皆火,大力相摄,斡旋不息,故得自转以成昼夜,绕日以成岁之说也。……震、既济皆言'七日得';则礼拜之数,亦圣人所前知。西人纪数号码,九与六颠倒相背;《易》则九为老阳,六为老阴,凡爻之阴阳皆为九六别之。……则火轮汽机以制舟车,以勤远略,圣人亦于数千年前见之矣。……即以西学而论,种种精巧,亦不能出其范围,安得谓之无关学问哉!"这种将西学比附中学的说法,也不是曾纪泽独创,颇能代表当时一些人的想法。今天看来,这类比附实在牵强。关于中西文化的优劣与落后和先进问题,见仁见智,我们不能苛求前人,但这种比附确实可以为曾纪泽找回一点文化上的自信和自尊。

尽管有这种不当的比附,曾纪泽还是以扎实的西学为起点和基础,走的是从西学到洋务的路子。平心而论,曾纪泽学习西学的机会与他是曾国藩的儿子也有关系。曾国藩的幕府人才荟萃,有西洋经验和西学背景的人才如华蘅芳、徐寿、薛福成、容闳等,并接触西人如马格里、戈登等,交往颇密,成为朋友,同时对西方传入中国的器械新玩都有见识的优势。比如,1871年,在其父两江总督府邸中,他可以见到寒暑表、自鸣钟、千里镜、天文灯、照相机、显微镜、洋书、手枪等西洋器械设备。因此,曾纪泽写出来的《〈几何原本〉序》、《〈文法举隅〉序》和《〈西学述略〉序》,都有着对西学的真知灼见。在《〈几何原本〉序》里,他说:"观其象而通其理,然后立法以求其数。《几何原本》不言法而言理,括一切有形而概之曰:点、线、面、体。……譬诸闭门造车,出门而合辙也,奚敝敝然逐物而求之哉?"但是,这种物质环境条件只是提供了可能,并不是充分条件。那么,另一个重要的成功因素是,曾纪泽没有执著于科举,而是实事求是地学真学问,这是非常难得的见识和罕见的选择。在当时士大夫看来,科举才是正途。曾国藩洞察到了科举的弊端,一直不赞成曾纪泽早学八股时艺,而曾纪泽在科场上也实在运气不佳,两次应试,皆告落第,难得的是他绝意企求科举,转而专注于经世致用的学问,还自学了外语。

因此,曾纪泽熟悉了现代科学包括物理、化学、天文等,更容易了解西方工业社会的发达之物质基础;熟悉了西方的法规制度和国际关系规则,更容易了解西方社会的运作,从而采取应对措施。没有西学做基础的洋务是肤浅的,曾氏重视了解西方,从日记中长篇大论录写下马建忠的上书,即是一个好例子。在现存的日记中,这种长篇幅日记确实很少。

现在来看看曾纪泽的杰作——对俄谈判。无论曾纪泽如何博学多才,而且出使英法,如果没有新疆一场惊天动地的叛乱发生,都不会有我们的杰出外交家曾纪泽。曾纪泽在对俄谈判中的杰出表现,证明了一个真理:弱国同样有外交。

沙俄借口阿古柏叛乱影响了俄国边界的安全,为中国"代收"了伊犁九城及附近地区,视新疆为其囊中之物。由此,在清廷引发了一场"海防"和"塞防"的争论。当时以北洋大臣李鸿章为首的海防派认为,国家积弱,势必不能两面作战,即使侥幸收复新疆,也是"千里空旷无用之地",成为国家鸡肋,食之无味,不如许其"自为部落",成为朝鲜越南模式的藩属国,

"略奉正朔可矣"。以左宗棠为首的塞防派却相反,主张武力收复。我们经常佩服左宗棠,就是因为收复新疆的伟业,但是很少谈到另一位收复新疆的关键人物:曾纪泽。

当时对俄谈判最佳人选就是曾纪泽,但是,清廷还是以他历练不足为借口用了满人权贵"尚能办事"的户部右侍郎署盛京将军崇厚(地山)为驻俄使臣。此公无勇无识,又怕吃苦,不到新疆实地勘察了解情况。在沙俄的威胁下,在清廷不知情的情况下,崇厚于光绪五年(1879年)12月2日擅自与沙俄签订了丧权辱国的《里瓦几亚条约》,除割去霍尔果斯河以西和特克里斯河流域大片富饶的领土外,还赔款五百万卢布。伊犁名义上归还中国,实际上却是"已成弹丸孤注,控守弥难"的残破空城了。据说,当时是因为崇厚家里出了点事情,造成急欲早日归国的私念,为沙俄所利用。崇厚路经巴黎返国,曾纪泽问到对俄交涉,崇厚回答是:"事已了结,十分周妥!"这一不平等条约激起朝廷上下的愤怒,不但没有批准,而是要"重谈"。经多方努力,俄国又被迫同意再次坐到谈判桌前。在这种"反悔"前约、天下汹汹的情况下,曾纪泽被推上了历史的大舞台,虎口夺肉,无疑是一个荆棘密布、充满凶险的战场,这次真是"仓卒珠盘玉敦间,待凭口舌巩河山"。沙俄代表在谈判中傲慢蛮横,语言放肆,曾纪泽不卑不亢,据理力争。谈判伊始,沙俄代表坚持不让步,"吉尔斯面冷词横,始言约不可改,继言各国订约诚有商改之事,惟未经商改即罪其全权之使,增兵设防,有意寻衅等,诘难良久"。曾纪泽也利用了大国持久战的思想,"中国不愿有打仗之事。倘不幸有此事,中国百姓未必不愿与俄一战。中国人坚忍耐劳,纵使一战未必取胜,然中国地方最大,虽数十年亦能支持,想贵国不能无损"。曾纪泽对俄国内外困境和国际局势熟谙于心,加上左宗棠和李鸿章的军队后盾,巧妙运用外交技巧,做到了不战而屈人之兵。让我们用谈判对方的话来看曾纪泽的谈判表现:

> "今天与曾会谈以后,我们和毕佐夫一起从邮局给您寄上一信。……我坚信对于这些中国老爷们不能再抱任何幻想。他们十分傲慢,并且熟悉世界政治。我们的示威没有使他们害怕,正如科托尔的示威

没有使苏丹害怕一样"(沙俄外交大臣格尔斯给若米尼的信,1880年9月27日)。①

从这里的"熟悉世界政治"可以想见曾纪泽的西学对外交的助益。

在这次谈判中,曾纪泽的一个观点尤为重要,就是争取以金钱换土地,因为钱可以再生,而土地不会再来。作为弱国,有些不能马上定下来的,可以悬而不决,以后还可以谈判,不能悬而不决的就争取最大的利益。曾纪泽以非凡的毅力,"逐日争辩,细意推敲",于增减之中将此前条约造成的损失降到最小。于是,只由原来的五百万卢布再加四百万卢布赔偿就换回了有"塞外江南"美称的两万多平方公里的领土。新约传回国内,受到战和两派的交口称誉。这么一次成功的外交,在1840年以后的清代外交史上,实在是绝无仅有的事,是爱国主义历史教材中不可缺少的一笔,可惜这类理性和智慧行为往往被淹没在意识形态简单的话语里。

在办外交上,与李鸿章相比,曾纪泽确实高出一筹。李鸿章办外交的主要目标就是,想在中外现行条约的基础上应付各国,以抑制其在华势力和既获特权的进一步扩张。难怪梁启超曾评价李鸿章:"要而论之,李鸿章有才气而无学识之人也,有阅历而无血性之人也。彼非无鞠躬尽瘁死而后已之心,后彼弥缝偷安以待死者也。彼于未死之前,当责任而不辞,然未尝有立百年大计以遗后人之志。谚所谓'做一日和尚撞一日钟'。"②李鸿章的外交政策是消极的、被动的,并无长远积极目标,以至于逐渐被挤出和欧美列强并驾齐驱的国际地位。而曾纪泽学识兼备,则能不畏惧各国船炮的威力,能充分运用国际间的时势矛盾和外交技巧,以增强中国在谈判中的地位,而且能高瞻远瞩提出撤废不平等条约和加强中国与藩属间的宗属关系等具体外交目标,他显然抓住了中外关系中最具有关键性的实质问题。比如关于修约一事,他在日记中说:"清臣又言,'修约之事,宜由中国发端。明告西洋各国云,某年之约,有不便于吾民者,现定于某年某月约期届

---

① 李恩涵:《曾纪泽的外交》,中国台湾"中央研究院"《近代史研究所专利》(15),1985年,第329页。
② 梁启超:《李鸿章传》,海南出版社2001年版,第171页。

满之时截止,不复遵行。则各国必求颁一新约,易就范围。西洋诸小国,以此术更换英法之约者屡矣'。……此说赫德亦曾言之,盖系西洋通例。如此,虽蕞尔小邦欲向大国改约,大国均须依从,断无恃强要挟久占便利之理。盖壤地之借属,如香港九龙司之类,则系长约不变。其余通商章程,于时迁变,尽可商酌更改以求两益,并非一定不易者。主人寻客,名正言顺,无所庸其顾忌也。"在另一则日记中这样记载:"余谓改约之事,宜从弱小之国办起。年年有修约之国,即年年有更正之条。至英德法俄美诸大国修约之年,彼亦迫于公论,不能夺我自主之权利。则中国收复权利,而不着痕迹矣。"

曾纪泽接任郭嵩焘出使英法大臣时,只有三十九岁,加上延长的时间,才八年驻外时间,这期间,是纪泽事业的辉煌期。奉调回国后,虽然先在总理各国事务衙门行走并帮办海军事务,嗣后陆续在户、刑、吏等部任侍郎等职,却因为受满人贵族的掣肘,等于是闲职,在琴棋书画中消磨时光。人说曾纪泽是接替李鸿章的最佳人选,可惜他英年早逝,享年才五十一岁,正是甲午海战前四年,正当国家多事之秋,一个开局先锋走了。曾纪泽在英文论文《中国先睡后醒论》里所表达的宏伟目标,也只能留给后来者去实现了。

我们看看几位中外人士对曾纪泽的评论。左宗棠称道他"博通经史,体用兼赅"。"奉命出使,于交涉事件,随事执中,宽而有制,内则成乃父未伸之志,孝则不违亲,外仍慎与国邦交之仪,志殷补苴"。"张之洞虽名重一时,若论兼通方略,似尚未能及曾纪泽"。梁启超则把他推崇为和魏源、郭嵩焘一起同为近代中国早期讲求西学的先驱人物。美国史学家摩斯(Hosea B. Morse)则赞扬他为中国不流血的外交胜利开创了先例。

最后让我们以曾纪泽自己的诗作结:

> 人间谤议南箕口,天上辉光北斗星。
> 几年旋斡乾坤事,付与时人代计功。

明尼苏达札记

评说"小沈阳"系列

(2009年12月)

央视春晚·星光大道

小沈阳系列之一

蹿红的小沈阳,最应该"感谢八辈祖宗的"是2009年央视春晚。虽然这之前,网络媒体已经把小沈阳炒得很热了,但是,如果没有小品"不差钱"在央视春晚播出,小沈阳如此发射火箭般蹿红是不大可能的。央视春晚自从1983年正式直播开始,为多少个文艺界的大腕明星开启了"星光大道",比如张明敏、毛阿敏、宋祖英、毛宁、赵丽蓉、陈佩斯、黄宏,等等,多了去了。赵本山大叔可以说是春晚捧红的,也为春晚能够保持热度作了很大贡献的人。"山丹丹"(赵本山和宋丹丹)组合,以及本山大叔和其他诸多合作伙伴像高秀敏、范伟,还有他的徒弟们,当然包括小沈阳,可以说都在春晚这个舞台上,让自己的"星光大道"有了灿烂的一页。

我们知道,随着物质财富的增长,大家的生活水平提高了。但是,有一个东西,只能是零和的博弈,那就是人们的注意力,也就是吸引到的"眼球"。人们的注意力是有限的,投射给了张三,就不会投给李四。那么,人们的注意力会投给谁呢?肯定不是均匀分布的。最聚焦的地方,就是目光最集中的地方。这个地方就取决于你站在哪个舞台,舞台的哪个位置。中央电视台,因为其舞台的"中央"特殊地位,在全国人民的心目中,当然是最聚焦的所在。再一个,时间性的问题,人们需要有时间来投注自己的目光来观看,正好春晚,以其无可替代的黄金时间,把央视本来就有的"中央舞台"优势发挥到了极致。明星们能够上春晚,之前一定是具备了足够的实力,否则也不太可能被春晚的评委们选中。但是,有实力的人远远比真正走上春晚的明星们多得多。即使毛阿敏在春晚之前已经在贝尔格莱德获得了国际流行歌曲三等奖,这也是中国流行歌手首次在国际上获奖,但是,真正让毛阿敏红遍大江南北的是1988年央视春晚的一曲"思念"。

  央视春晚不仅具有聚焦眼球的无可比拟的舞台优势,而且"中央"的字样在人们心理上的作用也为明星们的身价增添了许多光辉色彩。一个人的水平如何,尤其是到达相差不大的水平的时候,普通群众不容易识别出来。这个时候,央视的挑选就替代了这些人的识别,相信能上"中央台",在全国人民面前表演的艺人们,水平不会太次吧?!这就增加了人们的认可度。所以,即使实力很强的艺人,不管是歌手还是小品表演者,还是舞蹈者,如果还没有到春晚上露一下脸,就会有点"小媳妇"的味道,位置在边缘,得不到应有的关注。退一步说,即使不是春晚,也应该到央视节目里露露脸。

  为了给更多的草根艺人走向"星光大道"的机会,央视应运而生出来一个栏目,就是"星光大道",台湾也有"超级星光大道",这类节目都是为草根艺人提供机会的。我们央视的"星光大道"推出来的杨光、阿宝、阿尔法、李玉刚等,都挺不错,今年捧出的"星光大道"的张羽,也很好。

  春晚是明星们迈向"星光大道"的特殊通道。巧合的是,小沈阳的"不差钱"综合借助了"央视春晚"和毕福剑的"星光大道",天时地利和人和,一下子让小沈阳把国人的眼球吸引聚焦到他的身上,蹿红起来。

原创·模仿

小沈阳系列之二

星光大道的歌手多是模仿已经成名的大腕。小沈阳在央视春晚的"星光大道"表演，就是模仿刀郎、刘德华、阿宝等歌手，在其他舞台上还模仿张雨生等，赢得了阵阵掌声。本山大叔很理智，告诉小沈阳，他不是刘德华，也不是张雨生，他就是他。因为他只是在模仿别人。

王曦之的书法、宋徽宗的画，原件和赝品的价格差别之大，就是原创与模仿的区别，也可以说是人们对原创和模仿的态度的差别。我们通常见到原件的机会太少了，所以，见到模仿品看到啥样的，欣赏一下，就足够了，为什么价格差别如此之大呢？我们听模仿唱的歌，一样的好听，为什么艺人的艺术生命在于原创而不在于模仿呢？

像宋徽宗的画这样的艺术品，可以看做古董，我们可以从"物以稀为贵"来解释他们的价格和价值所在。因为其稀有，所以，拥有者可以作为炫耀性物品，来显示自己的实力和地位。这是一种解释。但是，我认为更重要的解释应该从进化论里找，就是原创比模仿的困难度大得多，虽然模仿也不容易。模仿是学习的重要方法。但是模仿远比原创的发现容易，比如学习牛顿和莱布尼兹的微积分，一个智力中等的大学生甚至中学生都有能力在很短的时间内学会。而生物进化中能力是性选择的一个重要指标，能力高的雄性更容易吸引到更好更多的雌性，强强结合，这样可以生出优秀的子代。如果，还需要养育的话，雄性的能力使他们的子代成活的机会大。这样，原创作为能力的指标，就比模仿受到了更高的尊重，获得了更大的价值。

从社会文化层面上看，看重原创的原因可以说是，社会演化中人们对创新的回报激励人们去做原创性的东西。一种创新的技术和艺术，或者制度等,都是可以为整个社会带来福利的。比如造纸术的发明,让人类文明大大地向前迈进了一大步。发明之后的传播,就比发明本身容易得多。个人电脑的发明让时代也向前迈了一大步。而这些伟大的科学家、发明家,当然也包括我们的艺术家们,个人得到的物质回报,与他们的贡献相比较,则无法相提并论。这样,就需要在荣誉上给以社会的补偿。受到大家的尊重就是其中一个社会机制。虽然一个新产品出来了,大家很容易学会生产的技术,大批量地生产开来,但是原创者能得到特别的荣耀。

真正的艺术家都有自己的风格。小沈阳的模仿确实惟妙惟肖,连刘德华的颤音都诠释得那么有趣。但是,这不是他的主业,因为模仿得再像,都只是别人的影子。模仿,尤其向成功人士模仿,是很好的事情。早年的那英就模仿苏芮。但是如果走不出模仿,终将是别人的影子。那英唱出了自己的风格。小沈阳如果要在歌星的道路上走向辉煌,则需要走出模仿阶段,创出自己的独特风格。即使在小品表演上,如果没有创新的话,小沈阳也不可能有本山大叔的春晚纪录。

让定位为"野心"导航

小沈阳系列之三

本山大叔的水平就是高,不愧是江湖老手。爱徒小沈阳一夜蹿红,从一个点点萤虫之光一下子变成了红得发紫的"超级明星"。这样的时候,估计不少人会头脑发热,一下子找不着北了,美得不知道自己是老几了。这样的时刻,本山大叔作为小沈阳的师傅和提携人,非常冷静地为他的爱徒小沈阳作了得体的定位,让小沈阳的"野心"、宏图大志在这个定位下来实现。让定位为宏大前程导航。

2009年春晚之后,从媒体的报道可知,本山大叔一再地提醒小沈阳,不要让蹿红冲昏了头脑,记着自己就是唱二人转的,其他的啥也不是。虽然放在一般人那里,觉得这话颇为不中听,但是我以为,本山大叔确实做得对。小沈阳唱得再好,那也是"模仿秀",模仿刘德华再像,小沈阳还是小沈阳,刘德华还是刘德华。人家爱听你的,是因为你是作为小品演员,而非歌星的身份出现的。"哦,唱二人转的歌还唱得不错。"如果小沈阳以歌星的身份出场呢?全模仿,没有自己的东西,那掉价可就大了。至目前为止,不知道会有多少人会认同小沈阳是歌星,而不是唱二人转的小品演员。看清楚了自己的定位,然后才能在局限地条件下作出比较适合自己的选择。

我们不是说小沈阳不可以尝试,而是说尝试是要有条件的,要在有了定位的心态下尝试,而不是一股热脑筋,觉得自己了不起了,啥都可以干,如果尝试失败了,挫败心态会很糟糕。任何人和组织,都有自我膨胀的天性。而"其兴也勃焉,其亡也忽焉"的例子太多了,大多原因来自自身成功带来的自大,导致了失败。暴发户最容易出问题,因为生活的环境一下子变了,他的心理和习惯都没有调整过来。越是来得快的成功,越要"如临深渊,如履薄冰"。这是源自《易经》的我们的老祖宗的智慧。

郑也夫在《代价论》①的"顺境与逆境"一节里这样写道："从历史的经验看,在社会地位的循环中越是暴发户越是要为获取的地位付出惨痛的代价。这首先是因为地位变化太大,无力抵抗各种享乐诱惑,保持旧有的心态。其次也因为他们与传统文化缺乏联系,未能从中学到修身齐家治国之道,因而更无规矩。"

所以,本山大叔真是一位好师傅,及时地为这位爱徒把握航向,不致有大的偏离。到目前为止,这一年来小沈阳在严师本山大叔的指导下,还没有什么"无规矩"。就像记者采访老赵时说的:"一般人蹿红一下子回不来,他(指小沈阳)心态很好,经常找我汇报思想,很规矩。"小沈阳也是个好徒弟:"我与师傅共进退,一切听从师傅的安排。"

自我认识不容易,"只缘身在此山中",能够听从身边智者的提醒就很重要了。小沈阳在这方面做得不错。

---

① 郑也夫:《代价论——一个社会学的新视野》,三联书店1995年版。

你的成功是谁的功劳？

小沈阳系列之四

成功要靠天时、地利与人和。那么，小沈阳的成功呢？本山大叔告诉记者："小沈阳走红就是靠机遇。如果他不认我做师傅，可能没有今天。"老赵确实是小沈阳蹿红的人和的重要因素。

如果我们要分解小沈阳的天时、地利与人和的话，天时一是指政治道德说教让人逆反之后的偏锋效应，二是指央视春晚这么一个好时段。地利一是指他的活动圈子有机会拜赵本山为师傅，二是指央视春晚的好舞台。人和当然就以本山大叔的青睐为主了，而且在演出时，不仅有师傅本山大叔搭档，而且搭上了毕老师毕福剑"星光大道"的班车。

老赵说的小沈阳走红靠机遇，大概就是说，这些天时、地利与人和的因素也不是人们精心设计的结果，而是因缘聚会的产物。而老赵说的"如果他不认我做师傅，可能没有今天"，这话不错。不是本山大叔不谦虚，确实是这样的。老赵有足够的信心这么"不谦虚"。如果小沈阳没有拜上本山大叔这样一个师傅，他能有机会到央视春晚表演出"不差钱"这样的节目，使他一夜蹿红吗？

一个人的成功，或者是一件事情的成功，本身都是多种因素的综合效果。当然这里面有些因素比另外一些因素更重要。但是，在其功劳簿上功劳的分配就不是那么容易划得很清的。常听一些当老师的说，我教的学生某某，现在做出了多么大的成就，很自豪。这无可厚非，谁不会为自己的弟子出息了而高兴呢？但是这里边有一些问题。比如，据说某中学高三班，为了让某个班主任"出人头地"和打造明星班级效应，把尖子生都弄到一个班级里。成绩呢？对外一宣传，就是我们有的班级升学率可以高达多少多少，我们的教师很优秀。问题就在于为什么要把尖子生都弄到一个班级。就是因为,学生本身的条件要配合老师,才能打造出"明星班级"。实际上,可能老师很平庸,但是因为学生的优秀,老师把高考的成绩划到了自己的功劳簿里。

一个好的老师,是能够让弟子的潜能尽可能发掘出来;一个好的弟子,是尽可能从师傅那里获得关键地方的提点,使自己潜能得到最大发挥。弟子的成功是师徒彼此教学互动的结果。离开了哪一方,都不会有这样的效果。最理想的情况是大师和"潜在的大师"的结合。之所以说是"潜在的大师",是说这个弟子有成大才的潜能。比如《射雕英雄传》里的郭靖和洪七公。

孟子说人生三乐时候说:"得天下英才而教育之,一乐也。"当老师的都想教到"天下的英才",当学生的都想遇到一流的"大师",这里就有"英才"和"大师"皆是可遇不可求的问题。如果一个平庸的老师遇到了一个"天才苗子",应该争取机会让他靠近能够发掘出天才的"大师",如果不能做到,自己就应该尽心尽力,问心无愧。做学生的,如果没有遇到自己理想的老师,如果你的老师能够做到尽心尽力了,也要像郭靖尊重"江南七怪"那样尊重自己的老师。没有好材料的弟子,大师也徒然无奈;遭遇不到大师的天才,是社会的大损失。

不仅仅是娱乐

小沈阳系列之五

娱乐和人类历史一样久远,只不过后来专业化了。古人称这些表演行业的人为"优伶"。不管是庙堂设有伶官,作为官家专门优伶,还是市井跑江湖的歌舞人员,都是在给人们带来一些乐子。现代称这个行业为"娱乐业"。在现代社会,各类文艺明星,借助大众媒体,可以把自己的歌声和小品等作品平等地传给观众或者听众,不管他是深院权贵,还是街头流民。小沈阳能为上上下下喜欢也罢,不喜欢也罢,他毕竟以逗乐的方式为大家辛苦乏味劳动之余带来了"娱乐"。这样的方式,所谓的精英文化和大众文化走向了"与民同乐"的一体化。这个职业的人们,都是以为人们带来轻松幽默诙谐的节目为志向,在娱乐中丰富精神生活。要不,怎么能叫娱乐业呢。

记得小时候,没有拉上电线,还点着煤油灯的时代,乡村里这种娱乐活动不多。好在村里有个人领着一个跑江湖的戏班子,每到农闲季节,就一个村一个村地唱戏,唱的都是古装老戏。童年时候,我就喜欢听这种戏,听大人讲自己似懂非懂的戏理。但是,我知道,一场戏里,如果丑角不出彩的话,这个戏的水平就会大打折扣了。吸引人的主要就是一个非常好的丑角,正襟危坐的生角没有多少趣味。整个的戏总是会反映着世道人心、世态炎凉,教育人们多行善事,莫做恶事,里边总贯穿着因果报应。因为有了丑角的出色表演,吸引了更多的人观看,在嬉笑怒骂里,人们上了一堂堂的"思想道德教育课"。这就是优伶不仅仅是娱乐,而且为社会教育的"寓教于乐"做出的功不可没的贡献。王焱在点评小沈阳现象的时候说,明代画家陈老莲认为,"聚徒讲学,庄严正论,不如伶人献徘,喜叹悲啼,'百道学先生之训世,不若一伶人之力也'"。

小沈阳的"不差钱",一个节目就把社会上诸多的不良风气反映了出来,诸如好面子、为了出人头地的小人物对大人物的巴结攀附,以崇外的心态包装本土的产品(比如"苏格兰打卤面"),等等。在一次次地捧腹大笑之后,让人回味起来觉得我们似乎都习以为常的东西后面,还有这么多的东西,尤其是小人物为了出人头地,走上星光大道对大人物"毕老师"的献媚和攀附。我相信,小沈阳能够很好地进入角色,他本人的奋斗史帮了很大的忙。

以讽谏文化丰富的中华大地,自古伶人就发挥着自己的讽谏作用。《史记·滑稽列传》里的优孟劝楚王的故事大概是较早期的,伶人以自己独特的幽默方式讽谏权势者的例子。楚庄王很爱一匹马,给它锦衣玉食,结果马享不了这个福,肥死了。楚王很伤心,要依照大夫的礼仪厚葬它。大臣们都反对,楚王发怒了,说:"谁再敢对葬马之事劝谏,就处以死刑。"优孟听到了这件事,就跑到大殿,仰天大哭。楚王问原因。优孟说:"我的大王呀,我们强大的楚国什么没有呢,给这匹马以大夫的礼仪殡葬,太薄待它了,应该用国君的礼仪来厚葬呀。"楚王说:"我竟然错到这样的程度。算了,给膳食房把马送去吧。"

看来这个楚王还是"孺子可教"的。不过,自古唱戏都是有劝诫或者讽谏的功能,不纯粹是娱乐。而这种讽谏也是以揭露社会的黑暗面、人性的阴暗面为起点,结果是要颂扬正义和正气。在一定的社会历史政治背景下,还是要有很大风险的,或者是危险。大家都敢怒不敢言的话,通过他们诙谐幽默的语言说了出来,老百姓就觉得解气,即使解决不了任何实质问题。

开山·传人·师徒父子

小沈阳系列之六

开山祖师世所稀有。本山大叔把东北二人转创新发扬到这样的程度，也可以算上半个开山祖师的身份。因为他不是二人转的首创人，所以说是半个。开山祖师总希望找到优秀的传人，以发扬光大自己的事业。本山大叔收徒弟颇有古风。网上查询，得知至少已经有徒弟35人。小沈阳是其中之一，2006年的中秋节正式拜师，成为本山大叔的弟子。

这些传人弟子基本上都通过电视剧和小品在不同的地方不同程度地露过面。而小沈阳却借助2009年央视春晚一炮蹿红。按本山收徒弟的时间顺序，小沈阳并不在前列，为什么能受到青睐呢？我不了解具体情况，只能是从媒体露面的时候师徒两人的表现做些推断。我认为，大概老赵是看中了小沈阳的天分，推出他来更能够实现自己风格的传承和发扬。一个人的肉体生命和艺术生命都是有限的，到了这个阶段的老赵，自然会更看重自己的事业的接班人问题。推出新人，首先对一个"师傅"来说，和自己艺术上的成就比，并不是小事情；其次，艺术生命的延续，或者发扬光大，必须要有弟子，有优秀的传人。不管是艺术界、政治界，还是学术界，都是一样。比如曹操的魏武帝的封号来自于他的儿子曹丕。孙中山的伟大形象，一部分也来自于他的徒子徒孙们的宣扬。孔老夫子失去了"七十二贤"的弟子，光辉形象将大为黯然。

古典式的师徒关系有它一定的合理性。现代的学制是"麦当劳式"的批量标准化生产。只是到了研究生阶段才一定程度上有了古典式师傅带徒弟的模式，就是导师的形式。可惜的是，不少导师和学生的关系演化成了老板和员工的关系。古典式的师徒关系是作坊式的，通过个性化的言传身教，从技术到德行都进行教育。这种关系被比喻成"师徒父子"。一日为师,终身为父。

我们看看本山和小沈阳的"父子关系"。小沈阳跟网友面对面聊天的时候有这样一段话,把其中的"父子情深"表现得很好。"师傅就是我爸爸!一日为师终身为父,没有我师傅就没有我的今天,师傅为我操劳那么多日子,将来儿子应该养活你!二人转走到今天很不容易,师傅辛苦了!师傅睡不着觉,一宿一宿不睡觉,(想得)都是俺们的小品。而且一天天咳嗽,我看了心疼死了。师傅今年的春晚其实就是特地为了捧俺俩!服装都是师傅特地为俺来设计的,包括那个包。我就特怕我拖累了师傅。但师傅太厉害了,哪怕是我们说错了他都能想个办法兜回来。"

师徒父子从文化传承的意义上是有道理的。道金斯在他新版的《自私的基因》里就提出了文化"觅母"的概念。什么样的文化能够在激烈的竞争中优胜劣汰活下来?觅母的复制和传播就是关键问题。文化"觅母"和生物体的基因一个道理。开山的师傅创造了一套文化(不管是技术、理论、还是武术,大家比较喜欢看武侠小说中武功传人的故事),祖师要死掉的,没有长生不老,但是,他创立的这些文化不能死掉,就要有传人。传人的头脑里输入了祖师创造的文化的"觅母"。生物学上父子是基因的遗传,文化学上师徒则是文化"觅母"的遗传。

本山大叔的一个伟大之处就是推出优秀的弟子,让他的事业有了传人,这个功德不亚于他的艺术成就,甚至可以说,高于艺术成就的功德。希望,本山大叔能够推出更多的优秀新人。也祝愿小沈阳不辜负师傅的辛苦栽培。

蹿红之前:漫长滚打成功路

小沈阳系列之七

中国古人为科举说了一句话,叫做"十年寒窗无人问,一举成名天下知"。这句话既道出了世态的炎凉,也告诉我们一个成功的真谛,就是要有漫长且寂寞的修炼之路。古人用数字多是虚指。而这句话却一不小心道出了一个真理:成功需要十年的修炼,也就是要做到出一流成果,需要大约一万个小时的练习,这是现代科学发现的一个规律。不久前格拉德维尔在他的《出类拔萃》一书中详细地讨论了这个道理,从莫扎特、披头士乐队、到比尔·盖茨等莫不如是。

小沈阳蹿红之前,也有十数年的摸爬滚打的漫长辛苦路,暗合了这个成功之路的规律。小沈阳是从1995年开始他的二人转生涯的,进入铁岭县艺术团学习二人转表演。2006年中秋节正式成为赵本山的弟子。这个时候的小沈阳功底已经打下,就差师傅那么一点拨了。拜赵本山为师傅真是时候。第二年就登上了央视舞台的群英会晚会,表演了《我要当明星》。

在拜老赵为师傅之前的这个十年,小沈阳的经历不是那么一帆风顺的。出来拼打的日子,辛酸往事不少。他的母亲就这样向记者描述:"我们也是看电视才知道,儿子睡过车站,唱完了拿不着工钱,还挨过打……其实他不说我们也能猜出来,一个农村孩子走到今天这眼泪不知道得流多少,苦不知道吃多少。"小沈阳刚到吉林林越艺术团上场表演时,是做开头码暖场的演出,但是经常被人起哄,甚至被骂。有时候很快就被从舞台上轰下来,每次演出都好像如临大敌。可是三四年下来,小沈阳就开始唱压轴戏了。这种经历历练的不仅仅是艺术功夫,而且是意志力。

小沈阳回忆说:"在舞台上,我什么样的人都见过,什么样的人都演过——傻子、二流子、酒蒙子、不男不女的人……台下只有两三个人的场子,我一样能演。"这就是机会,就是舞台,练习的机会,锻炼的舞台。即使台下没有观众,小沈阳一样地当作有观众来表演,"慢慢地,自己就能锻炼出来了"。说得很好。锻炼是需要时间,比如十年,或者一万个小时,但是必须有舞台,有机会。我的友人田方萌就说自己早年当学生的时候,黑板报约稿,校报约稿,虽然没有稿酬,也不是正式刊物发表,他一样认真地写,这样下来锻炼数次就在正规刊物上开始发表作品,领取稿酬,而且一发不可收拾,成就了一位今天的青年才俊。

  通往成功路上的丰富经历,对小沈阳"一夜蹿红"后能保持良好心态肯定有很大帮助。成功来得太容易,容易造成没规矩的暴发户;成功是在辛苦劳动之后,心态才更容易保持正常。而新时代的孩子,在从父母那里获取方面太容易了,反而失去了对父母生活不容易的体会。我们的教育不仅仅是在教室里,更是在家庭里和社会上,让孩子经历辛苦来"自食其力",得到辛苦的回报,不仅让孩子自己的能力得到了磨炼,还将会对他们以后的人生路上面对挫折和成功时,能够保持一颗平常心大有助益。

成功的元素

小沈阳系列之八

不成功的原因多种多样,但成功的元素都是相似的。通过小沈阳的成功,我们可以总结出一些主要的成功元素。

第一个是兴趣。李开复有句名言:兴趣即天赋。一个人的天赋当然是获得成功的最根本条件。但是如何识别自己的天赋所在呢?一个办法可以从基因遗传理论看,父母的特长在哪里。另一办法就是看自己的兴趣所在。按照兴趣即是天赋的观点,小沈阳的表演是有着天分的。他的母亲是唱二人转的,大概也有些遗传。从十几年里小沈阳锲而不舍的精神,我们也可以推断,他确实对二人转表演,或者更广泛些说,对舞台表演有着浓厚的兴趣。一个人要成就一番事业,不能靠一时一事,而要长时间地为实现成功而努力,这样必须有两个动力支点:首先就是兴趣,没有兴趣很难长久坚持;其次就是,这件事情能带来功利性的回报,不管是名声,还是物质利益,不管是带给个人的,还是社会的。

第二个就是锻炼的舞台和机会。舞台可以提供锻炼的机会,而且可以从观众的反馈来不断地弥补自己的不足之处,提高水平。小沈阳拜赵本山为师傅之前,实际上,从民间"白事"哭唱、澡堂子歌手,直到艺术团的舞台,他得到了很多机会锻炼。生活中,能够为一个人的兴趣可提供的舞台并不是太多,发现机会和抓住机会的能力很重要。小沈阳能够登上央视春晚表演一把"不差钱",这机会来之不易,不用说了,小沈阳抓住了,才有了一举成名。其实,生活中我们都是不断地在选择。课堂上的考试,选择题往往是给定了选择项。生活中不是,往往需要发现选择项,甚至创造选择项。赢得舞台的机会,就需要这种发现,甚至创造正确选择项的能力。

第三个就是"行业大师"的点拨和提携。每个行业,要想作出一流的成就,光靠自己辛苦努力是远远不够的,虽然成功离不开"十年一剑"的功夫。我们知道,在水平升华过程中的瓶颈处,必须有高人点拨,没有这一点拨,就不容易开窍,不会出现"恍然大悟"的现象。而本行业里的大师级人物就有这种点拨开窍的能力。为了方便理解,举一个虚构的例子吧,《射雕英雄传》里的郭靖。"江南七怪"教了郭靖那么多年,不如全真教马钰道长一点拨的进度,洪七公这样的大师才让郭靖向大师的境界迈进一步。大师的提携不仅是点拨,而且大师利用自己的"名声"或者物质资源,为你的道路增光添彩,容易获得他人以及社会的承认,获取更多的机会和更大的舞台。小沈阳拜赵本山为师傅,确实是他人生中艺术生命的转折点。师徒都承认,没有本山师傅,小沈阳不可能有今天的成功。

第四,就是"谦卑的心态"。谦卑的心态可以防止胜骄败馁,化解功利心。人们往往越在乎成功,越容易出差错。端碗水,越不想让它洒出来,手越是抖得厉害。小沈阳蹿红之后能够保持一个良好的心态,除了师傅赵本山不断地敲打之外,小沈阳本人的素质应该是本质因素。牛年的"央视春晚"让小沈阳一夜蹿红,名满神州,马上要到的虎年会在春晚上端出一盘什么样的"菜肴",还是未知数,尤其是年深日久的漫长未来,诸多的挑战都在那里。师傅赵本山多年来能在"央视春晚"年年出彩,功底可见一斑。有了谦卑的心态,将艺术置于名利之外,艺术的灵感才更容易闪现。如果小沈阳要"青出于蓝而胜于蓝"的话,将是更大的挑战。保持一份谦卑的心态,将为迎接挑战加分。

总之,成功的元素很多,这里总结了几条主要的。如果小沈阳有机会看到这个总结,觉得离题太远,不妨自己总结一下。朋友们如果能从中得到一些启发,我愿足以。最后祝愿小沈阳能在"星光大道"上一路走好,不辜负师傅的培养,和人们寄予的殷殷期望!

第二篇 教育文化

明尼苏达札记

追问大学学什么：读《北大批判》

（发表于《读书》2010 年第 10 期）

我与薛涌先生素昧平生，偶然因缘通过几次电子邮件。最近因为一篇批驳好友田方萌驳斥薛先生的文章而与先生再次通信。薛先生在一次回信时把新著《北大批判》①电子版发给我，"有空可以消闲"，并说"其实很想听听你的意见"。我向来懒惰，又觉得写了也不多，不写也不少。但是薛先生还是真诚地"肯望"能有一篇不是书商炒作的真正的书评。这就是此文的由来。

薛先生本科毕业于北大，博士学位则是从美国的耶鲁拿下的。其人生阅历丰富且博览群书，他将中美两国的精英大学作比较，透过耶鲁看北大，整体上看，《北大批判》对我国时下教育，尤其是高等教育的批判还是非常精彩。整本书共分六章，因为不是一本学术专著，各部分的内容逻辑就不讲究连贯和一致性，读者可以就自己的兴趣，择取读之。因此本文也不就各个部分逐一评论，而是对自己感受最深的部分作以评述，并提出我的一些批评。

正确的专业意识

我认为，本书给我印象最深刻的部分是第一章"北大不教的东西"。因为我在国内读过两所大学，在美国读过一所大学，虽然和薛先生念的学校不同并且时间上有些差别，但是经历和感受上却有很多的相似之处。虽然

---

① 薛涌：《北大批判：中国高等教育有病》，江苏文艺出版社 2009 年版。

标题是"北大不教的东西",实际上说的却是整个中国高等教育的问题。我以为,薛先生以此为标题,一是照应书名,再者是吸引读者的注意力,这一点也可以说是薛先生的一个特长。如果薛先生做广告商,会非常成功。那么,北大不教的东西到底是什么呢?从薛先生的书里,大概可以概括为:大学学什么,正确的专业意识,读和写,以及论辩。这些东西又是紧密围绕着"大学学什么"而联系在一起。

先说说专业意识,这个大概是中国学生受害颇深的地方。薛先生对专业意识的论述很是精彩,文中个案很有代表性。我当年也有这些狭隘的专业意识。而这些意识不是凭空产生的,而是环境造成的。我们都是受害者。"螺丝钉精神"要求的就是"专"。毕业后分配工作,或者在工作市场上竞争,不同的专业,门庭的冷暖差别很明显,是很好的现实教育。专业就是敲门砖。没有人管什么通识教育,什么"全面发展的人"。我本科被安排到了教育系的教育管理专业。从钱钟书的《围城》里,我们就知道教育系是最受歧视的系。从系里必修课和必选课的安排来看,哪里是什么培养"全面发展的人",虽然我们的教师们一再地给我们讲,"我们必须要教育与生产劳动相结合,培养全面发展的人"。1994年我作为中师保送师大的"保送生",选择专业的自由一丁点儿也没有,完全是被选择的。现在还好了,有了自己选择专业的诸多自由了。可是,现在虽然有了许多的选择专业的自由,多年来形成的思维方式,一下子不可能扭转过来。我的朋友的孩子上大学了,学习的是金融、外贸,等等,非常高兴;我就把我的专业理念说给他们,感觉没有用。要是说某个人学历史专业,那么,这个人似乎马上就被人看低了,学历史的,有什么用?

我们看看薛先生通过一个审判律师的话对学历史的作用的精彩辩护:

> 我主要的工作是审阅法庭记录。公诉人、被告律师,乃至各种证人在法庭上讲的话都是被记录下来的。我在阅读中,要从各方的话的字里行间找破绽。大的破绽可以导致法庭推翻原判。你恐怕难以相信,我阅读的一半以上的案子有很大的破绽,都被推翻了。许多人从监狱中被我救了出来。这些人一般是穷人,自己没有钱雇律师,法庭

给指定一个,有时案子审理得非常潦草,所以我的责任就非常重大。你看看,干这种事情,和你们历史学家有什么不同?你们不就是通过阅读档案,在字里行间挖掘前人没有看到的东西,甚至推翻前人根据同样的史料得出的结论吗?说到底,这还是批判性的阅读,是历史的基本训练。

他所言极是。我还必须补充的是,历史学家面对的文献,多是当时的人根据自己的目的对"事实"进行的叙述。因为目的不同,所叙述的"事实"也不同。对历史学家最大的一个挑战是,你所拥有的史料不过是过去的人为我所用讲的故事。除此以外,你往往没有或很少有其他的线索。历史学中的批判性阅读,特别要注意是谁在叙述,目的是什么,然后发现这种"叙述特权"掩盖了什么事实或是否压抑了其他人的叙述。举个例子,我们看中国的史料,讲到某王朝灭亡时,往往会碰到女人是祸水这类叙述和评论。这种评论一看就知道是史学家的个人意见,但他的叙述有时则显得很客观,特别是那些没有夹杂评论的叙述。没有批判性的阅读,你可能会简单地接受这些为既定事实。但是,当你意识到这些全是男人的叙述,特别是那些希望推脱责任的男人的叙述时,你就必须警惕。因为女人在这里没有叙述的权利,她们的声音被压制了,没有留下来。那么,你就必须细读现有叙述的字里行间,发现其中的破绽。这是分析史料的基本技巧。刚被奥巴马提名为美国历史上第一位拉美裔大法官的索尼亚·索托马约尔,本科就读于普林斯顿大学时学的就是历史专业。她大一时遇到了历史系的教授南希·韦斯·马尔基尔,后者手把手教她怎么分析地阅读文献史料,使她的思维能力有质的飞跃。这大概也是她日后能最终登上司法界顶峰的基石。她的故事,完全印证了上面那位哈佛法学院出身的律师的话,读史料的功夫和律师的基本训练非常一致。

这一段引用较长,因为不愿意破坏其连贯性和一体性,保持了文章原貌。我们的历史学教师们曾经有几位这么讲过,能够对能力或者知识的通性如此理解?我们的学生有几个有幸可以从大学教育里获得这样的对专业的认识呢?

大学学什么?

大学学什么,是从学生的角度来看的,从另一个角度看,可以问"大学教育教什么?"郑也夫先生有一篇演讲稿,就是"大学教育教什么?",他将其归纳为三个方面:读书、写论文和思考,理工科还要加上实验。薛先生对"大学学什么"提供的答案正与郑先生的答案相呼应。这两位智者都对"有用"和"无用"的东西作出了辩证的深刻的论述。很可能看似"无用"的东西有"大用"。

我很赞同薛先生的一个观点:"什么是大学生活的核心?在我看来,最重要的就是论辩(disputation)。这种'论辩',并不一定是公开的口头辩论,而更多的是在心灵中默默进行的是非辨析,是一种永无止境的精神努力。"可是论辩的前提是什么?那是独立自由的思想。没有独立自由的思想,结论都给限定了,还奢谈什么"论辩"!?这个让人可以独立自由思想的环境,必须是容忍多样性的,至少要容忍多样性的观点。从长远的发展看,只有这样才有利于整个社会的发展。

哈佛大学经济系助理教授钱尼 2008 年的博士论文是研究伊斯兰科技发展黄金时代的兴起和衰落的,论文的题目是:多样性、宽容和经济绩效,论文的副标题是:来自穆斯林和西班牙的经验。这篇论文很有说服力地论证了对(宗教)多样性的制度性宽容是多么重要,它可以激起人们论辩,促使人们独立自由地追求真知,从而促进科技的创新和经济的发展。正好,我还看到了一个社会学家对近代科学兴起的研究,就是 2003 年由剑桥大学出版社出版的胡弗的《近代科学的兴起:伊斯兰、中国和西方》[①]一书。胡弗这样总结中国近代科学的衰落原因是:"中国科学的问题,根本上不是技术意义上的错误,而是中国统治者既不创造也不容忍独立的高等教育机构的存在,而正是在这样的机构里,客观的学者们才能探索他们的真知灼

[①] Toby E. Huff. 2003. *The Rise of Early Modern Science: Islam, China and the West.* Cambridge University Press.

见"。这两个研究相互印照,更增加了我对中国当代教育问题症结所在的看法。所以我认为,薛先生对浅层的高等教育问题的批判很是生动、让人很难不被打动。但是,薛先生没有更深一层次地揭示问题的症结所在:为什么"北大不教这些东西"。

其实,客观地说,薛先生也不是完全没有涉及这一层次,第五章的第一节就是:大学的责任在于塑造有思想的公民。可是有着国子监传统,并加上了数十年的意识形态和政治控制的大学,如何实现自己的"塑造有思想的公民"? 薛先生在最后一章里,以回顾欧洲早期"大学的诞生",直接追溯大学的自治思想的根源。因为把中国的大学和中世纪的欧洲大学相比,"论辩"精神都比不上,薛先生得出结论:我们的大学还不如中世纪。尽管薛先生有着这么多的对"塑造有思想的公民"的论述,还是没有直指问题的症结所在:缺乏对多样性的宽容,缺乏对独立自由思想者的宽容。这种缺乏的结果,只能是长期的落后。

在薛先生的书里,读和写是事业成功的关键。通过读和写和世界建立联系。我很赞同这个观点。可是在缺乏独立自由思考的环境下,读和写都成问题。即使撇开独立自由思考的环境不论,在有限的独立思考下,读和写的问题基本上没有在高等教育中受到重视。我念书直到念硕士的时候,才有我的论文导师指出来我的文字问题,即写作的问题,多次督促我打磨自己的文字功夫。那么多年那么多的老师,竟然没有一个指出来这个问题。通常是写了作业,老师收上去,只反馈一个分数,没有任何评语和建议,作业本身也不会发给学生。这样一个缺乏反馈的单向性的教学,在美国可以说从来没有遇到过。因此,国内的老师没有人关心学生的文字写作也可以理解了,有个分数反馈了就了结了,谁还管文字这样的"小事"。

批判性思维

在读和写的问题上,我们的高等教育,甚至整个教育界都很不重视,已经是一个大问题。而作为一个受过西学严格训练的学者,则应该自觉地注意自己的写作,要让自己的写作更富有理性分析的成分,更符合科学思维。

从《北大批判》一书中，尤其是从中国大学的弱智化一章里，我读出了薛先生在论证观点的时候，有时候理性思维弱于感性思维，或者说是科学思维不够。比如，使用数据的时候对数据时间性和来源的把关，推断的时候考虑到前提假设是什么，可能的后果是什么。首先要有逻辑的内在一致；还要做到观点与资料的契合。田方萌先生专文①对这一章的观点进行了批驳。在此文中，田说："薛涌是个勤奋著述的作家，却不是个咀嚼数据的学者"。比如"关于农村学生占在校大学生的比例，据沈若愚先生查证，薛涌引用的数据源自十年前对北京高校的一次抽样调查，既不具有时效性，也不具有代表性。"我基本上赞同田先生的这一看法，同时我认为，薛先生不仅仅"不是个咀嚼数据的学者"，而且科学推断也不严谨。比如，薛在反驳田的这篇文章的时候，薛说②："田先生质疑说，我的智商理论是'建立在一个未经检验的假设上——农村人口和城市人口拥有相同的智商分布。很遗憾，像各地居民的身高一样，智商在一国范围内的分布并不均匀。基于大城市——尤其是北京、上海等特大城市——吸纳了全国范围的优秀人才，我们有理由猜测，城市人口的平均智商应当在统计学意义上显著高于农村人口。'很遗憾，他所谈的并不是我的智商理论，而是西方智商派学者的共识：智商在人口中的分布，并不以人的阶层、居住地等外在因素为转移。"不知道大家看出来薛推断中的问题了吗？田说的是智商的地区分布，或者城乡分布，这个分布是不同的，因为理论上可以说智商高的人扎堆了。而薛说的是什么？是智商在足够大数量的人口中的分布，是模型的正态分布，这个分布是"并不以人的阶层、居住地等等外在因素为转移"，智商极高和极低的都是少数。这个模型不是说的地区分布。薛还说："很遗憾，他所谈的并不是我的智商理论，而是西方智商派学者的共识。"不知道薛是否知道自己偷换了概念，还说是"西方智商学派的共识"。

为了进一步显示西方智商理论的分布"不以人的阶层、居住地等外在

---

① 参见田方萌：《农村考生该受配额制保护吗？》，《社会学家茶座》2010年第三辑。
② 参见薛涌：《中国大学是否正在弱智化》（又名《从"钟曲线"看中国大学智力的下降》），《社会学家茶座》总第29辑。

因素为转移",薛接着说:"这一结论,经过了许多心理学和统计学的验证,被《钟曲线》的作者归纳出来。即使是优生学的开山祖师之一弗朗西斯·加尔顿(Francis Galton)在其名著《遗传的天才》一书中也指出,天才家族要几代人达到顶峰,然后在接下来几代衰落下去。"不知道薛是否知道,正是这个鼻祖加尔顿在自己的著作里认为,因为智商的可遗传性,白人贵族在智商上要优于其他人[1],这不正是智商分布在社会阶层上的差别吗?

薛先生是著名的推崇西方文化的公共知识分子,对西方的教育,尤其是高等教育更是赞赏有加,也因此才会对比中美教育而对中国高等教育加以批判的。可是,让人费解的是,薛先生对西方的社会科学方法或者科学思维怎么就那么有偏见呢?小时候听戏,大家经常挂在嘴上一句话是:会听的听门道,不会听的看热闹。在美国学术界学者们对阅读论文也有个大概的共识:会看的看方法,不会看的看结论。门外汉直奔结论,行家看重的是方法。重视方法,是科学思维的重要表现。就此问题在与薛先生的通信中,薛先生坦陈自己对社会科学方法和统计方法的偏见。

薛先生非常诚恳地、谦虚地说自己之所以选择历史作为专业,是性情使然。然而,即使是历史学博士,在美国,尤其是耶鲁这样的常青藤大学,不可能不重视科学思维的一面。我们就拿薛先生很有偏见的"统计方法"为例子来看这种西方科学对批判性思维的重要性吧。如果没有基本的抽样、描述统计和推断统计的基本知识,对于一些媒体或者机构提供的数据,我们很可能读不懂,当然,也就无法提出批判性的观点。每种抽样方法和推断方法都有自身的优点和缺点,只有了解了这些缺点和优点,才能够对提供到我们面前的统计结果有深刻的眼光。这个工具也可以帮助我们更好地发现事实。比如美国南部某州被认为有种族歧视,因为黑人谋杀罪犯比白人判死刑的要多。而对黑人和白人判死刑的统计发现,统计学意义上并不存在种族歧视。这时候,加上一个控制变量,被谋杀者的种族身份,发

---

[1] Francis Galton. 1865. Hereditary Talent and Character. *MacMillan's Magzine*, 12, 157—166, 318—327.

现如果被谋杀的是白人,不管罪犯是白人还是黑人,都被判死刑;如果被谋杀者是黑人,则不一定被判死刑。这里就显示了种族歧视的存在。那么背后的原因是什么?这就要发挥社会学的想象力,比如财富地位,白人富有,能够请得起律师。然后再验证。再举个例子,薛先生书里也提到的关于受大学教育与没有受大学教育的人的收入差别问题。我们会认为这种差别是是否接受了高等教育的结果。实际上高等教育本身就是一个选择机制,那些很有创意,很有头脑,或者智商很高的学生,通过选拔,被选到了大学里。即使他们都没有受过高等教育,这两群人的收入差异照样存在。这里就有一个统计选择偏差的问题。统计学训练可以帮助我们考虑到诸多这类问题。

我在明尼苏达大学做过数次社会统计学的助教,从初级到中级、高级。统计学在现代诸多学科中,包括历史学研究里也被广泛地运用。明大本科生,初级社会统计学是必修课,这比中国的大学可好多了。我在国内读了社会学的研究生,也没有人家本科生的社会统计学的知识多,而且人家本科就学习了社会统计分析软件,我出国前一样统计软件也没有学习过,因为从来就没有机会接触。高级统计学则是社会学博士生的三大必修课之一(其他两门是理论和方法,而高级统计则是对量化方法的专门训练)。统计可以帮助我们发现事实,推断事物变量之间的关系。如果基本的量化原理和知识都不懂,自己的科学思维批判性思维的能力肯定有一大缺陷。

所以这里,我不得不指出,薛先生在回答"大学学什么"的时候,丢掉了一个很重要的东西:就是论辩要有硬件支持,这个硬件需要诸多的硬知识,以支持科学思维。因此,我对上面的"大学学什么?"的问题要增加一个重要性不低于"论辩"的东西:毕业离开学校后不容易学习到的技能,比如数学、统计、计算机编程语言等。

当然,《北大批判》不是一本学术专著,大概可算是一本具有科普性的大众读物,我们不能苛求。而且,任何书都不是完美的,不然学术就可以终结了,没有什么新拓展了。但是,对于以宣扬批判性思维来"批判北大"的这本书,尤其其作者是受过良好西学教育的薛涌先生,我们面对其科学思维的缺乏,还是觉得比较遗憾。希望读者能够以批判性思维来阅读此书,大概这也是薛先生所希望的。同时我们也希望薛先生能够在写作即使是非"正襟危坐"的学术文章的时候,也能够体现出深厚的科学思维功力。

想说的话很多,但不是一篇小文可以承载的。评论就到这里。希望这是一篇真正的书评。如果读者读出的是书商炒作的味道,那只能是因为我本质上的庸俗。

■ 明尼苏达札记

感受美国的家庭教育

(发表于《教育时报》2002年1月)

"人必须先说很多话然后保持静默"这句话是冯友兰在其《中国哲学简史》一书中的最后一句话,我拿这句话作为开头,权当我要写一些杂记文章的理由吧!

来美国的第一个感恩节是在一个教授家里过的。那天下午大约5点钟,教授开车来接我了。车里还坐着教授刚从学校接来的正上初一年级的大女儿珍妮。教授介绍了双方,相互问好。之后我们去接另外一个研究生同去过节。教授让珍妮向我介绍圣诞节的来历。在接到另一研究生后回教授家的路上,教授向我们先介绍了珍妮的小提琴拉得很好,刚参加了一次本市大型演奏会,家里有她的演奏录音磁带。之后,教授让珍妮给我们讲西方古典音乐流派和著名篇章。其实是他们父女同时互相补充着给我们分享音乐知识。笔者窃以为"分享"这词很妙。记得小时候,有"分享"品德的小孩,就被父母夸为"不吃独食"的好孩子。

到了教授家里,教授夫人和我们握手问好之后,喊来二楼的小女儿安娜和我们问好握手。安娜才上小学,虽然有点怕羞,但在父母的引介下,宛如大人般与我们问好,还要叫出我们的名字。美国人喊中国人的名字就像我们喊他们的名字一样发音不准,他们会诚恳地问:名字叫对了吗?以示尊重。这时录音机里传出了悠扬的小提琴独奏曲。教授告诉我们播放的是珍妮的小提琴独奏录音。

在吃饭时,教授夫妇向我们介绍感恩节的一道传统菜"火鸡",又讲了有关感恩节来历的故事,还不时地让两个女儿讲某些有关内容及其他节日的故事和礼仪规范。他们拿出来一些节日礼仪的道具,比如,烛台、几根蜡烛,并告诉我们怎么点法。这些,都是教授的女儿们当"解说员",教授夫妇作解说补充。那种礼节的规范,让我这个"礼仪之邦"的学子觉得不可思议,因为我们为了现代化,早把礼节仪式简化了或者干脆破除了。

虽然不会欣赏西方古典音乐,教授和珍妮的小提琴合奏曲,还是使我们听得入迷陶醉。我想,要是在中国,大概家长会盼望女儿成为一个"音乐家"了,必会考虑参加这班那班,作为职业和饭碗要求培训,于是业余爱好便成了苦差使。然而教授女儿的小提琴是家庭熏陶的结果,是业余爱好,不是以小提琴为业。比如教授是做社会学研究的,小提琴也拉得如此好。确实,他们很重视这类业余爱好,注重提高个人修养,丰富精神文化生活。但只是个人爱好而已,绝非别人的强迫使然。素质教育就是这样自然吧。当我们离开教授家时,教授非常和气地把两个女儿从楼上喊下来,说,客人要走了,下来握手告别。他们分别和我们握手道别,而且教授夫妇让她们和我们握手道别时要叫出我们的名字,欢迎再来。

离开了教授的家,我思索良久,思索家庭教育,思索我所感受的中国与美国的小孩子的家庭教育。在中国,大人说话小孩子听,或者干脆赶到一边,拒绝他们的参与,因为他们是小孩子。在乡村里,家里来了客人即便是邻居,吃饭时,小孩子也不能和客人在一个桌上吃饭。城市里有进步,不论大人孩子大家同桌吃饭。这些日常小事却潜移默化地影响着孩子的成长。小孩子从中学会了待人接物的态度方式及平等互敬等社会规范,增长了见识,又学会了做人,品德和智识同时得到提高。

■ 明尼苏达札记

美国教育"装白"的困境

(2009年9月)

我在《边缘的优势》一文里提到小圈子文化对个人发展的束缚,举的例子是美国黑人社区的亚文化。同一社区非裔黑人青年小群体,认为学习好是白人学生的事,如果圈子里哪个人努力学习,成绩优秀,就会成为整个小圈子的公共敌人,成了小圈子的"叛徒"。这种关系束缚是一个人发展的障碍。当时没有注意到这种现象早就被人概括成了一个词"acting white",中文翻译为"装白",字面意思是自己不是白人,却接受并学习白人的生活方式,"像白人一样行为",有轻蔑和贬损的意思。虽然没有大家都认同的确切含义,但基本上是表示小群体,不管是基于种族的还是地位的,非主流之外的劣势小群体为了维护自己的同龄群体认同,对于试图认同并学习主流群体或者上层群体的一种社会的或者说是文化的惩罚。

最早提出这个概念的是福德汉姆女士(Signithia Fordham)。她于1986年在一本开创性的著作《黑人学生学校的成功:处理"'装白'负担"》里首次使用这个词,其很快就流行起来。1986年,福德汉姆和她的研究伙伴在美国华盛顿特区对高中的那些学习好的黑人学生做了研究,从而发现了这种"装白"现象。这些学生一方面采取了"像白人一样行为"的策略,取得了优异成绩,另一方面又要竭力保持他们的黑人认同。

那么这种黑人学生对同龄群体的态度取向是否真正的存在呢?是否真的影响了黑人学生的成绩呢?于是,针对这一问题,在社会学、人类学和经济学,当然还有教育学等等领域出现了大量的研究。有的研究发现支持这种观点,有的则发现事实上并不存在"装白"和其对黑人学生学习成绩的负面影响。从与一些包括黑人朋友在内的友人的接触和交流中,我觉得在一定程度上,这种现象是存在的。我们看看学术界研究的发现。

2003年,北卡罗来纳大学的一个经济学家和一个社会学家合作,对11个学校做了18个月的研究,发现白人和黑人学生在对学习成绩的态度上没有本质的区别。他们都想取得优秀的成绩,当学习成绩好的时候,他们表现出了很强的自尊。而另外两个经济学家则发现,这种"装白"现象在学校的存在是有条件的。越是那些整合度高的学校,原来成绩就差的学生,面对和外面的他者接触的时候,越容易出现"装白"的现象,从而真的影响到黑人学生的成绩。2005年,大卫·奥斯汀-史密斯(David Austen-Smith)和哈佛大学杰出的黑人经济学家罗兰·G. 弗赖尔(Roland G. Fryer)对这种"装白"现象作了经验检验,得出的结论是,这种现象存在。受教育程度是以后收入高低的信号指标,而获得高收入的信号却提高了同龄群体拒绝成为其中一员的可能。

奥巴马的双重种族身份,也曾被称为"装白"。他当选为美国总统,是划时代的大事。这个大事让有些人认为"装白"现象已日薄西山。奥巴马在2004年的一次演讲中也这样说:"除非我们提高孩子的期望、关上电视,并且消除诋毁一个黑人孩子拿上一本书就是'装白'的现象,我们的孩子才能学有所成。"奥巴马当选总统,也免不了对于这种"装白"现象的争论还会继续下去。

"装白"是研究黑人学生提出的现象,并且大量的研究也是以黑人同龄群体为对象。那么,亚裔学生中是否也有这种现象呢?

美国的华人报纸《侨报》2008年刊登了一篇介绍亚裔学生"装白"的文章:为什么哈佛亚裔"装白人"? 为什么? 主要是逃避困局。"困局"是什么?"模范族群"的社会标签使学习成绩好的亚裔学生成为了大家共同的竞争对手。白人和其他族群的人们认为是亚裔学生的高成绩增大了他们的压力,为了上高档次的中学和大学,就要花费更大的力气竞争有限的位置。而亚裔学生又有个标签,不像白人学生,亚裔学生只注重自己的学习成绩,而不参加或者不关心其他课外事务。这样,亚裔学生就有了一个困局,为了逃避这些"标签",他们就"装白"。

《侨报》文章引用了哈佛大学华裔学生蔡珍妮的一篇论文《这学校亚裔太多了:种族化的知觉与认同之形成》。该文描绘了哈佛27名本部生和波士顿学院一名亚裔学生的认同问题。珍妮自己毕业于纽约市的牛校亨特高中,来到哈佛后发现,亚裔学生在种族上并不"团结",那些亚裔学生认为"装白"是好事,说自己在尝试融入"白种人"学生的价值,在课外活动的选择上,就是和白人学生一起活动,逃避和亚裔学生在一起。对于这些亚裔学生而言,"装白"是一种很"酷"的事情。这与黑人群体不同,"装白"不是贬损了,而是"酷",是好事。蔡珍妮在文章里说:"在黑人之间,'装白'在社会地位上可说是一种侮辱,可'装白'的亚裔却通常踞于社会上较受尊敬的地位。由于'装亚'(表现得像亚裔)被等同于表现得像外国人或像个书呆子,在亚裔人之间'装白'变成了骄傲的象征,而且被评价为有能力融入美国社会。虽然亚裔通常既'装白'又'装亚',可是'装白'的亚裔较能获得学校的课外地位,而课外地位通常使得他们获得名校的录取资格。"

这些"装白"的亚裔学生都经常自觉地避免有太多的亚裔朋友,他们把自己只结交白人朋友视为荣誉的标志。这与黑人同龄群体不同,黑人是优秀学生被排斥,成为"叛徒",而亚裔学生则是主动"逃离组织"。当然,蔡珍妮的研究不可能代表整个亚裔学生,从统计学上说,抽样很有问题,样本只是哈佛的几个从美国各地牛校高中考上的不到30个亚裔学生,无法推广其结论。但是这种现象也确实比较广泛地存在。我也曾经遇到过一些这样的学生和"黄香蕉"。为了"装白",极端地要摆脱自己的亚裔的一切,对"同我族类"更冷漠和蔑视的表现,确实有些病态。这是个"困局",是一个非白人族类在美国这个自由国土上的天然"困局"。

人往高处走。以"盎格鲁·萨克逊"白人为主导的美国社会,认同主流和融入主流社会就是"往高处走"。以这样的标准看,"装白"并没有错。比如,在学校里拿好成绩,说一口标准的美国英语等。黑人同龄群体和亚裔学生的态度取向似乎是亚裔学生更可取。但是矫枉过正就不当了。穿衣服一定要到"the Gap"去买吗？从文化意义上说，人类文化各有自己的优势，认同了一种就完全地排斥了其他，比如自己祖先的文化，即使不是"对不起自己的祖宗"，也不符合美国移民社会"兼容并包"的立国精神。

那么，美国的这种"装白"现象会对我们有什么启发意义呢？如果我们从超越族群的意义上看，在我们的学校教育里是否也要注意类似的问题呢？一种是中小学小团体的存在。而这种小团体往往会由那些学习不太好的学生组成，常常做出和学习无关或者相违的事情，还容易产生不少青少年问题，违规犯纪。因为他们的团体的行为方式，目的是要和学习成绩优秀的学生区分开来，从而让本来学习较好的学生学习成绩下降，原本成绩就不好的同学则没有可能提高成绩。这是一种风气，如果一个学校里有这种风气，整体的学习成绩都会受到负面的影响。如果能够把排斥向学习好的学生学习，转变成主动学习，那效果将不一样。这本质上是一种学生在同龄群体中的归属认同问题，也是一种社会态度问题。另一种是学校里学生的家庭背景的贫富高低造成的班级里的分层现象，他们的行为方式和友谊的建立是否也有一种团体认同的张力？家庭贫困的学生会不会由于物质消费和行为方式与富人不同，从而也产生了"装酷"现象，比如穿一样牌子的衣服和鞋子，生怕成为了"圈外人"？如果他们有这种行为，会不会也会受到讥讽和蔑视呢？这些都值得我们教育工作者从美国的"装白人"现象里受到启发，吸取教训，采取相应的对策，家长和学校一起引导这类学生向良好的方向发展，而不是相反。

■ 明尼苏达札记

谨防表扬教育变成"行贿"孩子

(2009年11月)

表扬,大概是人们所喜欢的;批评,大概也是人们所厌恶的,除了"闻过则喜"的孔子式君子。行贿,这个词本身看起来似乎是人们所讨厌的,但实际上大概是人们所喜欢的。要不然,我们的国家怎么会成了"三维行贿的国度"呢?刚看到郑也夫先生的以"三维行贿的国度"来描绘我们民族历史积沉下来的性格,真是感到颇为震撼:我们不仅行贿在官场、在佛地,在教育上也行贿孩子。郑先生这篇文章以"警惕大人对'小人'的贿赂"为题(编辑建议的题目),发表在2009年10月15日的《南方周末》上。反复品读之余,也想就此写点感想,谈谈表扬教育的是与非,为当今教育界大行其道的表扬教育敲打敲打。

以前从来没有想到表扬还会是行贿。从郑先生的文章里知道,国外心理学家科恩在讨论奖励,特别是为了促使孩子读书而频繁使用奖励与表扬时说到"贿赂"。按照郑先生的概念,行贿背后"一以贯之的逻辑是,企图通过行贿控制对方,不管他是大人,是佛祖,是亲子。官员本该有他为官的公允,孩子本该有自己的兴趣。但官员的中立和公道、孩子的兴趣和时间,行贿者都企图一总买断"。有教育家对行贿孩子下的概念是:为了让孩子去做你想让他做的事情,在做之前给他的东西。并且认为,物质的行贿对孩子是有害的。那么,表扬是什么呢?表扬是事情发生后给的。以这种时间性区分行贿和表扬。我觉得,这种表扬既然目的是"以资鼓励",还是为了继续以前的行为方式,达到控制他们。这样看,表扬与行贿逻辑本质上还是没有区别。

那么，表扬逻辑意义上是行贿。但是，还是有根本区别的，表扬还有行贿之外的范围，超出了这个范围就是行贿。那么划定这个范围的标准是什么呢？我以为，适当的行为就是表扬，作为一种成绩的认可，无可厚非；但是，行贿者为了控制对方而做出不适当的行为作为奖励就是行贿，比如，"如果你去把凳子搬到这里来，我就给你一块糖果"。其实，这种程度很难拿捏。表扬的"运用之妙，存乎一心"。一旦越界，就是行贿孩子。我觉得，郑先生说到的滥用表扬，其实就是这种表扬的越界，就是对孩子的行贿。

惩罚教育广被批评。在读到郑先生的文章之前，我记得在念大学的时候，有一次，听了我国台湾地区高震东先生的演讲，他似乎是对惩罚教育的教育价值还保留着，没有一味地张扬表扬教育。因为，如果我没有记错的话，他用古体"教"字来说明，小孩子的教育是要有打屁股的。我们倡导谨慎惩罚，是好事。但是不可让表扬泛滥。按照郑先生的分析，奖励和表扬的目的是对才干和道德的提升，而实际上奖励和表扬在这两方面都做不到。所以，在读了郑先生的文章之后，我觉得，对表扬教育的得失应该有点思考，以防滥用，成为对孩子的"行贿"。下面的分析，有些地方是郑先生文章里没有论及的，有些已经说到，但为了分析的必要，还是写了下来。

表扬的积极作用与消极作用很容易成为一个硬币的两面。第一，学生可以得到激励，强化积极正面的发展方向，比如自信心、自尊心和独立意识等。而有些科学家的研究发现，有些表扬会降低学生的自信。比如，罗维早在1974年对二年级课堂的研究就发现，表扬实际上降低了学生上课回答问题的自信心。学生总是试图看着老师的表情是否满意来回答问题。麦耶1979年对从三年级到成年人的研究发现，受表扬者对困难工作的成功期望值低，从而降低了他们的忍耐力和创造性。他们为了受到表扬，逃避负面的评价，总是挑拣困难度低的工作。事实上，没有人"一贯地正确"，总是"好的"、"聪明的"。

第二，表扬可以成为去毒剂，也会成为"鸦片"。孩子有了对表扬的依赖，没有了表扬，也就没有了动力。学习和活动的动机功利性很强，为了受到表扬,为了虚荣,而舍弃了自身的兴趣和专长,或者说发现和发展不了自己的专长和兴趣。而学生的创造性思维就需要学生自己对事物本身感兴趣,而不是其他的诱惑,比如表扬。听说过"重奖之下,必有勇夫",没听说"重奖之下,必有智者"。恰恰相反,重奖会以其功利性而壅塞了智者。

第三,表扬会张扬正面,也带来了"虚荣和虚伪"。有一首儿歌,"我在马路边,拾到一分钱,交到警察叔叔手里边,……"是歌唱小朋友拾金不昧精神的。我一位朋友就讲,他小学有个同学,经常问爸爸要零钱,然后拿到学校交到老师手里,说是马路上捡来的,因为这样老师就会表扬他"拾金不昧"。郑先生引用科恩的话说,"如果由于某种原因,我们希望培养的孩子除了关心自己、对别人一概漠不关心的话,我们只需发现他们表现出慷慨时给予他们赞美和奖励便能够达到这一目的"。接着科恩的话,郑先生这样对奖惩和贿赂的后果作了总括式评价:"奖惩可以造就驯顺,贿赂能够买来服从,却很难想象它们能够哺育出'责任感'这样的东西。靠奖励和表扬并不能提升道德,反而可以催生出众多的伪君子",评价的实在是非常到位。

第四,因为表扬的另一面就是批评,可能表扬了一个,打击了一群。你表扬小红在课堂上表现很优秀,就是在批评班里其他学生表现不如她优秀。你表扬小李真勤快,就是在批评他人懒惰。如果你一个一个表扬,就更是荒唐之极。表扬作为激励,促使学生正面积极的行为。而事实上经常是事与愿违。布洛费在1981年的研究就指出,在课堂上试图用表扬作为系统的强化剂是不实际的。班里学生太多,不能老用表扬。而且有些表扬,并不是老师本意要做的,而是被学生故意诱发的。

第五,不是每个人都对表扬那么在乎。这还取决于一个人的价值倾向和性格,学生随着年龄增大,这种倾向越来越大。不是每个学生都喜欢去取悦老师。

第六,不得不说的就是表扬和学习成绩的关系。埃斯特尔1983年的研究发现,表扬和学习成绩并不总是相关,即使是相关,也极其微弱。这对我们的老师秉持表扬教育能提高学习成绩的愿望是一个提醒。

其实有效的表扬是鼓励,就是对孩子做一件事情的鼓励,不要带有判断的意思。学习本身是人的一种本能。学生学习本来是一件自然的事情,就像小鸡跟着老母鸡学习找虫子吃是一样的。只是不适当的教育把这种学习的本能给消减抹杀了。而泛滥的表扬教育就是一个帮凶。

大人不了解孩子的心性,硬把自己"应该怎么样"的判断,强加给孩子,为了达到目的,不惜向孩子"行贿"。行贿给孩子的"是甜言蜜语和糖果蛋糕,当然物质奖励正与时俱进。这些外部的诱惑干扰了个体精神世界的自主、自立、自决和自娱"。在习惯了"提高学生的积极性"的教育背景下,我愿意以郑先生的一段非常值得我们深思的话作结:

最重要的,奖励和表扬扼杀兴趣,而兴趣在学习中是至关重要的。兴趣是高度主观的,是不讲道理的。多数人天然地会对某些事物感兴趣,因此其实不必操心同学们对一切建立不起兴趣。如是,一定是外界的强干扰所致。所以沃洛德考夫斯基说:"我从来不说'调动孩子的积极性',那将会剥夺他们自己的选择。"孩子有产生某种兴趣的先天基因,后天的良好环境是:

一、他能接触到多种事物——这几乎是师长们唯一能够给以帮助的事情。二、他不要太过忙碌,那样就不可能遭遇他可能感兴趣的东西——而恰恰是师长们通过种种奖惩导致学生们没有空闲,针插不进。如此,兴趣从何滋生呢?说到根本,做好活要凭兴趣。有人说,还有靠努力。没有人说不对。但是有两种截然不同的努力,受兴趣驱使的努力和被迫的努力。两者天壤之别。正如科恩所说:"我们需要提出疑问:哪一项乏味的工作是不可或缺的,为什么?"有一两项必做的乏味事项就很可以了,如果多数学生被多项不可或缺的乏味学业包围,难道不是极其可疑的社会安排吗?是有些课程的安排和要求不妥,还是我们在施教过程中过重的奖惩导致了过重的劳动,进而造成了乏味——是个值得深入探究的问题。教育的本意之一是开发学生的兴趣,今天中国教育的效果是大面积地灭绝学生的兴趣。

■ 明尼苏达札记

家教随感

(2009 年 11 月)

我大学的时候,做过一段时间家教,教过六个学生,都是初中生。他们有的来自商人家庭,有的是官僚家庭,也有一般市民家庭。六个学生中,一个女生,五个男生。事隔多年,他们也该大学毕业后成家立业了。作为学习教育专业多年、从事过教育、如今依然在校园内工作的我,就常常会想起他们几个。虽然只是短暂的接触,但是我觉得,有些感想也许对一些家长有益,所以写下来,供大家参考。

独生子女,孤独无趣

我如果没有记错的话,六个学生中五个是独生子女。他们的孤独感很明显地能感觉出来。他们有着自己感兴趣的东西,但需要伙伴。比如,一个很聪慧的学生,爱好下棋,水平较高,我都要跟他学才行。一提起下棋,他来神了。下棋需要对手。爸爸上班,妈妈老催着自己学习,又没有玩伴。太枯燥无聊了,压根就学习不下去。他的主科并不错,他的智商绝对够用,就是对学习副科提不起兴趣。

有时候,我觉得家教,与其说那两个小时能教学生多少东西,不如说,是让孩子避免孤独。他们的家长似乎都很忙,有个学生,家长往往都是照一下面就走了,我给学生辅导课,直到结束,他们也没有回来。现代社会的匆匆步伐让家长和孩子在一起的时间少得太多了。加上独生子女,孩子怎么能够不孤独寂寞?加上同学伙伴居住不在一个小区,往往距离挺远,结伴玩也不方便。让我想起我的童年,乡村里的玩伴有多少,真叫黄金般的童年。

教师的不稳定,师生关系难以深入

因为大学生作为家庭教师,往往都是临时的,而且有些学生家长也就是在快要考试的时候才临时抱佛脚,给学生找个家教老师。这样的结果就是,双方的关系还没有磨合好,家教关系即终止了。如果师生双方没有一定的时间了解对方,对于老师,则无法有的放矢来给学生因材施教和对症下药,即使这个老师是个负责任的老师;对于学生来说,很难在短时期内形成对老师的信任,把自己真正的症结暴露出来。我教的学生最长的一个也就是一个学期,看起来时间够长的了,但是只是每周六晚上两个小时,就像一壶水,刚烧温,就停了火,下次再烧,这样重复着。因此,除非学生真正地知道自己该怎样让老师解决自己的疑问,知道自己的疑问在哪里,短时间内的家教效果不会怎么见效,只是他们家长心理上得到安慰而已。

成熟太早,似乎"看透世事"

有两个学生,虽然他们在其他方面很不同,但是,在对世事的洞察上都太过"成熟",以至于比较消极。中学生的年代,还不是"却道天凉好个秋"的时候,应该是对许多事情有着强烈的好奇心、活泼奔放、有股初生牛犊的气派。可是我这两个学生,一个最喜欢"游戏人生"(郑智化的歌),一个给我分析社会让我都震惊。我觉得,前一个学生,大概因为父母的生存拼搏比较辛苦,他又那么孤单,也许比较内向的他默默地观察这个社会让他觉得比较消极。我必须承认,他是一个好孩子,从我和他接触的时间看,他比较听话,很懂礼貌。另一个学生出身大概是个商人,而且生意还做得不小,从我出入其家就能感觉出来。他也是一个很好的孩子,但世事洞明地让我无言以对。他告诉我,一旦日后离开家乡,永远再也不会来。这就是他生长多年的故乡给他的印象。

这些孩子看透世事,肯定和家庭有关。但是,"看透世事"对这些孩子来说,应该还是很幼稚的,实际上不到达一定的年龄,怎么可能就那么容易

"洞明世事"。他们通常不愿意和家长沟通,所以,自己以为什么都懂了。家长和老师如果能够从另一个侧面来讲积极的一面,及时纠正成熟太早的消极影响,也许会好一些。可是作为一个家庭教师,那么短暂的时间,对于多年形成的印象,影响所及,微乎其微。

家教是否必要

最后一个,就是这些学生的家教是否必要。我当时也在思考这个问题。但是,我无法解答,现在也不能解答。我的感觉,除了"陪读"或者叫"陪玩"之外,家教效果很小,而且把孩子的休息时间给剥夺了。周末,或者平时的晚上,小孩子本来劳累了一天或者一周,一张一弛,应该休息了。上帝安排休息日是有道理的。家教,如果是孩子自己的真正要求,能够把一天或者一周累积的疑问解决了的话,家教当然会很有效;如果是家长为了自己的安慰,或者强迫孩子周末学习,那么,家教就不是必要的了。给这些孩子自己的时间,发展一些业余兴趣,头脑获得休息,学习效率自己提高了,岂不更好?

一年又一年,文化宫前的家教市场依然红火。我没有调查过受过家教的学生自己的看法,这也是一个很好的社会学题目。家教市场上的老师,自然希望更多的学生来雇用他们,这是市场规律,需求高了,价格会上扬。我有时候会问自己,我如果不能让自己的学生有所进步,物有所值,那么,我怎么能收劳务费呢?我想,其他的大学生"老师们"也会持同样的想法吧,不仅仅是为了那些按小时收取的劳务费。可是,怎么样可以促进家教的效果,弥补学校教育的不足,这些老师们应该思考。而且,据说,有些学校的老师,为了挣"家教"外快,不惜上课不讲够,让学生课外来请他们。如果这样,这个市场可真变成了"万恶的金钱主义"了。家教的短时性和片面性,永远代替不了学校教育。但愿那些老师们不会变成社会上所说的"眼镜蛇"。

城乡·高考·配额制

(发表于《社会学家茶座》2010年第3期)

社会上关于平等和公平的争论似乎是和人类历史一样漫长。中国长期城乡隔离的户口政策导致的城乡不平等,尤其引起了人们对这一不平等导致的高考中的"教育公平"和"机会平等"问题的讨论。前不久,友人田方萌发来他刚刚完成的一篇有关这一问题的讨论的大作《农村考生该受配额制保护吗?》。读后有些想法,写出来供大家参考,并兼与方萌商榷。

田文是为了驳斥薛涌先生在《北大批判》中的一篇文章《中国大学的弱智化》而写的。薛文根据所谓的"钟形曲线"理论,认为各地人们(考生)的智商的分布是均匀的,而在大学里(应该是指北大、清华这类的重点大学?)农村考上来的学生比例太低,这样就使大量的高智商的农村孩子没有进入这样的好大学,而城市里智商比他们低的同龄人却进入了这类好大学,从而提出中国大学弱智化了。对薛文的这一推论,田文的驳斥很有力。对农村考生是否该受配额制的保护这一问题,田文分析推理的结果,答案是否定的。我同意这一结论,但是不同意给出的一些原因,也不同意田文中一些对配额制的观点。

我们先来看,为什么需要配额制,或者说,为什么配额制有如此的生命力?存在的合法性基础是什么?田文集中在"政治原因"。正像田文所说,"自从中国采取科举选士,配额制也随之产生;今天,世界上有多个国家实行高等教育的配额制。如此广大的时空内存在的一项制度,自有其强大的生命力。"然后田文以中国的科举制和美国的平权法案来说明,实施这项制度的真正缘由都是出于政治原因。比如朱元璋建立大明之初,在科场上多为南方人胜出,为了巩固北方的政权基础,采取了南、北、中三大区域,分卷取士。而美国的平权法案是因为族群政治和女权主义的兴起,也是政治原因。从而"团体政治"就是配额制之所以被采用的缘由。形不成团体政治的人群则没有资格享有这一个权利。用田的话说,就是"很多人以为配额制保护弱者,其实是重大的误解。这里,我们必须将作为个体的'弱者'和作为'弱势群体'的团体区分开来。……然而,一些群体对制度性保护的诉求却必须重视,这就是按某种界线组织起来的政治团体。在人口相对固定的古代中国,团体政治以地域为界线展开;在人口流动频繁的现代美国,团体政治则以族群为界线展开。套句老话:所有弱势群体都需要保护,但有些群体比另一些更需要。"而中国的农民构不成一个"政治团体",这就是农村的考生不应该受配额制保护的一大原因。

首先,我要指出,美国的"平权法案"并不是严格意义上的"配额制",至少不能等同于我国高考以省划分的配额制。艾森曼 2009 年在 *American Thinker* 上发表了一篇《什么时候平权法案是配额制》的文章,也表明平权法案并不能等同于配额制。我说的不同并不是指是以地域划分配额,还是以族群、性别以及残障为配额标准,而是指不能以这些为标准使得黑人、妇女和残障人士在入学、就业和升职中受到歧视。比如,当一个职位专门留给黑人的时候,不管白人多么优秀,招到的黑人多么不合格,都要把这个职位给黑人,那么这就是配额制。为了使那些弱势的群体能够出现一些模范角色,配额制发挥了作用。比如,给黑人留的入学指标、就业名额之类。如果没有这个配额制的保护,他们永远不可能获得这样的机会。在这种意义上,平权法案是配额制。这种为了消除歧视的平权法案被批评造成了"逆向歧视",比如白人学生比黑人优秀,但是因为肤色,平权法案把名额给了黑人。田文里认为,如果保护农村考生,就是对城市学生的歧视,也是属于"逆向歧视"。我们看看美国法院对这种歧视的解释。在最高法院判密西根法学院招生"逆向歧视"一案中,判定学院有权为了政府的利益而采用相应的招生手段。因为,学校为了实现多样化而考虑族群肤色,是可以的,并不是歧视。学者们的研究也显示,多样性对学习和民主的积极效果,以及对破除种族隔离的作用。

实际上,我国的高考配额制是从科举制时代的举额制继承下来的。这种制度从宋朝的解额制开始,经明朝的南北分卷取士,到清朝发展成定额取中制。在符合政府利益上和平权法案是一致的。都是为了政治的考虑和融合多民族的社会文化。但是,假如我们考虑到多样性的要素,我们就不能因为"农民构不成政治团体"而排除了农村考生受配额制的原因。可以说,理解底层农民的人,还真的需要从农民中间发掘。田文提到郑也夫先生积极反对配额制。根据我的阅读,郑并不是一概地反对配额制,虽然我不知道郑是否反对用配额制来保护农村考生,但是郑极为反对我国的配额制保护的不是弱势群体,而是强势群体,比如北京和上海的考生。这既不符合社会公平,也不符合多样化的高等教育生态和精英阶层的生态。如果按照田文的"政治团体"理论,既然农民构不成一个"政治团体",从而没有资格让农村考生受配额制的保护,那么对中国的三农问题研究也就没有意义了,因为他们不是政治团体,参与不到利益分配的团体制衡。这显然是不合逻辑的。

从上面所引的田文的解释里,还有弱者和弱势团体的划分。而且田文认为,"很多人以为配额制保护弱者,其实是重大的误解",实际上保护的是弱势群体中的强者。当然,"弱者"和"弱势团体"是两个不同的概念。首先弱者和强者是一对相对概念。在一种标准下是强者的,在另一个标准下也可能是弱者。弱势团体也是一个相对的概念。农民中的强者,可能比城市中的弱者好上许多倍。比如,如果以收入为标准,有些农民比有些市民的收入高很多。我们看美国奥巴马总统,你说他是强者还是弱者?因为其相对性,我们可以说配额制是保护弱势群体中的强者,但在群体层面上,他们还是弱者。这里就有一个根本的问题,强弱标准的划分问题。这是一个很困难的问题,郑也夫先生在《代价论》里专门一章讲"标准之缺憾"。"一切已有和现存的标准,不管人们怎样称赞其合理,其实大多是两难中的产物,远远未臻完善之境。"所以,我国的科举配额制从宋朝开始的时候就引发了激烈地争论,是"凭才取人",还是"逐路取人"。到现在依然是争论不休,是全国统一分数线,还是以省区配额制划不同的分数线。根据李立峰的《科举配额制演化的历史考察》①一文,"就理念层面而言,公平分配政治利益和有效控制地方社会的政治理念一直贯穿于配额制度的演化之中,无论是两宋时期,还是明清两代,科举人才都是在地区均衡分配的大原则下产生的。"从这个意义上说,高考的按省区域配额是有其内在合理性的。这不仅是一种政治利益的后果,我认为还是一种简化复杂逻辑的结果。因为标准确立的困难,而区域本身是标准之一,本身又是政治的,所以二者合一奠定了其存在的合理性。不然,就会像田文所说的,左撇子也要保护,同性恋也要保护,平原里的农村要保护,山沟里的城镇也要保护,你要保护、我也要保护的局面,标准无数则群体无数。如果区域可以为配额制的标准的话,城乡也可以作为标准。计划经济时代城乡的待遇差别不是很明显吗?实施得也很到位。也正因此,才有今天依然很大的城乡差别。但是,如果要按城乡划分的话,比按照省区划分的配额制复杂,它和计划经济时代情况一样,必然还会有地区差别。

那么,在以省区为标准的配额制再附加上城乡标准可以吗?当然可以,除了复杂些外,也还是可以操作的。但是,在另一种意义上,这种附加标准的成本和收益的比较会让我不同意"农村考生受配额制保护"。原因在于:第一,"政策和对策"会造成这一配额实际上不能够真正地落实到农村考生。我们知道,因为区域配额的问题,高考移民成为了一个大问题。如果,我们配额到乡村,那么,教育质量高的城市的考生就可能"移民"到农村,而且"移民"到农村,可比移民到城市容易得多了。第二,我不认为反向歧视是一个很重要的原因,虽然它也可以是一个原因。但是我认为,人才选拔上游戏规则的平等是第一要义。在没有办法的按省区配额制之外,我们不应该再设立城乡之间的配额。这个时候,就要坚持高考的游戏规则的平等,分数面前人人平等。

---

① 李立峰:《科举配额制演化的历史考察》,《中国地质大学学报》(社会科学版)2008,(1):93—97页。

在对平等的看法上,我比较同意郑也夫先生的观点。起点平等做不到,终点平等无效率,因为起点的不平等,机会平等不可能,我们能做到的就是游戏规则的平等。田文说,"拿同一张试卷测试全国考生,高考顶多能做到机会平等,起点平等则从来没有做到过。问题在于,保护农村考生的配额制能否使大学录取制度更加公平?配额制显然不会改变起点不平等,我们只能希望它改善终点平等。"我们可以把田文的机会平等理解为高考面前游戏规则的平等。田文说,"配额制的要义并不在于消除个体不平等——个体之间的不平等总是存在的,而在于让有实力的政治团体平等地享有不平等。基于政治考虑的配额制具有重大意义。"从我们对平等的分类看,配额制确实不是为着消除个体不平等的,但是从长期效果看,它的后果却利于消除个体不平等。比如,举个极端的例子,某地区,因为经济文化教育等的落后,如果按照全国线,统一录取,每年都不会有考生考上大学,优秀的人才也不会向这里流动,而别的地方人力资源越来越好,那么,这里的人们和其他地方的差距只能是越来越大,拿这个地区的平均个人与另一个发达地区的平均个人比较,差距也是越来越大。如果有了配额制,有了大学生,对这里的人们的观念、人力资本、经济的影响都会减小与其他区域的差别,改善这里考生的起点。有人会说,这些大学生不会回到他们落后的家乡。我认为即使这些配额制保护的大学生移民到了其他地方,依然会对本地区有很大的积极意义。比如学者们研究的南北半球的经济不平等,南半球的人才移民到北半球,虽然人力资本跑到了北半球,但他们为家乡寄的钱,引进传播的技术和文化等,都为减小南北差距做贡献。

中国的高考配额制是一种地区不平衡和游戏规则的平等的追求的一种权衡结果。也可以说是避免极端的中庸之道。取消按省区的配额制,完全地给予游戏规则的平等,按照"全国一个分数线"的"以才取人",是一个极端;而细分许多群体的配额制将是另一个极端。所以基于以上两个原因,我同意田文的结论:不能以城乡划分,农村考生不能受配额制保护。

但是,除了以上已经提出商榷的原因外,对田文给出的其他原因我还要提出个人的看法。第一个就是田文认为,农民的身份不是恒定的。就个体层面而言,我同意,比如我个人,现在就不是农民了,而我的父母都是农民。但是田文拿城乡差别和黑人白人比较则不是一个好的比较。黑人变不成白人,即使杰克逊整容皮肤变成了白色,证件文书上依然是黑人。黑人变不成白人,但农村人可以变成城市人。尤其是在城市化的浪潮中,现在的城里人祖上三代查查,多少是来自农村的?但是,从我个人身边的人来看,这个身份变化的速率太小了,过去的30年间总数大约不到5%。第二个就是,"农村和城市的文化差别并不显著。这里文化差别并不是指教育资源,而是指语言、习惯、口味等特定的文化修养"。我没有参加过"普通高考",但是也有所了解,而且我也参加了保送生参加的"高考"。那次高考我记住了坐公交车要"先下后上"。为什么?因为考数学的时候,一道关于小学数学教材教法的题目,多项选择题,其中一个选项是错误的,因为它大意说一个公交车上原来有4名乘客,上来了3个人,下去了5个人,上面还有2个人。对吗?我说对。数学算法不错。其中隐含的是"先下后上",对小学生要坚持教育这个原则。我去考试之前,从来没有见过公交车,更没有坐过,就没有想到这一层教育。其实不少内容要深究的话,尤其是阅读理解和作文,好多自己压根儿就没有背景知识。还比如高考对汉字发音的考察,农村人和教师的普通话不好,好多字都发错了音。还有城市考生普通话的熟练使用与农村考生方言的"避开"。我有时候就不知道家乡的一些话和成语该如何用文字表达。所以我只能把它们剔除掉,然后运用普通话的陈述。田文强调没有显著差别。这个程度当然也就不好把握了。

公正和平等如果不是个大难题,人类早就解决了。正因为它的困难度大,所以才有这么多争论、呼声和不断地追求。是否该用配额制来保护农村考生?虽然有诸多的原因,我们可以回答"是",而社会的现实和理论的逻辑都不许可回答"是",而是"否"!虽然孔夫子几千年前就提出了"有教无类",我不知道,交不起束脩的学生,孔夫子是否还会收为门徒,也不知道交不起束脩的是否还会跟着夫子"一心向学"。颜回是这样的吗?我们的理想是"有教无类",正是这理想推动我们改革现实。如果要想更好地解决这种高考中的公平问题的话,加大对农村和落后地区基础教育的投资,当是其中比较好的办法。这不仅是为高考的公平,更是为了普遍地提高整个社会的人力资本水平和降低个人间的不平等。

■ 明尼苏达札记

民工潮流中的乡村教育

(2005年5月)

大规模的人口流动带来了整个社会的变化,不管是城市还是乡村。民工潮冲击了整个社会的结构,不得不进行相应的调整,尤其是乡村家庭的结构变化更大。民工潮流给乡村教育既带来了新鲜空气和营养,也造成了一定的麻烦。

第一个很明显的影响是,民工大潮卷走了许多正处在义务教育年龄的农民子弟。这些孩子离开了学堂,来到了陌生的异乡,走上了不合法的但可以讨个生活的童工之路。他们就成了"打工仔"或者"打工妹"。造成了大量的失学儿童问题。为什么他们不接受完义务教育毕了业再出去谋出路呢?原因主要是乡村教育质量低,他们的家长认为"学而优"则上大学,既然质量低,上学无法达到"优",上不了大学,白缴了学费,饭碗还得靠自己到社会上打拼,上不了大学再成个书呆子,不如早辍学,早挣钱。而且现在,考上大学了学费也过于高昂,就算上了大学,也没有以前的"铁饭碗"了。他们的父母权衡一下利弊,觉得自己很聪明。这种看似理性务实,实则近视得紧的想法在民工潮下的乡村大有市场。小学毕业的小女孩就随着民工大军去到广东的玩具厂、江浙的纺纱厂里没天没夜地做起工来。在孩子一方看,他们也乐得终于从枯燥的学堂里解放出来了,可以出来看外面精彩的世界了。这样造就了大面积的低廉劳动力,但却降低了整个国民的整体素质。

第二个大影响是农民工家庭结构的不完整造成了家庭教育的缺乏。不少家庭要么丈夫南下,要么妻子北上,或者像当年的杨宗保和穆桂英一样夫妻一起出征。这样,他们的子女要么经年累月见不到父亲、母亲,或者跟着爷爷奶奶,或者寄居外公外婆家里,有时候父母打个电话,交流几句,"好好学习啦"、"听话啦"之类的话安排几句,没什么大用。爷爷奶奶要么溺爱孩子,要么年迈无力管教。即使夫妻有一个留守家里,常年缺乏母爱或者父爱,对孩子的发展都不利。这些就是留在乡村的农民工子女的教育受到冲击的地方。乡村的教育,因为乡土社会和城市不一样,很少开家长会。往往是小孩在学校出了什么问题惹了什么麻烦才会通知家长去学校。原来是假定家长尽了家庭教育的职责的。现在情况不同了,有些学生没有父母在身边管教,容易惹是生非。教育本身就包含着家庭教育、社会教育和学校教育,失去了家庭教育,学校教育就增加了负担,被拉了后腿。

再者,大潮卷带的金子也裹有腐泥。民工潮确实也给乡村教育带来了不少好处。比如,打工挣了钱可以让子女读得起书,回乡民工把在外面的见识带回了家乡,也带给了孩子;把先进的物质文明也带回了家乡,带给了孩子。比如,玩具、录像机、VCD机、电脑等。手头有了钱手机也广为普及了。这些都是民工回潮时候带回的好东西。但是,电子游戏机也带来了,不少学生沉迷于电子游戏。一旦迷上了这些东西,就把学习置之脑后了。别说在学校老师再三教育,不要玩游戏机,就是父母大人发话了,能问得了?城里的小孩子领时代风潮,乡下孩子也在玩的方面不甘落后。

民工潮使得在家长对孩子的期望方面也有了变化。比如,以前村民普遍认为,孩子能认识几个字,出远门了能给家里写个信,会简单的算术就可以了。上大学似乎是人家的事情,太远大了。而外出打工见了世面的人家看到了城市里文明人们的生活方式,就想让自己的孩子能够考上大学,以后成个城市人,不再像自己一样是个文化水平低的盲流。这是有识之民工对自己子女的期望值升高了,从而努力工作,对孩子关心较多。他们一有机会就把孩子送到县城里或者打工所在城市里,找个教学条件比较自己家乡好些的学校,让子女入学。这是极少数一部分有能力这么做。这样做的结果就是一些农村出来的孩子,一下子沐浴在了城市文明里。对他们而言,一方面和家乡伙伴比较,见过世面,很是骄傲。农村教育音乐体育美术等方面都是打个幌子,他们在城里学了吹拉弹唱描描画画,自然很有了学问。另一方面,他们和真正的城里孩子比较起来,又显得自卑。自己在乡村多年养成的卫生习惯,地方口音很重的普通话,从新来显得愚笨地学习音乐绘画,等等,尤其是城市孩子的父母有着体面的职位,自己一家人还是农村户口,就自然感觉低人一等了。一个农民工在城市里,通常不但在社会和经济上都处于极低的地位,在心理上也充分地被"自卑意识"所支配。他们想把自己的子女送入城市,自己成为一个垫脚石。因此,这些城市里的农民工子弟心理压力更大。

进城了的农民工,有些把他们的子女也带到城市里,接受教育。因为几千年"有教无类"的伟大传统在进城之后的打工子弟们面前就变成了"有类"。城市的公立学校不接受他们,或者即使接受也要收高价培养费。因此打工子弟学校出现了。城市里的农民工子弟学校的合法性问题、师资问题、教学质量问题等,人们也或多或少地注意到了。

这是个改革开放的时代,社会结构和人们的心理都在调整和适应时代的需要,与时俱进。民工潮流里乡村教育受到冲击在所难免。重要的是,我们要及早充分地认识可能带来的不利情况及时注意纠正,发扬其中优势的成分。乡村,农民工,都是整个国民不可忽视的重量级部分。这里谨提请政策制定者、社会工作者、乡村教育工作者和老师们,尤其农民工自己要注意到这些变化和问题。

学社会学从身边生活开始

(2007 年 7 月)

一位朋友在美国教社会学导论课。他给学生布置了一个很有意思的作业——每个学生在这个学期里,要运用社会学的想象力写篇自传,占这门课 100 分的 35 分。

在课程提纲里,关于这个作业的要求部分如下:

本学期的课程作业要求你们从社会学视角分析你们自己的生活。学期开始阶段,阅读《白种佬》①,一本纽约大学社会学教授达尔顿·考利的回忆录。在这本书里,考利分析了自己的生活经历,并把那些生活经历放在一定时代的结构和文化的背景脉络之中。考利集中在分析种族和阶级,作为左右他童年生活的两个强大力量,并最终影响了他的人生。在你们的自传中,我要求你们使用社会学的透镜分析自己的生活。我将要求你们把自己的经验放在更大的社会环境里,注意个人的人生和社会历史交叉联系的方式。在这个作业里,你们要集中在几个主题,并运用我们课堂上讨论的一些概念。这个作业要分成三个可操作的部分。具体的要求会再发给你们,这里是一个简短的概述。第一个小作业要求你们介绍自己的生活经历,讨论你们在大社会里的社会位置,以及讨论那些对形成今天的你们有重要影响的社会化经历。第二个小作业是,要求你们用阶级和性别的视角来分析自己的生活经历。最后一个,要求你们把前两个作业放在一起,结合老师对

---

① Dalton Conley. 2000. *Honky*. University of California Press.

前两个作业的反馈意见,整合成一篇内在连贯的文章,并且增加一个课程里的主题来解释你们的生活。你们在期末要把所有的作业,包括以前批改的,都交上来,作为文章的终稿,所以,请注意要把它们放好了!

当然,文章不能太长,十几页即可,不超过二十页。不然,学生负担过大,老师批改作业也忙不过来。在这么短小的文章里,关键是选取素材,然后用社会学的理论,比如阶层、流动、性别以及种族等,材料和理论融合在一起。我曾聊天时问这位朋友,他怎么会想到这么一个好主意呢?他说,他也是在给系里的一个教授当助教的时候学来的。是不是那个教授发明的,没有考证,对我们也无关紧要。那个教授从期末学生的反馈意见里面发现,学生很赞成这个写自传的作业方式。我说,这个方法要介绍到国内,让社会学老师教这类课程的时候采用这种作业方法。他说这个方法,北大袁方老先生曾经用过,学期一开始上课就让学生写自传。然后补充了一句,可是老先生从来不看。学友在课上给学生展示了自己的人生是如何与社会历史联系在一起的。他举出两个方面:一个是城市的独生子女政策实施如果早上几年,就没有他了,他在家是弟弟;二是他出生在省会城市,是城市人,有良好的教育条件。他还告诉我,在上次教这门导论课的时候,就是拿考利的回忆录作为范本,不少学生写的作业就非常出色。比如有的学生家庭背景很好,在打高尔夫球的时候认识的人就成了工作和求职时候的便利。而这些是因为他有个好爸爸。这个学生就反思了社会的阶级背景和网络关系对人的生命历程的影响,这是格兰诺维特开创的社会网络和职业关系的一个社会学经典领域。还有的学生反思了自己在中学生时期的另类生活受到的文化和群体的压力等。这类文章都是很好的社会学作品。通过身边的日程生活,打通了抽象的社会学和具体的个人生活的关系。社会学家米尔斯提出的社会学的想象力,也就是"使我们抓住历史和个人生活经历以及二者在社会中的关系的能力。这也是其任务和使命"。

其实从日常生活里找学问,我国的社会学界的智者早就告诉我们了,前辈里的费孝通,一再告诉社会学人先从身边日常生活里找社会学,而他本人也是在身体力行的。读过他著作的人都会有这种感受。而且费先生本人就有一个很智慧的见解,即文章里有"我"才可爱。费孝通在一篇叫做《〈史记〉的书生私见》的文章里称赞《史记》有趣时,就是因为"里边有'我'"。顺便插一句,关于文学写作的。林语堂在《写作的艺术》一文就说,"古来文学有圣贤而无我,故死,性灵文学有我而无圣贤,故生。怕在文章中用'吾'字者,必不能成为好作家。"当今社会学界里,郑也夫是持从日常生活中找学问这个见解的代表。去年他在深圳的演讲里就有精彩的论述。讲稿《博览与勤思:治学之道》发表在《博览群书》2006年第一期。为了更详细地展示这一见解,我愿意较长篇幅地引述其中的相关内容如下:

> 我们的使命就是解释这个世界,那么我们怎么发育出解释世界的能力,也就是说我们怎么学会思考。我说要从解释你身边的生活开始,要从日常生活中去学习思考,要学会解释你日常生活中的很多问题、疑团。你要对你周边的日常生活有好奇心,要问为什么。可能你跟你的很多同龄人不一样,你除了活着以外还会经常好奇和提问:哎,这是怎么回事?我们周围生活的方方面面可以刺激我们的好奇心,可以诱发我们去思考、去解释。比如家里的状况,你来到世界上的最先目睹、最先感受的小环境;比如你亲属的谋生之道,他们靠什么活着;他们怎么有的人下岗了;他们之间是有差别的,在职业上,在社会地位上。在你记忆中你的家庭消费在这二十年来的变化,这种变化怎么样发生的,和大社会有什么样的关系。如果你生活在农村,故事会更多。因为一个村落中已经发生了极大的分化,在农村会目睹形形色色的生存方式。在城市互相关起门来,互相了解很少,在农村因为有很大的透明度,你从小就会接触到很多的纠纷,你会看到分家,看到村庄政治,看到要选举了,村里人在争夺权力,这是城市里的少年绝对看不到的,你不想看都会不知不觉地听到看到。现在你来到学校了,周围的日常生活仍然有望成为你的思考对象。我相信日常生活中有很多东西非常耐人寻味,非常有琢磨头,不是像每个人张嘴就说出的那样。

社会上自欺欺人的事比比皆是，这才是真实的生活。我说要从日常生活去学会思考、学会思想、学会解释。因为日后你要去解释社会，去解释世界，首先要从解释周边开始培养这个能力。如果你解释周边的能力远远逊色于你的同龄人，日后你要去解释社会、解释世界，见鬼吧，你不可能解释好。现在有很多学者的研究工作和生活是脱离的、割裂的、不相干的，这很遗憾。那些大思想家们的思考、研究与他们的生活、经历是融于一体的。他们的研究、他们的思想是他们生存的核心，也就是说，那不是一个谋生的差事，那是另一种境界的东西。对他来说，那是跟他的生存完全一体的，甚至于是他生存的核心。我觉得这是一种很像天职一样的东西，他会利用一切机会，当然包括他日常生活，去发现信息，去提出问题，将生活和学术融为一体。他的很多基础感受依赖于生活给他的刺激。

这些话很精彩地表达了日常生活与社会学想象力培养的关系，与思考的关系，与学术的关系。把观察思考自己身边的生活作为学社会学的起步，培养社会学的想象力，确实是一个好方法，也是发掘一个人学术生命的源泉。我建议，至少教社会学基础课的老师，不妨让学生写篇自传作为作业；而社会学的初学者，不妨主动运用社会学的想象力写篇自传，作为学术学步的锻炼。

社会学家的两副笔墨

(发表于《社会学家茶座》2008年第1期)

初闻美国社会学教授埃里克·奥林·赖特(Wright, E.O.)的大名,还是在北京读研究生的时候,因为与朋友一起翻译了一本赖特教授集数十年之功的,关于阶级研究的精彩著作《后工业社会中的阶级》。这本书作为《剑桥集萃》丛书之一,2004年由辽宁教育出版社出版。最近明尼苏达大学高级研究所邀请赖特教授作一个关于真实乌托邦(Envisioning Real Utopians)的演讲,社会学系顺便邀请赖特教授与社会学系研究生作一次非正式的谈话。因此,笔者有缘会面这位当代新马克思主义的重要代表人物。

马克思在《关于费尔巴哈的提纲》中说:"哲学家们只是用不同的方式解释世界,而问题在于改变世界。"作为社会学家,一方面解释世界,另一方面也在改造世界,其中重要的方式之一,就是向社会发出自己的声音。写论文和写书既是职业社会学家们评职称的最重要依据,也是他们发出自己声音的最主要途径,既是向学术界,也是向社会汇报自己的研究成果。但是对于研究者,特别是即将以社会学研究为业的研究生,区分这两种表达研究成果的方式还是有益的,它可以告诉研究生学习的重点在哪里。这里对笔记作些整理,加上一点个人感想,以飨读者。

记得郑也夫先生谈过两种学术动力:经世济民和智力游戏,缺其中一个都很难支持一个学者持久的研究动力。赖特在谈话中,在讲述写论文和写书的区别之前也强调了大概同样的意思。一个学者,一方面有道德感和价值感,一方面还要有智力上的为学术而学术的兴趣。道德感促使学者去利用知识改变世界。对社会学家来说,解释社会的同时改造社会,就要以写论文和出书的方式向社会发出社会学家的声音。虽然专业学者们通常很强调自己的学科范围或者边界,而有些像沃勒斯坦这样的学者则是以社会问题为中心,作跨学科或者不讲哪门哪科的研究。赖特本人是喜欢以问题为中心作研究的。他当年选择社会学作为职业,也就是看中了社会学边界的模糊性和对激进视角最富有开放性的优点。他同时也强调,保持学科的边界还是有必要的,可以以该学科的视角或者理论优势贡献给问题研究或者其他学科的发展。但是不管是学科的发展还是跨学科的交流,以及向社会发出社会学家的声音,论文和书籍都是最主要的沟通工具。但是,这二者是有重要区别的。认识这种区别,不仅对专业培训的学生有意义,对其他学者的学术生涯也可有所启迪。

赖特教授从以下诸方面区分了写论文与写书的不同。

读者对象(audience),也就是作品的读者是谁。论文的对象是社会学家,是写给同行的,所以要使用专业术语,并遵循写作规范。而书籍是为一般受过教育的大众(educated public)了解社会学家的研究成果而写的,要尽量容易为大众理解,避免行话和枯燥烦琐的推理论证。

最近几年,公共社会学发展很快,以美国社会学前会长麦克·布洛维(Michael Burawoy)教授等人为代表的社会学家,就极力提倡社会学家不仅要在自己的学科里做事,还要走出书斋参与到社会,把知识传递到社会大众,产生社会影响。在这方面,学者的成果为媒体报道或者引用,或者学者直接为媒体写普及文章,甚至走上广播电视,都是很好的公共社会学实现参与社会的途径。越来越多的社会学家们重视其公共社会的参与。有不少社会学系如果系里某位教授的成果被媒体报道或者引用,或者上了电视,都作为重要的光荣事情传达给师生,并贴到网站上。有的学者在求职简历上还不忘写上自己的研究为哪些媒体所报道之类的内容。明尼苏达社会学系最近几年每年都颁发一次公共社会学家奖,奖励一位在公共参与上成绩突出的社会学教授。

认知模式(cognitive modality)。论文是专业学科的认知模式;而写书则是知识分子式的,跨学科或者非学科的。对这一点,我不是很理解。但是,赖特举了这样一个例子:20世纪80年代,他在加州大学伯克利分校和威斯康星大学麦迪逊分校之间有一次两难选择,但是因为当时的伯克利培训学生重视写书,而威斯康星重视学术论文的写作,他最终选择了威斯康星大学。

培训逻辑(training logic),就是以什么样的方式培养研究生。以论文写作为方向的培训是师傅带徒弟的作坊式培训,老师做项目,学生跟着做,负责某个方面,在完成项目研究中一步步培训学徒。赖特在长达数十年的社会阶级研究项目中,就曾经同时有十几个研究生作为助理研究员。笔者和朋友翻译的《后工业社会中的阶级》就是主要取自"阶级分析比较研究项目"发表的论文,在论文修改的基础上而写成的。而写书就不同了,就是到图书馆和咖啡屋去找资料和有趣的东西。从后面的几点区分里,我们也会体会到为什么会有这样的区别。记得费孝通在回忆帕克教授在燕京大学给学生上第一节课时说,他是来教他们怎么样写书的。现在大学的社会学研究生培养过程,主要是以写论文而不是写书为培训重点。写学术论文比写书要求更高,这里写书当然不是论文集类的书籍。作坊式的师傅带徒弟模式,在社会学家柯林斯看来,可以激发学生的情感能量,感受到只通过阅读书本而难以得到的微妙的艺术气质。我们通常说的"百闻不如一见",大概也是这个意思。在研究生阶段,为教授做助理研究员是很重要的一个训练,或者与教授合作项目等,也是学习体会学术中每个环节的只可意会不可言传的东西的良机。通过导师的言传身教,学生得到了学术的真传。

发表的替代方式(publishing in alternative forms),就是发表有哪些方式。以写学术论文为取向的社会学家也出书,但是他们出的书是学术论文的集子,把已经发表的论文搜集到一起,作一些修改,方便读者阅读。而以写书为取向的社会学家则是从书里边抽出一些核心的东西(core idea)作为论文去发表。在职称评审包括终身教职评审中,通常都以高级学术杂志论文为主,但是不同的系还有不同的评价标准。赖特说,他参与评审中,就是把书和论文都算数,但是论文不能同时是从书里出来的。评选时数量固然常常被看重,但是质量更重要。有些最好的杂志上也会出现一些二流的论文。

对写书和写论文的区别,还可以作一个表演的比喻(performance metaphor)。写论文只是在屋子里谈话,而写书就像在大舞台上,向外面的人们发表演说。也就是写论文是给同行看的,而写书是面向行外人士或者说是社会大众的。我们常听到有些人抱怨有些专业杂志上的文章大家都看不懂了。实际上,我们要清楚这些杂志的阅读对象是谁。专业杂志是学术专业圈子里的人阅读的,但是要让大众明白,就要以另一种方式来表达。比如专业术语、复杂公式推导、统计分析等都要在把知识传递到社会大众的时候作一定的处理,以大众能懂的语言写出来。

主要审稿过程(primary review process),就是编辑部或者审稿人决定是否发表论文和出版书籍的过程。对论文的评审重在细节,并且是以挑刺为中心。赖特教授说,有些杂志首先由编辑部一些负责人先坐在一起,把大约1/3甚至2/3的稿子枪毙掉,给作者的理由就是"不适合本刊物"。有些则比较好,会给很有建设性的意见和建议。他本人的投稿从来没有直接被杂志接受过,要么被拒绝,要么修改后发表,甚至修改后也被枪毙。赖特教授最近有篇文章就被一家一流杂志以"描述太多"而拒绝。对书籍的审阅重点在趣味上,有趣味才能吸引编辑,并且是以找闪光点为中心,而不是以挑毛病为主。这样就带来了下面这个区分。

审稿过程有一些负面特征(negative feature of referee process)。对学术论文来说,同行评议决定一切,而出书则是由市场来裁决是否出版。论文要重点看是否写的是对的;而出书则看是否有趣味,不太看重是否正确,因为出版社要赚钱。但是,大学出版社出版学术书籍,因为既可以提升出版社的品位,也可以因为大学图书馆的购买使出版社有利可图,所以大量的学术书籍得以出版。

风格(style),即因为对象的不同,而写作方式也不一样。写论文是严肃的、纯净的,也是以中性的调子写作。而写书就不一样了,可以玩些文字游戏,搞一些幽默等,这样书籍才有趣,才有市场。写书可以添加一些无关紧要的水分。赖特说，他前些日子听一个找工作的社会学家在他系里演讲自己的研究，讲了半天，不着主题，给出了太多的论题，就是写书的架构，而不是写论文。

因为以上众多的差别，写论文和写书的缺陷（pitfalls）也不一样了。写论文容易造成 MPU（Minimal Publishable Unit），也就是做一个项目，尽可能多的发表论文，每个点都尽可能写出一篇单独的文章，可以凑出论文的数量。比如做一个影响收入的项目，可以以性别写一篇，可以以种族写，再以地域写，等等。这是很无聊的事情。我们也曾听说某某的论文变个题目就又发表一篇，凑数评职称。这就是写论文的一个重要缺陷。笔者也曾听说，能写一篇的绝不写两篇，以提高文章的分量。就写书而言，容易出现水分多，内容赘述，论题不集中等缺陷。

以上就是赖特教授对写书和写学术论文区别的论述。因为这种区分主要局限在美国学术制度之下的社会学家的学术行为，赖特教授没有区分学术专著和普及读物以及学术论文和普及性文章的区别，因此对我们来说，这种区分显得很粗糙。我们可以不完全同意他的看法，但是还是可以从中得到一定的启发。对未来要以社会学研究为业的在读研究生而言，以写论文为核心的培训是最重要的，这是专业社会学家的基础，也是为学界和推动学科发展作贡献的根基。区别出严肃的学术论文和面对大众的书籍，对我们而言，一方面为发展学科作贡献；另一方面，做公共社会学者，在向社会大众传达社会学知识，参与对世界的解释的同时，也可以从一定意义上改造世界。2004年，某媒体评选影响中国的五十名公共知识分子，其中就有三位社会学家。这是我们中国社会学界应该感到骄傲的事情。但是在公共社会学日益受到重视的时代，呼吁学者走出书斋，走向社会，服务社会的时代，社会学家们要在写好为同行交流发展学科知识的同时，也要完成把学术成果传递到社会的任务，甚至可以通过介入媒体，发出社会学家的声音——至少可以抵抗强势群体在思想观念上的通吃，保持观念生态的平衡。

■ 明尼苏达札记

叙事·理论·数理统计

——也与本科生谈论文与治学

（2008 年 5 月）

郑也夫老师教学生如何写论文和治学，讲稿集结成《与本科生谈：论文与治学》①，此书对在读本科生和研究生而言，可以说是学问入道的"武功秘笈"，甚至于对博士生和成年学者也会有很大的启发和帮助。反复阅读之后，我也想就其中部分，也就是围绕着叙事、理论和数理统计等内容，加上我个人求学中的学习观察思考和写论文的经验，以问答的形式写下来，供朋友们参考。

问：能谈谈你本科时候学习写论文的一些体验和看法吗？

答：我在河南师范大学念本科时，也听过老师们"如何写论文"的讲座。从写本科毕业论文到现在十年了，在这期间，我总结自己的经验，认为"把一个事情说透本身就是一篇很好的文章了，但是如果可以抽象出一般性命题或者概念，将是更好的论文"。对于本科生尤其是这样。其实，这句话就是写论文时对理论、叙事和数理统计的应用关系的基本概括。

在谈它们的关系之前，我想谈一点大学和研究生时候的一些学习体会。究竟什么样的才是论文？什么样的才是好论文？这是初学者不可回避的一个问题。我同样曾经也有过这样的迷茫。我本科的时候参加了系

---

① 郑也夫：《与本科生谈：论文与治学》，山东人民出版社 2008 年版。

级和校级举办的不少（论文）征文比赛，除了两篇没有获奖，其他都获奖了，一二等奖居多。毕业的时候，论文写的是关于教育分流与社会分层关系的。虽然指导老师给了优秀，但是回想起来，那个题目太大，而且是理论探讨，作为一名本科生，压根无法做好。到了研究生的时候，第一学年下学期，修了郑老师的"信任研究"。按照郑老师的上课风格，每个学生要在前五周想好自己的论文题目，在课堂上汇报，然后得到认可并提出一些建议和意见，学生开始做，搜集资料写作。

我当时就在想着一个事情，1998年土地承包政策要三十年不变，暑假里我耳闻目睹了围绕调整田地的风波，特别感兴趣。想写成小说，但是天生没有写小说的禀赋。正好借此机会，战战兢兢地汇报了这个题目，得到许可，但要求不要感情化，要做理性的分析。我就分成几个部分写了，有原来的调田游戏规则，初步的破坏，促使进一步破坏的新因素，形成的新规则，促使新规则形成的因素，以及由新规则形成引起的一些思考。快要完稿的时候，觉得自己写的这叫论文吗，很没有信心。曾经给郑老师说，越写越不想写了。郑老师说，交上来再说。写好后，按时交了上去。几天后，郑老师电话通知我和班上其他几个论文写得不错的，至少有修改价值的同学，一起到办公室。郑老师对我们的论文逐一进行评论。轮到我的论文，我没有想到的是，郑老师的评价是，论文从结构到分析，包括以小见大等都挺好，只有一个缺点，就是语言文字，要反复修改。

顺便说说，这也是十几年来，第一次有人给我提出这个缺点。那以前我从来没有意识到。到现在，在这方面依然是个头痛的问题。每每看到我的老师或者杂志编辑给我修改的稿子，我都觉得羞愧不已。所以大家一定注意锻炼自己的语言文字水平。

还回到那篇论文。经过我的多位朋友和同学反复逐句作文字修改，最后以《一个游戏规则的破坏与重建：A村村民调田风波案例分析》为题，发在2000年的《社会学研究》第2期，除了对参考文献格式编辑老师作了一些调整，题目和正文一字未动。这篇文章出来后，不少师友都说不错。后来发现几乎每年都有学者引用，而且还有外国学者。不久，我读到了费孝通先生的《江村经济》，发现我的文章的分析路径结构风格，与书中写蚕丝业变迁的一章很像，而这正是马林诺夫斯基认为写的最成功的一章。看到后我很高兴。我申请美国大学的时候，写作范例（writing sample）就是用的这篇论文，只是翻译成英文。当时把论文复印件给丁学良老师看了。丁老师评价挺好。我虽然知道丁老师一般不会随口说，或者碍于人情而说好听的，但是，还是不太肯定丁老师的评价是否可靠。后来，来到明尼苏达过了一年，暑假里，遇到了负责录取我的格拉斯科维斯教授，竟然一见面，同学刚一介绍我的名字，他就脱口而出我的论文是研究什么的，并且说是他录取了我（该教授录取我这一届之后去了亚利桑那，离开明大前是 DGS——Director of Graduate Students，为了学生的论文答辩，从亚利桑那回来，同学答辩后邀请我和该教授我们三个一起吃午饭）。我想这篇论文能让他记忆这么长时间，肯定印象不错。而且后来我知道，以我那么低的托福和 GRE 分数，申请到麦克阿瑟奖学金，这篇论文帮了不小的忙。

问：你的论文是叙事的？

答：这篇论文是叙事体。后边要谈什么是叙事。这里就是先给朋友们一个我个人经历的例子。如果没有郑老师指出论文挺好，我可能认为那篇文章啥都不是，因为那时候我自己就不知道什么是论文，什么是好论文。我想许多本科生包括研究生朋友，也和我当时一样。听说，有的学生的论文都被选入北大、清华、人大三校社会学优秀论文集了，还在问"这是论文吗？"因为没有一个大理论在那里，有的只是叙事，所以这个问题要弄清楚才好。

事情没有说明白，然后挂上一个大理论吓人的文风确实是害人不浅，它会让人养成"华而不实"，把追求形式当成了目的的坏毛病。如果把一个事情搞明白了，说清楚了，大概创新的东西就自然会呼之欲出了。而不必要人为地提升个"高调子"理论。大的创新需要机遇，可遇而不可求；而作为学生阶段的训练，搞明白一件事情而得到的小的创新就非常好了。社会科学不是数学，数学上很年轻就可以出大成果；社会科学领域，因为学科性质的不同，不到火候很难有大创新、大突破。智力因素虽然是重要条件之一,但绝对不是要求非要有超一流智商才能获得成绩。兴趣、意志力、正确的方法、机遇等都是成功的重要条件。做其他事情也一样,智力只是一个因素。评价曾国藩一般说是:中人之资,但成就了非凡的事业。从曾国藩用兵,看不出"奇招",也可以说是曾"中人之资"的注脚。

关于叙事体的论文,我认为朋友们可以很容易找到学习的范文,比如应星和晋军合作的论文《集体上访中的"问题化"过程——西南一个水电站的移民的故事》①就非常好。应星老师后来以这种叙事方式写了一篇非常出色的博士论文《大河移民上访的故事:从"讨个说法"到"摆平理顺"》。② 这足以证明,博士论文一样可以通过叙事体写出优秀作品。所以,本科生朋友就不要怕别人说自己写了叙事体的论文不是论文了。当然,应星在叙事和理论的处理上采用了巴赫金式的"复调"音乐的叙事方式,为了叙事的方便,把理论讨论和对话放在了注释里。我觉得,作为博士论文这种处理方式挺好。对于本科生而言,篇幅一般较小,叙事也不能太大,资料占有上很可能没有应星老师那样花费时间和有那样的搜集资料的好条件,加上读书也不太多,所以不太可能写出这么长的,理论对话那样多的文章。这不要紧,学习他的方法、风格和思维方式。尤其应星在"结语"部分这些交代,对叙述的是什么样的故事,为什么要用故事来讲,以及怎样讲故事的,对我们会很有启发。

说到这里,我想到了另外一本书,是美国杰出的汉学家孔飞力的《叫魂》。③ 这是一本历史书,在处理叙事和理论上也有自己的特点。推荐这些书不是让朋友们现在就像他们一样写书,而是可以从他们的叙述方式上学习写论文和治学的一些"只可意会,不可言传"的东西。当然,还有其他这类的书。

---

① 见《清华社会学评论》2000年特辑。
② 应星:《大河移民上访的故事:从"讨个说法"到"摆平理顺"》,生活·读书·新知三联书店2002年版。
③ 孔飞力:《叫魂:1768年中国妖术大恐慌》,上海三联书店1999年版。

问：那么什么是叙事？如何可以体现理论？

答：谈到叙事，还要说点为什么要谈叙事。回到郑老师的书，就是针对时下学生写论文的一种流行范式提出这个问题的。这个范式简单地说，就是先讲一个由社会调查到的故事，或者社会现象，然后，找一个理论来解释这个故事，或者现象。这样一个流行的范式，有它的进步意义，比如不是完全从书本出发，从概念到概念，而是到社会实际中去。用费孝通先生的话说，就是"从实求知"。这样一个流行的范式，也是慢慢地形成的，也是在实践理论联系实际。用意是好的，一方面，不要脱离社会实际，另一方面又有理论。但问题是，通常学生的调查故事和找来解释的理论是"油水不相融"，结合得牵强、生硬，也就是通常所说的"两张皮"的问题。深层地看，这个问题就是不自信，总认为现成的理论很对，我的调查要符合这个理论，不管帕森斯的功能论，还是布迪尔的社会资本理论，吉登斯的结构二重性理论，还是格兰诺维特的嵌入性理论，等等，总是把自己的调查削足适履地去"符合"那些现成的理论，成了那些理论的一个例证，或者"注脚"。也就是李猛老师说的"理论逻辑对实践逻辑的压制。"这样的话，就很难有自己的发现和创新，学术也难以进步。

怎么办呢？这就要谈到我们的"叙事"了。正如李猛在《迈向关系—事件的社会学分析：一个导论》[①]里所说，"事实上，叙事本身的张力能最大限度地克服理论逻辑对实践逻辑的压制"。

下面我们来谈什么是叙事。萨默斯和吉布森（1994）[②]提供了一个很好的定义：叙事是嵌入在时间和空间中的关系（相互联系的部分）的群集，由因果情节设置联系在一起。因此，叙事是构成性的。有事件才可以叙述，而叙述的是因果关系，所以，叙事就是描述和分析事件，或者说是事件丛的因果关系。实际上，一个事件的边界很难划清。可以说是大大小小的

---

① 参见《社会转型：北京大学青年学者的探索》，社会科学文献出版社 2002 年版。
② Somers, Margaret R. and Gibson, Gloria D.. 1994. Reclaiming the Epistemological 'Other': Narrative and the Social Constitution of Identity. [In:] Calhoun, C., ed. Social Theory and the Politics of Identity. Oxford, UK & Cambridge USA: Blackwell, pp. 37—99.

事件组合一起的事件丛。

问：你说的很好，但是你还没有回答叙事如何可以体现理论，显示我有理论水平，不是非学院派的实际调查人员写调查报告？

答：实际上我觉得，郑老师文章中说得很好，研究和论文是侍奉问题，而非理论，从问题出发，从而取舍理论，或者证伪某理论。这就说到理论综述。至少在开阔视野和尊重其他学者两个因素上，我们都无法绕开他人在你研究的问题上已经做出的研究成果。但是，一定要为自己的问题的研究服务，也就是为自己的研究可以做出哪些贡献定位，哪些人家已经做了，做得怎么样，自己还可以做些什么，不做无价值重复工作。其实从选题、文献综述、搜集资料、分析和写作的每一个步骤，都体现着作者的理论水平。

这里牵扯到一个"什么是理论"的问题。什么是理论，可能有不同的定义，确实不好回答。但是，我们一般地认为，理论就是一套解释事物和现象的逻辑命题，因果关系的表达。理论是用来解释事物和现象的，社会调查到的故事和现象，也需要解释。如果有一组概念，有前提假设，然后构成一组逻辑上一致的命题，可以对社会现象给出一种逻辑上一致的解释，那么这就够成一个理论。究竟是不是符合"实践的逻辑"，那就是对理论的解释力的检验了。理论可以帮助我们理解事物和现象，帮助我们思考，像地图一样引领我们认识事物和现象。虽然地图不是地理实物，但是它是实物的反映，我们也可以这样理解理论。理论的宏大与否，就像制作地图一样，看制作者的目的何在。用地图的比喻，我们可以说，我们分析事物的方式和路径，就是在理论"地图"指引下进行的，这不是可以体现理论水平吗？我们对事物和现象的因果关系的叙事不正是制作一张理论"地图"吗？

所以，说到这里，我觉得郑老师在"理论与叙事"一节里开头说的，"叙事和理论应该属于一个横轴上的两极"，这个判断有待商榷。两者应该是融为一体的，你中有我，我中有你。纯粹的叙事和理论在社会科学里，都是不可能的。理论必然要建立在对事件（丛）的叙事之上，不管是大事件，还是小事件，宏大叙事、局部叙事，还是地方叙事。举个例子，韦伯对资本主义的产生和理性化理论，就是现代社会转型宏大叙事的产物。作为一个本科生或者研究生,这样的宏大叙事,肯定把握不了。中型的,或者小些的叙事比较好把握。我的"游戏规则"论文,就是一个小叙事。它分析了一个村庄在复杂的社会变迁下,土地调整游戏规则的变迁。但是,它反映了大社会的诸多侧面。虽然我在文章里没有贴理论的标签,但是对社会变迁、博弈理论、权力理论等都有体现。而这一点也是现在回过头来看,才发现的。当时,写的时候是不自觉的。那时候,我正在读费孝通的《皇权与绅权》、科塞的《社会冲突的功能》、艾克斯罗德的《合作的进化》等书,在文章里都有体现。很明显,这个论文不是不含理论素养的非学院派调查人员的调查报告。

问:好,理论和叙事的关系以及如何在叙事体文章里体现理论,我们比较清楚了。那么,我们的论题里还有数理统计,它与叙事和理论是什么关系呢?

答:我想先谈一点常识和统计证明。在第三讲的"学术与日常生活"里,郑老师对统计在社会学学术研究中的应用的看法,我觉得有些有待商榷,比如"可惜很多统计是为常识作注脚"和"调查这样的实打实的工作,能帮助那些中等水准的人,给他们一个饭碗"。关于作注脚这个问题,我在刚来美国不久就发现了。第一学期在阅读国际管理课的一本书,关于企业从众行为的,是哈佛商学院的一名博士的博士论文,被评为哈佛商学院的年度最佳论文,由哈佛大学出版社出版。这本书就是用许多的统计资料来证明一个常识,即从众行为是有利的行为。用的具体材料是美国早期跨国公司在外国建分公司的事情。再一个例子就是,阿塞莫格鲁、约翰逊和罗宾逊在 2001 年的《美国经济评论》上发表的一篇经验研究的文章[①],分析了欧洲殖民者到达非洲时的白人死亡率是如何影响到他们对各国制度建设,从而影响到 100 多年后各国经济发展的。他们发现,不管是因为战争还是环境适应造成的白人死亡率,直接影响到他们对被殖民国的制度建

---

① Acemoglu, Daron, Simon Johnson, and James A. Robinson. 2001. The Colonial Origins of Comparative Development: An Empirical Investigation. *American Economic Review* 91(5): 1369—1401.

设。那些难以生存下来的地方,就建立了较差的制度,把资源和财富攫取走了事。而在适宜生存的地方就建立了权力制衡的现代国家制度,像美国和澳大利亚等国家。而这些制度的差异导致了当今后殖民地各国的经济发展水平的天壤之别。在一定意义上看,这也是常识,可是用了大约40页的文字和统计图表来论证分析。这就有个问题,这样的研究还有意义吗?我和同学曾经讨论过这个事,开始以为,他们的学术很无聊。后来慢慢发现,也不尽然,因为有些常识也需要检验,尤其在具体的条件背景下。

关于调查(按照郑老师说的上下文理看应该是指统计调查)可以提供饭碗一说,我个人认为,一定程度上是这样的。但是要想做出一个优秀的含统计分析的论文,并不简单。这类调查,以及做统计分析是一个很系统的需要有思想和逻辑的过程,整个研究过程:理论思想转化成立项,概念到命题,变量到假设,观察数据搜集,资料转换成数据,统计分析,得出关于社会学理论的结论。然后,再进一步沿着这个过程研究下去。

虽然这么说,我同意郑老师在演讲中讲的统计的用途和弊端。确实,统计分析有着很多的缺点和陷阱,越是用高级的统计,问题可能出得越多,结论越不可靠。因为从前提假设,到样本、数据分析和解释,都可能存在问题。我这几年里修统计学,还做了多次统计课的助教,从初级、中级到高级,对其中的问题有了基本的了解,有些问题极难克服。

统计出来的数字,必须经过智慧的头脑才能得出有意义的东西。伟大的作品必须是以思想取胜,而统计只是帮助发现或者精确化思想观点的工具。正如郑老师说的,"统计学能力必须放在思想能力的基础上,配合起来才会如虎添翼。"但是,现在数量化的研究,越来越多地脱离了思想的创建,而只是在数据分析上下功夫了。好像没有统计分析、没有回归就不是学术论文,就像我们的同学们,不加上一个大的理论文章就不像一个论文。也是一个不好的现象。

统计实际上也是小事件因果关系研究的策略,依然是事件的研究。它一方面可以帮助我们检验假设,另一方面,也可以帮助我们发现,不只是作为常识的注脚。可以通过汇总小事件来发现"总体"特征,但是,它确实可以帮助我们纠正表面的认识，发现深层的差异，从而使我们更好地去寻找解释机制。比如，记得谢宇老师举过这样一个例子。在美国南方某州，人们从黑人判死刑的比白人多而认为有种族歧视，而统计发现，白人和黑人罪犯判同样刑罚的人数并无统计学上的显著性差异。再加上一个变量，受害者是白人还是黑人，发现：如果受害者是白人，罪犯不管是白人还是黑人都要受到这样的判刑，但是如果受害者是黑人，就不是这样了。这里才发现种族歧视。怎么样解释呢？理论问题，统计学帮不了忙。比如，从权力结构（权力在白人手里）、经济基础（比如如果受害者是黑人，很可能因为穷而聘不了好律师）等可能的解释，这就需要社会学的想象力了。

问：谈到社会学的想象力，你是否可以谈一点个人日常生活和学术的关系？米尔斯的理论与他的个人生活密切相关。

答：个人与社会历史的关系，因为米尔斯提出社会学的想象力并推广开来而得到研究方法上的进展。个人生活经历带来思想的灵感。郑老师在这方面已经谈得很透彻了。和米尔斯一样，明大社会学系的尤瓦克姆教授就一直认为，最好的学术成果是和个人经历有关的。他给学生上写论文的课的时候，就是选择一些社会学家的传记文章和相关的学术著作作为学习的材料，然后让学生体会生活经历和选题的关系，确定自己的选题。还有个老师教社会学导论课，我给她做过助教，就是一个学期写一个大作业，分成三个阶段完成，也是利用米尔斯的社会学想象力从个人经历选题。学生对这样的教学和作业方式非常喜欢。

我曾经就此写过一篇小文章《学社会学从身边生活开始》，就谈的这个问题。本科生研究生不妨也写一篇这样的论文，锻炼自己的社会学想象力。个人经历必须利用社会学的想象力提升问题的高度。

问：我们已经谈了很多有关写论文的事情，最后，你是否可以谈一点什么是好论文？

答：重申一下，我确实认为，把一个事情说透本身就是很好一篇文章了，但是如果可以抽象出一般性命题或者概念，将是更好的论文。叙事本身已经包含了理论素养,但是如果能得到一般性概括则更好。赢家通吃的社会就是这方面的一个例子,从一个生活中的个案提炼出来这个概念和理论,也可以说是叙事和理论的结合。像默顿从人们到银行提款的例子提炼出自我实现预言这样的一般性抽象概括,并且能够揭示其中的运行机制和逻辑,当是高水平的论文。默顿观察的现象是有人认为某家银行不行了,于是去提款,别人得到这个"消息或谣言"并且看到有人去提款,也参加到了队伍,人越来越多,于是假的也变成真的了,银行便真的出问题了。这就是默顿归纳出的自我实现预言现象。诺贝尔经济学奖谢林教授对这类理论和现象有总结。提出一个好的概念和提出一个好的问题一样有价值。你提出来了,但是还没有能力具体化,其他人会做的,如果这个概念有潜力。格兰诺维特的"嵌入性"概念就是波兰尼首先提出来的,而于数十年后,由于格兰诺维特的具体化工作而闻名。

在初学阶段,作为本科生或者研究生,开始有一段"写生"的宝贵阶段,以叙事体来锻炼自己,才容易避免被现成的理论牵着鼻子走。我写硕士论文的时候,发现孙立平老师的一篇过程/事件的论文,和我的研究很有关系,为了避免因为学力不够而被牵着鼻子走,就等到自己的初稿写成后才读该文。

初学者要有大的抱负,提出新概念和新理论,据说帕森斯和米尔斯都是有巨大学术野心的人,但是开始时不要眼高手低,达·芬奇学"画蛋"的阶段要打好基本功。而写叙事体正是练基本功的好办法。

■ 明尼苏达札记

索罗金在明尼苏达

(2007年8月)

创建于1901年的明尼苏达社会学,在乔治·文森特①和萨缪尔·斯密斯等人的精心统筹规划和辛苦努力奠定的基础上,在20世纪20年代进入了她以斯图亚特·查品②为系主任的黄金时期。1924年,索罗金③的加盟,无疑为明尼苏达社会学的历史增添了一道明亮的光辉。

皮季里姆·索罗金(Pitirim A. Sorokin,1889—1968),俄裔社会学家,位居20世纪如斯宾格勒、罗素和汤因比等大师之列。索罗金是俄国第一个社会学系——圣彼得堡大学社会学系创建人,美国哈佛大学社会学创建人。他的一生充满传奇,他自己也很得意于好运常伴的传奇人生。从一个生长在乡村的居无定所的贫穷农民的孩子,到1917年纪轻轻当上了俄国二月革命后临时政府总理克伦斯基的秘书。他曾两次入狱,一次是沙皇的监狱,一次是列宁政府的监狱。1922年,索罗金被新成立的苏联列宁布尔什维克政府赶出祖国,转道捷克斯洛伐克来到美国。刚到美国是在威斯康星大学和伊利诺伊大学讲学,并无固定职位。1924年,明尼苏达社会学系主任查品邀请索罗金来明尼苏达上一门暑期课程,是一次"考试"。实践证明索罗金考试成绩优异,成功上课之后被明尼苏达大学聘为社会学教授。直到1930年,被邀请去了哈佛大学组建哈佛大学的社会学系,索罗金

---

① 明尼苏达大学第三任校长,芝加哥大学社会学最早培养的博士之一,1916年任美国社会学会会长,与斯莫尔(1912—1913任美国社会学会会长)合写了美国第一本社会学教科书。
② F. Stuart Chapin,1935年任美国社会学会会长。
③ 1965年任美国社会学会会长。

在明尼苏达教学和研究总共六年。在自传里,索罗金说是"收获丰厚的六年"。

查品当系主任的时期(1922—1951),可以说是明尼苏达社会学历史上的"查品王朝",而这个王朝又可以划分为前期和后期,前期是1921—1930年的黄金时代,后期是1931—1951年的后黄金时代。黄金时代的查品带领的是一个开放的、多元化的、民主的、尊重不同观点的社会学系;后黄金时代是个人专断时代。索罗金的到来和离开似乎和黄金时代有着某种说不清的关系。查品本人很有学术造诣和管理能力。他培养了30多名博士生,其中包括1943年任美国社会学会长的兰德伯格(George A. Lundberg,毕业于1925年)、1931年紧随索罗金去哈佛大学任教的齐默尔曼(Zimmerman,毕业于1925年)、曾任威斯康星大学校长和1971年美国社会学会长的塞威尔(William H. Sewell,1939年毕业)、我们所熟知的格特曼量表的发明者格特曼(Louis Guttman,毕业于1942年)等。

索罗金和查品都是人中豪杰。当索罗金加盟查品领导的明尼苏达社会学的时候,查品36岁,索罗金35岁,都正值壮年。正是强强联合。那么,索罗金在明尼苏达的六年是怎样的呢?从索罗金的回忆录里可以看出,刚到明尼苏达任教的索罗金和他的妻子利玛是多么的高兴。他们逃离了哥哥和弟弟都被迫害死亡了的苏联,流亡到了美国,享受到了可能在祖国奋斗终生也难以获得的自由、温馨、友善、和平。他和妻子相互祝贺。他们终于可以自由地做研究了。利玛在明尼苏达大学拿到了学位之后在哈姆兰大学找到了工作。但是,从索罗金的自传里的总结可以看到他满意中含有着不满:①

> 尽管有着沉重的教学任务,英语(不是母语)存在的缺点,很低的工资报酬,以及缺乏研究基金(在明尼苏达六年里总共研究基金就12.45美元,另外还有美国农业部给的专门用于《乡村社会学资料》(A

---

① Pitirim Sorokin. 1963. *A Long Journey: The Autobiography of Pitirim A. Sorokin*. New Haven, Conn., College and University Press.

Source-Book in Rural Sociology）的几百块钱），如果一个人有必要的热情和能力的话，他依然有充裕的时间做创造性的科学工作。在热情激励下，我尽我所能达到目标。在明尼苏达大学的六年里，除了在美国和外国的科学杂志上发表论文外，我还发表了大量重要著作：《逃离俄国日记》（1924）、《革命社会学》（1925）、《社会流动》（1927）、《当代社会学理论》（1928）、《城乡社会学原理》（1929 与 Carle C. Zimmerman 合著）以及三卷本的《乡村社会学资料》（*A Systematic Source Book in Rural Sociology*）（1929，Zimmerman 与 Charles J. Galpin（1930—1932）合著）。就我这六年的产出数量来看，我已经满意了；我知道，它超出了一个普通社会学家终其一生的成就，不管是美国的还是其他国家的社会学家。

从这段回忆总结里可以看出，索罗金在明尼苏达的日子是艰苦的也是收获丰厚的。这些成果确立了索罗金在美国社会学界的地位，其中《社会流动》和《当代社会学理论》使索罗金成为世界级知名社会学家。六年出了六本书。其实他后来发表的著名的《社会和文化的动力学》的基本思想，在明尼苏达已经酝酿了。从索罗金的例子可以看出，激情或者热情加上丰富的社会阅历，使得只要有了自由研究的平台，社会科学家的成果就会井喷而出。索罗金的革命生涯和激情，以及社会学的研究热情，加上明尼苏达平静安定的日子，就结出了丰硕的果实。他的《社会流动》之所以那么出类拔萃，成为经典，索罗金个人的人生地位向上流动和不断移居流动生活的经历，无疑会有根本的帮助。索罗金的这个例子也说明了，没有基金一样可以出一流的成果。

既然索罗金提到了自己的收入和基金，那么，在明尼苏达的时候，索罗金的收入和其他教授比较怎么样呢？一开始，聘用索罗金是正教授，年薪 2 000 美元。而同时查品是 5 500 美元，当时的副教授艾尔莫拿 3 300 美元年薪。40 年后索罗金还在自传里抱怨呢：

明尼苏达是按照正教授（full professor）招聘的，年薪 2 000 美元

（而不是当时明尼苏达正常正教授的 4 000 美元）。像美国其他大学一样，明尼苏达大学也采用了尽可能低的工资的谈判策略聘用教授。大学的行政管理部门知道我急于在美国保住一个学术位置，就把这一点用在了他们的聘用中。

第二年工资长到年薪 2 400 美元，每年都在长。直到索罗金要离开明尼苏达去哈佛，明尼苏达开出教授的最高年薪，还是没有哈佛高。正如索罗金所说的，钱虽然不是最重要的，但是它可以体现个人的价值承认和受重视地位，还可以雇用研究助理，依然是重要的。

那么在人际关系上呢？索罗金的回忆录里虽然有不少描写在明尼苏达与同事和学生一起野营、钓鱼、游泳、爬山、打球等活动，但很少描写他和查品的关系的文字。可以推测，他们之间的关系大概比较微妙。从查品在后来采访中的抱怨也可以略见一斑。他说，"当索罗金到来的时候，就掀起了一个风波……学生们不适应他的教学风格。"而且很快索罗金卷入派别斗争之中。据说，查品总是把最优秀的学生揽到自己的门下。从他手下毕业的博士生的后来的成绩也可以看出他们确实很优秀。索罗金的魅力也吸引了不少的优秀学生。这也可能形成两人之间的矛盾张力。索罗金在明尼苏达培养的一批优秀学生，如 C. A. 安德森、C. 托伊伯、T. L. 史密斯、C. A. 邓肯、C. D. 卢密思、C. C. 齐默尔曼等，其中就有查品的弟子，如安德森、齐默尔曼等。六年里影响了这么多优秀的学生，索罗金的学术影响力和个人魅力可见一般。也正因为这样，他也成了一个山头的头头。

1928 年，查品暂时离开明尼苏达去了纽约两年，当刚成立的《社会学摘要》杂志的编辑。社会学系临时主任是埃德温·苏瑟兰德（1939 年美国社会学会长）。这位教授在平衡控制竞争各方上就力不从心。而当时的维利和索罗金成了两派斗争阵营的头领。索罗金是从沙皇俄国和苏联一路杀过来的斗士。斗争的结果是，1929 年，苏瑟兰德离开了明尼苏达去了芝加哥大学；1930 年，索罗金去了哈佛大学；随后 1931 年，索罗金的合作者，在查品手下拿到博士学位的优秀人才，齐默尔曼也去了哈佛大学。当 1930 年，查品回到明尼苏达的时候，面临的是一个烂摊子，只有维利还在。

外面是世界性的经济危机,明尼苏达社会学系也结束了短短的黄金时代。

索罗金在明尼苏达的时候,明尼苏达的社会学系在美国排名第四。索罗金在明尼苏达的丰厚成果,以及这些成果赢来的名声,引起了哈佛大学校长劳威尔(Abbott Lawrence Lowell)的注意,索罗金被邀请到哈佛讲学,进而聘为教授,委以重任,组建哈佛社会学系,并担任第一任系主任。组建哈佛社会学系,在索罗金去之前,已经酝酿了25年了。校长劳威尔说,寻找了25年,终于发现索罗金正是他们需要的人选。索罗金这块金子,查品发现了,之后更多的人想拥有,终于在1930年被哈佛挖走。正是这一年,索罗金加入了美国国籍。从索罗金的例子来看,个人对一个学科或者一个系的发展,影响还是很大的。

是索罗金的好运成就了明尼苏达,还是明尼苏达社会学的好运成就了索罗金?既可以说,相信运气的,也一直好运相伴的索罗金让明尼苏达社会学的黄金时代更加灿烂,同时也可以说明尼苏达社会学的黄金时代为索罗金后来的人生辉煌的巅峰搭了一座坚实的桥梁。

知识的传承创新与知识分子社区

(发表于《读书》2004 年第 11 期)

社会学家柯林斯 1998 年出版的《哲学社会学：智识变迁的全局理论》[①]很厚，加上附录一千多页。我对这本书有点特殊的感情，因为在美国大学读了近一年半的书很少有讲中国的社会和知识活动的，而这本书把中国作为智识的两条道路之一的亚洲道路的最重要的代表，另一条道路是西方道路。在亚洲道路部分的四章内容中，中国占两章，另外两章是印度和日本，而且在写日本的这一章中不少内容还是关于中国的，因为日本的许多知识是从中国引进后改进的。整本书主要是以中国智识发展道路和西方的道路做比较探讨智识变迁的全局理论。比如柯林斯在第二章中比较了中国和希腊的不同级别的哲学家数量。中国在 2100 年间即大约 63 代中出现了 25 个主要的哲学家，大约 84 年出一个；64 个二级的哲学家，大约 34 年出一个；365 个小的哲学家，大约 6 年出一个。希腊在 1200 年间大约 36 代出了 28 个主要的哲学家，大约为 43 年出一个；68 个二级的哲学家，大约 18 年出一个；237 个小的哲学家，大约每 5 年出一个。这些只是平均而言。中国在战国时期是一个出思想家的黄金时代，宋代新儒家的产生也是出思想家的重要时期。那么，为什么中国以前曾经出了那么多的哲学家知识分子，几乎代表了整个亚洲道路，和西方道路比肩而行，现代却让西方的道路占了主导？也许柯林斯的理论和实证研究能给我们一些启发。

在该书的第一章柯林斯就给知识分子下了定义："知识分子是提出通

[①] Randall Collins. 1998. *The Sociology of Philosophies: A Global Theory of Intellectual Change*. Harvard University Press.

适性思想观念(decontextualizedideas)的人。这些思想观念的真理性和意义不以任何地方性和任何具体使用他们的人而改变。"比如数学公式。柯林斯是通过对一些相反的观点批判性的反思提出自己的分析取向的。反思的观点包括:(1)观念引发观念;(2)个人产生观念;(3)文化自我生产;(4)一切皆流,一切皆变。在这些批判的基础上,柯林斯提出了自己的对知识的传承和创新的解释模型。他的一般理论是互动仪式链理论和网络结构理论。

互动仪式链理论,是说知识分子要有自己的社区。在这个社区里有一套自己的互动仪式。他们的反思决定自己的思想观念的有效性。有自己的术语和行话,自己的写作规范。而且要有面对面的交流。柯林斯认为,只有这种面对面的交流才能把这个社区的文化资本传递给下一代和激发同辈或后辈的情感能量。要做到这些,就要有知识分子的网络关系。

柯林斯认为,个人提出思想观念是在典型的社会模式下的,即知识分子群体——网络和论敌——的情况下发生的。柯林斯是以德国的唯心主义和中国的新儒家的兴起为例来展示这一点的。

以从康德到叔本华的德国唯心主义学派的产生和生长为例。第一个让我们惊奇的是日期:所有的主要作品都出笼在从1781年(康德的《纯粹理性批判》)和1819年(叔本华的《作为意志和表象的世界》)的38年间,大约一代人的时间里。那里有一个社交核心:费希特、谢林和黑格尔。他们三人曾经居住在同一栋房子里。费希特是早期的领导者,并曾与德累斯顿和浪漫主义学者施莱格尔(Schlegel)兄弟住在一起(柯林斯还提到一件轶事:在这里,大施莱格尔的妻子卡洛林同谢林发生了男女关系,随之而来的是不名誉的离婚和再婚)。费希特转到柏林后,与施莱尔马赫(Schleiermacher,浪漫主义成员之一)和洪堡特结成联盟,组建新式大学。最终黑格尔来到这里并建立了他的学派,而叔本华的演讲在竞争上几无收获。很明显费希特在这个结构中起着组织领导者的突出角色。从一个群体到另一个群体,谋求组织资源,并组建中心。组织的领导者并不一定是学术上的领导者。一个成功的理论团体两个条件都要满足。康德是德国唯心主义学派学术知识上的领袖,虽然他当时是个边缘人,并且比其他学人年龄大了许多。然而,偏远的克尼堡(Konigs-berg)也被联结到了这个网络。在这里,在康德本人成名之前已经有几个人获得了具有创造性的好名,包括康德的学生赫德。康德起初不是一个唯心主义者,并涉足了许多不同的学术领域。他的思想只是在组织化团体出现之后才被人们捡起并转化为一场壮观的哲学运动的。康德后期的作品才在这一运动下转变为唯心主义的。这里,费希特再次成为联络者:他是与康德有个人接触的一个唯心主义派成员,并以康德的拥护者的身份开始其职业生涯。费希特使康德成为康德。实际上,费希特只是一个在知识分子社区内的社会运动的标志方式的简称。这样一个运动要吸纳新人,给他们输入创新的能量,把他们放置在思想脉络富有成果的工作面前,然后打开局面。这样一个运动有它的内部结构,当然也有在社会因果链上的外部条件。

中国的例子是宋代的新儒家。宋代的新儒家是战国早期以来中国哲学的最重要的发展。就像德国的唯心主义一样,中国的新儒家是通过一个由个人关系联结成的群体。这个群体大约勃发于从1040年到1100年间的两代人中。核心的两人是程氏兄弟:程颐和程颢。周敦颐、邵雍、司马光、张载等人都是理学的创建者,但真正形成体系、使理学具有初步完整形态的则是程颢、程颐。他们的网络关系是,周敦颐是二程的老师,张载是二程的表叔,邵雍是二程的邻居。在这个群体中间存在着张力和差异,从而分裂出不同的师承脉络。我们再次看到组织核心是程氏兄弟,二程把这个群体联结了起来,通过他们,早期的思想者周敦颐被追溯为新儒家的创立人,在某种程度上,这如同康德的经历。后来在第四代弟子朱熹和陆九渊时,分裂为明显的两派,即"心学"和"理学",从而也奠定了二程的经典地位。

其实,柯林斯重点强调的一点就是交流和对话。不管是社区还是网络关系,它们为学者间的交流和对话提供了条件和平台;不管是社区中的同派还是论敌关系,他们可以交流和对话。而思想观念就是在这种交流和对话中萌发和成长的。美国城市研究之父芒福德曾经提出,城市的伟大功能之一：对话和交流。

  细检人类文化史，我们很难想出哪位伟大人物不是一个城市人，即使他们不定居某城，也少不了与巴比伦、雅典、耶路撒冷、麦加、巴格达、长安、洛阳这些伟大的历史名城有着直接、间接、万缕千丝的联系。在这些名城中，他们找到了师友、论敌、崇拜者和赞助人。城市使他们未遭湮没，城市"文化场"中的交流、切磋、纷争，造就了代代才人。假定说，在一代人的时间内，每一万人中可能出现一个杰出人才，那么一千人的群体则要等许多世纪才能获得一个杰出人才，而这个人才由于自身的孤立状态会因缺乏他人的刺激而无法施展自己的才能。而在苏美尔、巴比伦、耶路撒冷、雅典或巴格达这样的城市中，一代人的时间里至少可以出现五十个杰出人才。而且人才由于城市中交流密切，其面临的机会则比小型社区中多许多。

  当然，这些人才是不同档次的。也就是说，在网络结构中只有少数知识分子能够成为代表人物，而且在这个社区中，一条规律是冲突论战的结果通常至多有六个流派。因为"赢家通吃"的现象在这里也出现了。个人和流派一样，赢家通吃。因为在这个社区的网络结构中，有个分层现象，在高层的可以获得更多的注意，他们的东西是这个社区中所谓的前沿。也正是在这样的社区斗争里，把代表人物筛选了出来，成为一代中的标志。但是，没有了这样的社区，智识活动很难发生，知识的传承和创新也无从谈起了。

  例如，"文革"就集中体现了1949年以来到改革开放三十年的知识分子社区的破坏及其原因和后果。在这一个时期，中国的学术和知识缺乏创新，甚至倒退。如果我们对比看一下1949年以前成长起来的知识分子，比如像哲学家和哲学史家冯友兰，社会学家和人类学家费孝通，以及语言学家和东方文化学家季羡林等的著作，我们会发现这几十年几乎是空白。即使有也多是跟风之作，学术价值不高。现在用柯林斯的理论看看这到底为什么。根据柯林斯的模型，个体或行动者的智识活动是在知识分子网络圈子的影响下发生的,而在这个网络圈子之外是组织基础。再高一层的是政治和经济条件。

让我们来看看"文革"及其之前的政治经济状况。1949年新中国建立之后,我们国家经历了一场剧烈的社会主义改造运动。经济上,很快实现了社会主义的公有制和集体所有制,多年战争造成的经济不景气得到了一定的恢复。但是,很快,"大跃进"几乎使中国经济濒临崩溃的边缘。20世纪60年代初经济稍有恢复,1966年"文革"爆发了。政治上,中国当时实际上是个全权国家。但大众运动,尤其是红卫兵的大串联,派别之间的冲突使整个社会一片混乱。西方资本主义国家被拒之门外。在这种情况下,作为知识分子活动的组织基础的教育和研究机构遭到破坏。知识分子本身被斗争,因为他们是"资产阶级学术权威",从而被送到集中营或牛棚进行劳动改造。他们没有言论自由,一些大学也被关闭。大学入学考试被推荐所取代。只有出身工农的"红五类"可以进所谓的大学。外行占据了教育和科研机构的位子。没有了组织基础,知识分子网络也失去了他们的物质基础。实际上,即使住在学校里也难以在那种疯狂的"知识越多越反动"的年月里形成学术团体。否则,反革命集团的帽子就会落到他们头上。因此,知识分子社区在那种年代是不可能形成的。

然而,"知识分子群体,师傅带徒弟,和同时代的论敌共同构成智识活动发生的力量的结构场域"(7页)。这个力量的结构场域就是知识分子社区。在这个知识分子社区里有他们自己的互动仪式。智识活动是通过这些仪式发生的。互动仪式链由文化资本、情感能量和分层的网络结构组成。没有知识分子社区,对知识分子来说,要有创新的智识活动如果不是不可能的话,也是非常困难的。没有知识分子社区,形成不了知识分子网络。但是,根据柯林斯,包括代内和代际的知识分子网络对思想观念的提出是不可或缺的。"因为思想观念是在一个思想者和另一个思想者之间交流的过程中,只有通过使它们交流给我们,我们才能感知到另一个大脑的思想观念。"(2页)。柯林斯还认为,思想观念是由"置身于典型的社会模式:知识分子群体,网络和论敌之中的"个人提出的(3页)。当然,"文革"

中在思想领域有许多的冲突,因此不乏论敌。但是,"只有情感能量是不够的:在一个缺乏足够的文化资本和相关的网络位置知识分子社区,创造的热情更可能成为抱负受挫和得不到承认的前奏"(34页)。"文革"中的知识分子们失去了同代人之间的网络,同时也失去了代际之间的网络。甚至他们只能读到官方报纸的社论和指定的著作。他们被再教育,话语被限制在官方的语言之中。古代书籍和西方著作成为禁书。

事实上,"文革"结束之后,整个20世纪80年代,中国知识分子社区经历了一场重建。中国失去了一代知识分子的创新。因此,知识分子新老不接的现象还需要更多的时间来消除。看来,建设我们的知识分子社区,创造他们之间的自由交流和对话的条件是实现知识创新的关键所在。

迈向平权社会:从慈禧问"礼"谈起

(发表于《书屋》2008 年第 2 期)

近日随手翻阅了裕容龄著《清宫琐记》[①],觉得在这本曾担任过清廷的御前女官的回忆录里,慈禧屡次问"礼"的事情颇值得玩味。

在这本小册子里,多次出现慈禧问"礼"。在"宫中演戏"一节里有:

> 慈禧问我母亲关于各国的情形、政治、外国官廷和总统府的规矩礼节。慈禧说:"我听说德国宫里很简单,是不是真的?"我母亲说:"奴才没有去过德国皇宫,不过听说德国皇宫里的礼节也并不简单,宫内的陈设也很富丽。"慈禧听了微微一笑,没有说什么。后来听格格们和太监们说,因为俊寿曾去过德国,所以慈禧曾问过她关于德国宫内的情形。可是俊寿的父亲是中国驻德国公使馆的随员,她没有机会到德国皇宫里去,所以只随意回答:"德国皇宫里很简单。"慈禧不很相信,这才问起我母亲。

在"召见画家柯姑娘"一节里慈禧向公使夫人问美国白宫礼节:

> 慈禧与康格夫人闲谈,并问她有关美国白宫的礼节。康格夫人说:"我们是共和国,白宫的礼节比中国简单得多,我们的外交官若是派到君主国去当大使或公使,我们必须先要问明白他们的宫廷礼节。"

---

① 裕容龄:《清宫琐记》,北京出版社 1957 年版。

再如在"外宾献礼"一节中，慈禧问英国宫廷礼节：

> 慈禧并询问汤雷夫人关于英国宫廷的礼节问题，汤夫人说："英国宫廷的礼节也很严格，英国官内女官很多，这些女官都是从贵族家庭里选出来的姑娘。选中的姑娘都要系统地学习宫廷礼节，学好后才能进宫。女官必须懂得两三国文字，还要会骑马，因为王后骑马出游时要有女官陪伴。女官还需要有音乐的修养，因为晚间要陪王后弹奏各种乐器。"

本来作为聊天的谈资，问问礼节的东西没有什么。了解了之后可以以"礼"待人，增进友谊，减少误会，而且日常生活中的人们也有猎奇的癖好。从这个角度来看慈禧问"礼"，确实没有多大意义。但是，如果我们更深一层考虑慈禧的位子和她所处的时代背景，这个反复问"礼"的行为就值得思考了。慈禧是大清国的训政皇太后，时代正是如李鸿章所说的"千年未遇之大变局"。我说，那个时代就是继让孔夫子忧心忡忡的"礼崩乐坏"之后的又一次"礼崩乐坏"的大变局，是等级社会向平等社会变迁的又一次飞跃。

我们常说，中国乃"礼仪之邦"。何谓礼仪？礼的原意是"表敬意、表尊敬、崇敬之意"，最初用于敬神、敬祖，后来也移用于对他人的尊重。礼仪的功能是什么？提供一种秩序。因为社会是分等级的社会，礼以高下亲疏有别的方式对待他人，礼仪也便有了等级、秩序规范的意思。仪是外在的东西，是礼的形式，或为礼节、仪式，或为容貌举止。在封建等级社会里，通过那些所谓的繁文缛节，别尊卑，划贵贱，从而达到"君君臣臣父父子子"。就像拜神一样，通过这个"拜"的仪式才会产生对神灵的"敬"和"畏"。从而位尊者有了尊贵的"形象"，位卑者也形成了对奴仆地位的认可。

我想到了张立升在《俯仰之间》一文的开头，谈一篇《视角》的文章，文章讲述的是站着看佛像和跪倒在地看佛像的不同感受。"在佛像面前，站着看的时候，它不过是泥塑木雕，是艺术品；可当跪倒它面前的时候，顿时感到它高大威严,而自己则渺小得很"。这就是为什么中国历代统治者都要把宝座筑得高高的,并让他的臣民们在下面跪着说话的原因。"俯仰之间,眼中势派大相径庭"。用社会学家柯林斯的术语说,就是位尊者通过礼节仪式获得了"情感能量",得到了满足,位卑者消散了"情感能量",从而就只能拜在下风了,位尊者达到了控制位卑者的目的。这些"礼"确实对等级社会的维护太重要了。因此,春秋战国时候周礼维持的贵族统治遇到了危机,造成了"礼崩乐坏",让当时已是破落贵族子弟的孔夫子奔走呼告,恢复旧制,克己复礼。我觉得,慈禧当时已经意识到了将要发生又一次的"礼崩乐坏"。周天子的"礼"是受到了诸侯的挑战而崩坏;慈禧的"礼"是受到来自西洋的平等制度和思想的挑战而面临崩坏。前面我们引用了慈禧向康格夫人问白宫礼节的片段。美国的礼节已经比较平权化了,尽管他们派到君主国的公使必须先明白该国的礼节,但是还是出现了这么一个榜样,威胁着清宫礼仪,从而也是对清宫传统皇权的挑战。

外来的影响不可避免。比如在"游园会"一节里免掉吴廷芳的跪拜礼。

> 在园会的前几天,吴廷芳曾为这天的礼节问题,特地到我家来和我母亲研究。因为王公大臣见慈禧是要跪着讲话的,所以吴廷芳说:"我引见外宾觐见的时候,大家都站着,只有我一人跪着,那我不成了一个矮子吗?"我母亲说:"可以禀明皇太后让你免跪。"我们进宫后,我母亲把这件事禀明慈禧,慈禧笑着说:"那就不要让他跪了。"

形格势局,这里跪拜礼祖制被破坏了。慈禧也无奈,还算是无奈下的开明吧。

以"五四"新文化运动为代表的一段历史,常常被人们拿来和春秋战国相比较。这两个阶段都是"礼"被大力破坏的时代。而"乐"是伴随着"礼"的,所以当时孔子呼吁恢复"周礼"。实际上,礼崩乐坏是一个时代秩序的打乱和重组。慈禧正是处在这么一个重组社会秩序的时代。这不是某个人的意志,而是发展形势。俗话说,形势比人强。孔圣人尽管伟大,"周礼"永远无法恢复了。张勋复辟也是无可奈何花落去。人们从等级社会向平权社会又迈了一大步。

社会物质和科技力量的发展，也就是生产力的发展给人民大众提供了力量。比如，在原始社会，体力是最大的权力资本，一个小个子要赤手空拳和拳王泰森这样的人打架，胜算可能性太小了，泰森就处在了等级中的高层，小个子不服也没办法，打不过嘛。但是，老是打架"泰森们"也受不了，于是统治阶级就制定出了一套"礼"来，也就是"文"来"化"人们的思想意识，约束人们的行为，保持社会的秩序。古代的这套"礼"是很繁琐的。《中庸》说："礼仪三百，威仪三千"，可见礼节之多。比如清宫里，《琐记》作者在入宫之前，就"在庆王府学会了普通请安、请双腿安、叩大头、三跪九叩礼、六肃礼，并了解了一些宫内情况和其他礼节"。如果礼节太简单了，像握握手之类，怎么也起不到三拜九叩的效果。所以慈禧不相信德国宫廷里的礼节简单。这样的繁琐礼节在社会各层、各种团体家庭都以不同形式复制着。这样，通过这么些"礼"，总体上就可以达到"君君臣臣父父子子"，相安无事了。这套"礼治"对统治阶级而言付出的成本，确实比"法治"要小得多。不然，在生产力相对落后的时代自然选择早把它淘汰了。

后来先进武器比如枪支出现了，小个子就不会那么惧怕"泰森"了，因为更灵活机动，说不定还能占点上风呢。于是大家优势都不太强，制衡的结果是，大家就平等吧。所以，随着物质生产力的发展，等级社会慢慢向平权社会迈进。这中间总有飞跃的时间段，那就是"礼崩乐坏"的时代。现代社会的正式礼仪大大衰落，比如没有前现代社会的国王和大臣之间、主人和仆人之间、官僚和平民之间、贵族和草民之间等严格的礼仪。如打躬作揖、三拜九叩等正式礼仪衰落了，代之而来的是大众化的握手、拥抱等具有平等化色彩的不那么严肃的仪式。衣服装饰差别也因大众化消费而减小。在清宫里，慈禧穿的衣服的颜色款式，别的人是不能穿的，图案花纹都是地位和身份的象征。

这种差别区隔出了尊卑贵贱。这种区别出尊卑的心理当代人还是难以免俗。法国有个社会学家布迪尔，写了好多书，都挺好。但是只有《区隔》这本在美国社会很受欢迎，该书道出了人们的通过服装、食物消费、欣赏高雅音乐等来和他人区别开来显示出自己的尊贵的心理。这种消费也可以说是炫耀性消费。有人还写了书,讨论现代社会的意识首领不再是政治家,而是商人,是产品设计者和广告策划者,他们通过产品的象征符号区别出尊贵地位和身份来抓住消费者。这很能反映在传统等级社会的"礼崩乐坏"之后,人们寻求一种原来可以通过"礼乐"获得的身份和地位感的心理。

写到这里,我们对慈禧问"礼"的行为,或者说是慈禧的"担忧"颇可以理解了。青山遮不住,毕竟东流去。我们毕竟是生活在现代的趋向平权的社会里。虽然仍旧需要礼仪来提供实现和谐社会的秩序的功能,但它们是旧的礼仪"崩坏"之后的新的礼仪;不再是维护统治阶级贵族皇室统治秩序,而是在平等意识下表达对他人表示感谢,无意碰撞别人后的道歉等实现和谐社会的秩序。

■ 明尼苏达札记

"大汉雄风"打造不出汉梁文化

(2007年9月)

2006年暑假,应友人之邀,去了一趟永城芒山,对正在热火朝天建设中的游览区走马观花地欣赏一番。当时只是觉得有些地方工程规划或者施工对原有景点的保护不够,比如汉高祖斩蛇碑前的红色草被毁坏了。这片草之所以是红色,传说是因为刘邦所斩蛇的蛇血染的,就那么一片,因此其作为景点的保护价值是毋庸怀疑的。友人也觉得可惜。还有,为了打造汉梁文化的工程,一些松柏被滥砍。几个小时匆匆看过。依稀记得,友人热切赞颂山峰高处建设中的"大汉雄风"刘邦铜像,因为时间太紧没有爬上去近观,也没有太在意。

大约一年后的今夏,"大汉雄风"刘邦铜像为媒体报道出来,引起了人们广泛的关注和讨论,才得知此铜像耗费3 000万元人民币,高39.9米,与地面相对高度166.7米,号称"亚洲第一铜雕"。可是这个耗资巨大的项目,媒体却曝光相关手续不完备,而且当地民众对该项目的修建意见很大,纷纷认为是政府在"烧钱"。

其实,为了打造汉梁文化,工程不止这一个,还有梁王墓、王后墓、斩蛇碑、张飞寨、陈胜墓、孔夫子避雨处等的修建。而因耗资巨大而惹人注意的"大汉雄风"刘邦铜像,则让河南永城在媒体上"秀"了一把,这在现代的"超女"、"快男"引领时尚的文化潮流中,"作秀"的恶俗文化肆无忌惮的社会里,还有什么新奇的?让民众广泛关注,吸引了"眼球",就是永城某些人士眼里"一次成功的广告"。可是,笔者觉得,有必要提醒打造汉梁文化的当事人和民众,耗钱和文化建设是两码事,"大汉雄风"不仅打造不出汉梁文化,而且还极有可能"画虎不成反类犬",把本有的文化古迹越弄越糟。

文化能打造吗?冯骥才就流行的"打造文化"现象,写了《打造文化,一个多么糊涂的说法》。文化是一套生活方式和价值观念,广义上也包括物质文化。按照冯骥才的说法,"文化是时间和心灵酿造出来的;是一代代人共同的精神创造的成果,是自然积淀而成的。你可以奋战一年打造出一座五星级酒店,甚至打造出一个豪华的剧场,却无法制造一种文化。""打造文化"这种口号多是政府提出来的,是政府行为,目的是为了所谓的发展经济。以"大汉雄风"方式来打造汉梁文化也是永城市政府提出来的,永城网上有一篇《永城市强力打造汉梁文化品牌》,说这是"'民间出面,党委领导,政府支持,统战协调,文化搭台,经贸唱戏'的新格局"。政府的目的意愿是好的,为的是经济建设。但是很遗憾,文化不是可以打造的。"打造"一词本意是制造,按照冯骥才所说,在方言里曾经用来特指制作铁箍木马桶。

退一步而言,就算文化可以打造,那么,打造个什么样子?汉梁文化。什么是汉梁文化?至今没有发现一篇有分量的有关芒山汉梁文化的论文。如果把那些王和后的墓葬作为汉梁文化,也未免太狭隘了。那只是皇室王家的奢侈,不会是汉梁人民的生活文化。作为那段历史,研究其中的文化还可以,绝不可能在 21 世纪的芒山重现一两千年前的文化。

本质而言,地方政府打造文化是为了发展经济,发展旅游经济,招商引资。我们也看到了,永城市政府也是要打造"汉梁文化品牌"。品牌是商业称谓。但是有品牌,也要有货物。不管是什么汉梁文化,把芒山汉墓群整修打造一番,我们就给她贴个标签吧,这"大汉雄风"雄视天下就是"汉梁文化"!就芒山镇而言,如果旅游经济可以发展起来,确实对当地是件好事。靠山吃山。为了保护汉墓群等古迹,芒山已经封山数年。封山之后的芒山人开采不了石头,发展旅游文化业也许是一个当地人讨生计的好出路。

文化是有地方性的,本身就承载了历史。不要为了发展经济,总是拿文化来说事。上帝的给上帝,恺撒的给恺撒。文化就是文化,文化建设的目的还是单纯些好,不要把发展经济作为文化建设的目的。尽管文化建设在一定条件下会有助于经济发展,但那是副产品。打造的历史文化,用冯骥才的话说,只能是"伪文化",打造的中间还极有可能破坏了原有的文化古迹。

从进化论观点看创新

(2008年5月)

创新对经济和社会发展的重要性毋庸赘言。许多学者,比如熊彼特早就强调创新对企业和社会发展的重要性,而且创新是企业家精神的核心。那么,什么是创新?一个创新就是一个新的见解、观念,它可以是旧见解、旧观念的重组,也可以是挑战现存秩序的方案,一个公式,或者一个独特的方法。总之是有关参与人员感到新的东西。可能对一个组织来说是模仿他人的东西,对模仿一方也是创新。而且通常意义上,模仿是会走样的。至少在走样这个意义上,模仿本身包含着创新的成分。

那么,新的东西是否等同于好的东西?明显不能一概地划个等号。但是,通常给我们的感觉是,好像新的就是好的。笔者想从进化论的角度关照一下我们所谈的创新。

达尔文进化论思想的核心是自然选择。物种在繁衍的过程中,个体在基因遗传意义上复制父母辈的基因,在复制的过程中,会出现些微的"错误",这些错误,造成了同种物种内部分化,慢慢成为不同的种类。外界的环境在不断变化之中,而不同种类的或有些微差异的同类生物对变化中的环境适应程度是不同的,适应的就生存下来了,就是这样自然选择发挥着自己的功能,也就是所谓的"适者生存"。从这里也可以看出自然选择是机会主义的,不是按照人类,或者某物种的目的或者意愿而进行的。达尔文的思想中冲击人类社会最厉害的不是进化,不是人的祖先是猿猴等,而是否认了世界的目的性。原来的进化观至少认为进化也是上帝设计的结果,按照上帝的目的进行的。"目的论"是有神论的世界观中理所当然的重要概念。所以,达尔文否定了"目的论",就是从根本上否定了上帝的存在。那么这和我们谈的自然选择有什么关系呢?目的是为了说明自然选择的机会主义性质,它剔除了目的论,认为宇宙中的无数的活动,无论是有机的世界,还是生物的世界,都没有目的和方向。而我们人是特殊的,总会给任何活动加上目的,戴上意义。然而,即使是我们有目的的活动,但结果是否达到目的,或者行动后果是否和目的一致,仍然是很难提前预测的。

在物种进化中,复制中带来的"错误"在我们定义的创新意义上,就是创新,只是不是有目的的,而是自然的结果,而且存活下来的是当时当地的适应者。随着时间的变化,或者如果有地点的转移,可能它们就会被淘汰掉。人们说找个适合自己的地方就是包含着这个道理的。那么,如果加上价值判断的话,对那些因为复制出现错误但幸运地适应了变化了的环境,被自然选择下来了的物种个体来说,它们的复制"错误"是好的。实际上,在生物界的基因复制中的"错误"在多大程度上会让该物种成为适者呢?生物学家的研究告诉我们,比率太小了,如果我们是在做统计学题目的话简直可以忽略不计。基因研究表明,进化中基因的变异极少极少是有利于生物的生存和繁衍的。但是,就是这些极少的好的变异,才使得进化机制运行下来,生物得到繁衍不息。所以尽管变异通常都是有害的,有利的概率很小。但是,就是这么小的比率,放在生物漫长的进化史中考察,就是具有决定意义的事情了。小概率事件在足够长的时间里就成为必然事件。

说到这里,我们明白了创新大多数都是"坏"的,不是"好"的。但是,不创新又不行,创新有幸存下来的希望。因此冒险精神就成为一个关键。经济学家吉尔德在《财富与贫困》[①]一书中对冒险精神的论证和推崇是很出色的。未来永远是未知的,无法预测的。任何一件事情都有着他们的显功能和潜功能,以及反功能。而这些功能只有在一定的时间中才能展现出来或为人们发现。这里有一个无法克服的问题,就是冒险对许多人来说是注定不会成功的,但有足够的人冒险,对人类的发展有益。就像进化中的

---

① George Gilder. 1981. *Wealth and Poverty*. N.Y.: Basic Books.

不少变异被淘汰了,但总有一些会成为适者而生存下来一样,对一个社会而言,鼓励创新是没有错的,创新多了,总有一些是好的创新,从而带来经济和社会的发展进步。而对于单个机构、个人或者群体,创新给他们带来的多数不是好事,他们成了社会整体发展的必然代价。这是个无法解决的悖论。对个体而言,人生不过百岁。而对社会而言,则万寿无疆。因此对个体来说,运气的重要性就突显出来了,创新就是有点"赌"的味道。

上面把创新类比成自然选择,虽然比较一致,但人毕竟是人,是有理性的,可以根据条件进行判断和选择的。即便像西蒙所说的,人是有限理性的,也就是说人搜集信息和计算的能力是有限的,对于创新,我们还是可以有所作为的,不会像自然选择那么完全被动,可以发挥我们的主观能动性。

■ 明尼苏达札记

边缘的优势

(发表于《书屋》2006年第11期)

在社会科学里边有一个边陲—中心的依附理论，是现代化理论的一个支脉。这个理论认为中心是发达的，边陲是落后的，而边陲的落后正是因为中心的剥削。这个理论有一定的道理，但是边缘也有其优势。对历史长时段的考察，往往先发达起来的是边陲，是边陲胜过中心，尔后又成了中心，有点河东河西的味道。边陲胜过中心的道理记得顾准曾提到过，他在《论孔子》一文中曾说出自己的一个"奇想"：孔子求售其思想和政治主张之所以失败，在于他选取的地方不对，鲁、宋、卫、陈、蔡都是周的中心地区而不是僻地，满脑子旧秩序的孔子是不懂得新的历史往往是在新地方开头的。战国时期的强国秦、晋，后来的赵、齐、楚，都是边缘地区，中心"故国"全被并吞；普鲁士、奥地利都是日耳曼的边邦；苏联和美国，五百年前在世界上也都不占地位。

历史上有名的商鞅变法出现在偏僻的秦国，而商鞅却不是秦国人。新教徒逃离了祖邦大英帝国的种种枷锁和压迫，乘"五月花"万里水渡到达新大陆，成就了当今的世界霸主美国。这告诉我们，作为"中心"，随着岁月的流逝，社会太成熟了，利益的格局形成了，观念的格局也定型了，力量特别大，僵化了人的头脑，也束缚住了人的作为。古代皇帝迁都，其实也是有避开这么一个已经定型了和被关系紧紧束缚住的"中心"。武则天在长安，想有所作为，但因为李唐发家在长安，李唐一派贵族的力量很大，其利益关系和权力关系，包括文化上的话语霸权关系，都让武则天的作为步步受阻，于是聪明的武氏把都城迁到洛阳，重建宫室，将长安作为陪都。明成祖朱棣"靖难"之后,把都城从南京迁到北京。南京的格局作为先皇故地,在人们的观念和行为上都打上了烙印,不如北京可以摆脱那些关系格局和观念的纠缠束缚,因此在北京更能放开手脚。

作为地理意义上的概念和作为文化意义上的概念,中心和边缘有着重叠的含义,比如中原地区历史上作为文化中心也是一个国家地理上的中心。一方面,如果只有一个中心,边缘会因为自己受中心主流和传统的束缚力较小,而容易改革和调整自己。另一方面,处于两个中心之间的边缘地带,因为两种文化的碰撞,比较会产生新的文化,如广东、香港等沿海地带,在中国近代史上西风东渐的新文化运动中便是典型的例子,及至改革开放后,竟又出现文化北上的现象。世界在变化之中,文化是调整人们生活的一套观念、方式。中心被关系束缚住了,因而面对变化了的新情况、新问题,调整自己适应环境的阻力较大,因此容易落后。即使在两种文化碰撞的时候,中心位置也是受到这种异文化的冲击较晚、较困难。中国作为文明发源地有值得自豪的文明历史,但是生活在现实中的人们必须应付自己的生活。因此,我们必须考虑如何批判地继承传统。

实际上,我们从被关系束缚住的社会导致落后的角度看,内地落后的问题可以解释,同时走出落后的路子也要从这些原因里找出来。传统的中国是乡土性的,一个基础特点是从土地里讨生活。如果进一步说传统中国是关系束缚的社会,其中一个主要原因就是束缚在土地上造成的。土地不像货币可以自由流动。从土地里讨生计,受到环境、节令影响很大,而且一片土地上一年的收成是有限度的。人力和肥力的投资达到一定程度后再增加就不行了。有足够的资本和人力,工业生产却可以扩大,这与农业生产不同。土地的不流动造成了人们的流动很小,从而关系在一个地方也就年深日久沉淀下来,形成了格局,束缚着生活在其中的每一个成员。而在这种农业生产方面的边际效益递减的局限,造成了追求财富的强大阻碍。有限的资源和稠密的人口,造成了一部分人想突破这种局限,讨一个富裕生活,于是他们便利用关系和权力剥削他人。权力在关系中,于是各种关系网络编织了起来,当官然后贪污成了苦心积虑的追求。提起来贪污和利用职权的腐败,人人恨得咬牙,而有的人实际上恨的不是贪污本身,而是自己没有机会贪污。这种文化是很可怕的。为了攫取这个机会,就极尽拍马逢迎、瞒上欺下之能事,取悦上级官员,可以高官得做、骏马得骑,从而可以有机会、有条件剥削他人了,造成为了个人私利不顾大家死活的价值取向。

再者,被关系束缚住而落后了还容易形成一种落后的文化:小圈子文化。有学者研究美国黑人社区亚文化,发现他们形成了与主流不同、但却严重阻碍了他们发展的由关系束缚住的小圈子文化。同一社区非裔黑人青年群体,大家都不学习,不愿接受高等教育,如果某人努力学习,成绩优秀,那么就成了整个小圈子的公共敌人,成了小圈子的"叛徒"。这种关系的束缚是一个人发展的大碍。记得怀特在其经典著作《街角社会》里描述了街头帮的两个头目的不同选择带来的不同命运。脱离了小圈子的头目获得了好的工作,进入了体面的阶层,选择了小圈子的那位头目就终老街头了。从这里我回忆起了大学毕业实习时,带队老师曾在闲聊时告诫我们毕业生,选择工作的时候一定要离家远些,不然家乡那些关系,包括父母的关心和疼爱会是负担,都会深深影响一个人的前程。依赖心理会使人倾向于向关系里讨资源,而不是辛苦实干通过竞争去争取自己的福利。所以,在这个意义上对个人而言,"马是出群休恋栈,燕辞故垒更图新"。

就在关系格局外的个人的优势而言,有这样一个典型的例子:围棋大师吴清源。郑也夫认为吴清源取得成就的一个重要原因是,他是一个边际人:①

> 在日本的围棋传统面前,他(指吴清源)是个外来户,虽然他也厮杀在其中,但在心态上他仍处在"边际",他感不到"传统权威的沉重压力",这却是"内中人"难于摆脱的,所以这位少女一样秀气的少年能够轻松地把棋子放在本因坊的禁区(如三三)上,而武士一般的日本棋手竟不敢越雷池一步。作为一个边际人,他可以吸取"主流文化"(或曰"中心文化")的一切长处,又易于保持住自己的客观性、超然

---

① 郑也夫:《走出囚徒困境》,光明日报出版社1995年版,第341—342页。

性、批判性。永远不接触"主流文化",便笃定是个"乡下人",而一旦把主流文化与从它外面带来的特殊禀赋融合在一起,就往往造成一种"特异"的气质和才干。历史上无数成大事者来自中心文化之外,道理即在于此。另一方面看,没有一个民族、地带能长久保持住中心文化、主流文化的地位。要保持优势就要形成格式,而格式一旦形成就不易破除,最后竟往往依赖外部来人去批判地继承。

"不易破除"并不是说人们完全无法作为,落后毕竟可以追赶,保持优势的时间长短也有差别。一个可为的办法就是必须不断"走出去",同时还要"请进来"。走出去是接受新鲜营养,请进来是输入新鲜血液,以此打破原来的关系格局,重组关系,增加活力。"走出去"和"请进来"都要达到一定的规模才行,不然,请进来的会被同化,走出去的一旦回来,也会有同样的命运。据说,达尔文曾在非洲某部落里带出来一个婴孩,在大英帝国接受了最新的教育,成人后被送回到原部落,他的命运不是成为"新文化运动的启蒙者",而是被送上了部落的餐桌。

■ 明尼苏达札记

感恩节解释的秘密

(2004年12月)

越是秘密,人们越是想知道;越是秘密,越有人来告诉我们。不然,书摊和媒体就不会有那么多秘闻、秘史或者"武林秘笈"之类的东西了。美国强大,美国成功了,于是就有人探讨美国成功的秘密。也因此有人就出来饶有趣味地揭示这个秘密。在刚过去不久的感恩节,一个牧师就引经据典地在教堂里告诉人们美国成功的秘密之一:感恩上帝。

美国的教堂似乎比我们的学校还多。第一次进教堂,是刚来美国的第一个星期天,接待我们饮食住宿的美国家庭带我们几个中国留学新生到一个装修豪华的教堂守礼拜,听布道。开始接触美国人的生活和文化。今年(2004)感恩节,教堂邀请参加中美友谊教会每月一次的聚餐,邀请来讲学的牧师结合主题,讲了"美国成功的秘密"这样一个颇诱人的题目。该牧师展示了美国50个州各州法律的宗旨,几乎全是为了荣耀上帝,或者是蒙恩上帝而感谢上帝,或者说他们的国是上帝的国。人们都是敬仰荣耀上帝,作上帝拣选的好公民。上帝会保佑这个国的繁荣和富强。

从牧师的展示来看,美国立法是建立在对上帝信仰之上。他们认为,有了这样的信仰,人们相互信任,相互团结,平等民主。哈佛大学社会学家去年发表论文认为,有宗教信仰的国家经济繁荣,因为人们之间的信任而减少了交易成本。但是又有人驳斥认为,上教堂守礼拜浪费了时间。但我还是认为,人不畏天,什么事情都会干出来的。斯宾塞说,权力是对活人的恐惧,宗教是对死人的恐惧。活人对活人的监督,不仅成本很高,而且不容易做;而死人对活人的监督大概就是无处不在,而且成本极低,如果有宗教信仰的话。而对上帝的感恩,还比较受局限,扩大到对神和对人的感恩之后,大概就更好了。虽然我们认为施恩不图报,但是如果人都有了感恩思想,大概这个世界会更好。

  关于美国的感恩节,这里不妨简单介绍一下。感恩节是北美独特的节假日。第一个感恩节是在1621年,比美国的历史还长。是1620年从英格兰乘"五月花"(Mayflower)号轮船在马萨诸塞州登陆美国的清教徒举行的。这些清教徒刚到北美的第一年,102人中一半的人在恶劣的环境下死亡。而感恩节的故事就在这样的情况下开始了,并且和一个名叫斯匡托(Squanto)的印第安人直接相关。斯匡托所在部落的位置和现在的普里茅斯较近,他们以种植玉米和狩猎为生,并且和外来的白人进行残酷的斗争。早在16世纪初期,一艘英国船只来到这里寻找黄金和白银。英人发现了玉米和印第安人,并掳走一些带到英国。1605年被卖为奴隶并学会了英语的斯匡托被他的主人释放了,获得了自由,1614年随海军上校约翰·斯密斯回到了新世界。斯密斯回到英格兰后,斯匡托再次被抓,但是这次一些西班牙天主教徒买下了他,从而挽救了他,使他没有被卖到北非。这些教徒教育斯匡托基督教信仰,同情他,最终帮助他回到了故乡。但是,1619年他一回到家,斯匡托发现他的部落的人都死了,都是死于从旧世界带来的天花疾病。他成了部落中唯一一个幸存者。

  到1620年12月21日清教徒刚到的时候,邻近的印第安人只是观望,害怕白人的瘟疫。英国清教徒是城镇人,没有在乡野土地上讨过活。第一个冬天过后,人数减少一半。这时候斯匡托见到了他们,决定帮助他们。他知道那些清教徒像他一样都是基督徒,他也会说英语,能够和他们交流。自1621年斯匡托接触到了那些清教徒后就从没有离开他们。斯匡托教他们狩猎,建温暖的房子,和邻近印第安部落的人交朋友,种植玉米和做饭。1621年的秋季是个大丰收,度过第二个寒冬有了保障。那些清教徒就想庆祝一下感谢上帝。为了感谢上帝赐给他们斯匡托这么一个似乎不可能的英雄,他们决定摆宴席。还邀请了邻近部落的长老等90多人,一起庆祝了3天。这批清教徒就是第一批到美国的英国殖民者。

从这个故事可以看到语言交流的重要,可以救人的生命。牧师说,他们美国人热心教国际学生英语,也是为了提高这些学生的交流能力,他们也可以从中受惠。要不是斯匡托这个人会英语,那些第一批殖民者该怎样幸存下来,还真是个问题。施惠他人,自己也受益。

但是这个感人的故事并不能掩盖殖民者入侵新大陆的罪恶的一面。在和我的英语老师聊到感恩节的时候,她问我一个问题:为什么有些美国人不愿意过感恩节?那老师让我试着猜猜。我还真猜得八九不离十。因为他们来到美国后,给印第安人带来了很大的灾难,屠杀了好多印第安人。老师强调补充说,英国殖民者给印第安人带来了天花瘟疫等病毒,杀死了几乎所有印第安人。这是他们觉得耻辱和内疚的地方。整个殖民史都是不怎么干净的。

历史毕竟成了历史。感恩节作为一种文化的标示自有它的意义。我个人觉得,感恩的思想确实有利于人际关系的和谐及社会的稳定。不管是直接感谢上帝,还是感谢帮助我们的人,都是一种美德。但是否可以说它是美国成功的秘诀,还是诸君自己判断吧。

在互动仪式中激发"情感能量"

（发表于《中国书评》2005年第4期）

外交活动领域是日常生活的例外，其中的礼节仪式比较正式。社会学家柯林斯早年曾随作为外交服务官员的父亲在德国柏林、苏联莫斯科以及南美国家生活过，受其经历影响，对互动仪式链理论情有独钟，孜孜以求。这一理论在柯林斯的一本巨著《哲学社会学》[①]里得到了应用，可以说《哲学社会学》是"互动仪式链"理论的经验证明，经对这一理论的深化总结并推广应用到分析现代社会的诸如性互动、社会分层、休闲方式、社会运动等领域。2005年，《互动仪式链》[②]经由普林斯顿大学出版社出版问世。

对仪式的研究从杜尔凯姆的功能主义开始。通过对部落社会宗教生活仪式的研究发现，宗教仪式使部落成员产生情感上的认同，从而获得社会团结和社会秩序。后来，考夫曼发扬了这一理论取向，扩展到了世俗日常生活的研究。考夫曼通常被人们称为符号互动论者。但作为考夫曼的学生，柯林斯认为，考夫曼是继承了杜尔凯姆取向的微观功能主义者，而且这一取向更富有社会心理学的特点。柯林斯继承并开拓性地发扬了这一传统，结合交换理论、互动理论和心理分析理论得出自己的"互动仪式链"概念。

互动仪式链理论的主要概念有：仪式、情境、互动仪式、互动仪式链、情感能量。仪式，一般用法是指正式的礼仪。在本书仪式是指相互集中/情

---

① Randall Collins. 1998. *The Sociology of Philosophies: A Global Theory of Intellectual Change.* Harvard University Press.

② Randall Collins. 2005. *Interaction Ritual Chains.* Princeton University Press.

感卷入的模式。互动仪式的核心是参与者发展相互注意和相互身体上极小的颤动节律及情感卷入的过程。情境是时间、空间和参与者的组合。从一个情境到另一个情境,参与者带着以前的情感能量和储存的象征符号,参与下一个互动仪式,从而形成环环相连的互动仪式链。仪式会给参与人带来一种特殊的能量,柯林斯称之为"情感能量"。情感能量是一种信心感、行动的勇气、发起行动的胆量;使个人感觉不仅良好而且兴奋,感觉是在做一件最重要的和最有价值的事情。互动仪式会产生四个主要结果:第一是群体团结,成员身份感;第二是个体内的情感能量,诸如信心、得意、力量、热心以及发起行动等感受;第三是表达群体的象征物,如徽章或其他表示法(肖像、语词、姿势)等,其成员感觉在集体意义上和他们相连,使他们成为内部人,和外部人区分开来;第四是道德感,即正确感,对象征物的尊重和对二者的捍卫(页49)。

互动仪式链理论分析框架的第一个特点就是,以"情境"作为分析起点。柯林斯的理论分析起点不是个人,是情境,这是沿承了"情境定义"理论的传统。互动仪式理论和互动仪式链理论首先是一个情境理论。为什么选择把情境作为真正的分析单位?柯林斯认为情境有自己的动力机制,个人就是在这些情境中建构起来的。情境本身就是一个结构,是各部分的关系。在这个意义上,柯林斯并不喜欢"结构"和"能动性"的二分法,认为微观和宏观的分析就够了。微观和宏观就是局部情境及情境之间的关系的谱系。第二个特点就是,引入"市场"概念到社会"互动仪式"的分析,通过"情感能量"的追求把物质产品市场和互动仪式市场统一在一起。人类是情感能量的追求者,获得情感能量要在互动仪式中完成,也就是在一个一个的情境中完成,上一个情境对参与者的情感能量的激发影响到下一个情境的互动仪式。但是情境中的突发因素会导致新情境中的互动具有不可预测性。然而,上升到中观层次后,比如婚姻市场,供需关系就有了可预测的性质。于是柯林斯引入了"市场"这个经济学的基本概念,和产品市场对应,有一个互动市场。每个个人都带着自己已有的符号象征知识和情感能量,来到这个互动市场,寻求情感能量的再次激发和补充。因为情感能量会衰退乃至消逝，必须不断激发和充电。

说到产品市场和"市场"这个经济学概念的引入，就不得不把理性选择理论带进来予以处理。经济理性人把成本和收益比较，追求利益最大化，这是一个经济学的基本假设。但这一假设有几个难以克服的缺陷，比如怎么解释利他主义行为？柯林斯提出了"情感能量"概念，认为人是情感能量的追求者，经济活动包括工作、生产、投资、消费等都是社会动机推动的。比如，韦伯在《新教伦理和资本主义精神》中论证的新教伦理对资本主义扩张的推动，行动者的经济行为就是为了一种宗教体验的实现，获得上帝的召唤得到救赎。杜尔凯姆在《社会分工论》中认为，使社会团结在一起的不是自私自利，只有在功利主义的交换嵌入在仪式团结（ritual solidarity）的地方，才可以有实际事务上的持续合作（页40）。一个有力地批驳经济学理论的概念工具是"嵌入性"，认为一切经济活动都是嵌入在社会关系之中的。柯林斯的互动仪式链理论认为，经济活动的完成是在人们追求情感能量的互动仪式链中完成的。互动仪式带来的不仅是"信任"这一实现经济活动的不可缺少的东西，而且还有"情感能量"，使行动者愿意生产、投资、工作、消费等。那么，物质产品市场和互动市场两者之间是什么关系呢？物质市场上经济利益的追求是追求情感能量的途径或者工具，经济行动服从于社会动机。产品市场和互动仪式市场就在"情感能量"的基础上统一起来了。通过这种方式，柯林斯把互动仪式链理论作为中层理论为"微观"和"宏观"社会学研究架起一座桥梁。用这一理论通过转换来解释宏观社会现象，如韦伯的阶级、地位群体和权力等分层现象。

虽然柯林斯的互动仪式链理论对透视诸多社会现象很有帮助，但从理论到应用领域之后，笔者认为解释社会现象时还是存在许多问题。比如对社会分层问题，柯林斯把分层问题转化为情境分层。现代社会正式礼仪大大衰落，比如没有前现代社会的国王和大臣之间、主人和仆人之间、官僚和平民之间、贵族和草民之间等严格的礼仪。如打躬作揖、三拜九叩等正式礼仪衰落了，代之而来的是大众化的握手、拥抱等平等化色彩的不那么严肃的仪式。衣服装饰差别也因大众化消费而差别减小。这样在大街上我们看见一个外表平凡的人可能就是一个政府要职官员。在美国这种情况更为明显。于是柯林斯就认为诸如资产阶级和无产阶级，贵族和平民等类别认同就不再具有真正的意义，而是情境分层才具有意义。一个工人在公司里工作时的情境下，认为自己是个无产阶级工人，但回到家里，享受到一定水平的生活就认为自己是个中产阶级。文凭贬值和不同质量学校的不可比性使得原来以学历划分的阶层也失去了意义。在情境分层里，一个人的资源和他可以获得的情感能量要以具体情境而定。这里笔者必须指出，虽然柯林斯把仪式划分为正式的和自然的两类，但是这里他就忽略了虽然正式仪式衰退了，但日常生活中处处充满了互动仪式。正像柯林斯本人在本书第五章分析的，思考本身都是个人的内部对话，也是情境互动仪式链上的环节。而这些互动仪式都是在外在的经内化的社会分层结构约束下进行的。个人在这个宏观背景下的位置决定了个人进入情境互动仪式里带来的能量，从而导致是否能够主导互动仪式，从而获得更大的情感能量。面对复杂化的现代社会分层，情境分层虽然提供了一个视角，但是依然没有足够的说服力。

再来看看这一理论在工作之外休闲方式方面的应用。柯林斯以抽烟和禁止抽烟的运动为例来说明互动仪式和情感能量在这一过程中的作用。抽烟有很长的历史，尽管有医学研究显示吸烟有害健康，但人们还是要抽。因为一方面，抽烟是一种互动仪式，比如递根烟或接根烟可以表示友好，或者礼貌，没有人会说这人给人家让烟抽是存心不良，因为"抽烟有害健康"。另一方面，抽烟会产生一种柯林斯所说的"情感能量"。身体摄入某些物质产生的能量体验和互动仪式中产生的能量是一个道理。两人见面的相互吸引或者排斥在体内就产生一种物质。于是抽烟、喝酒甚至吸毒就有了激发"情感能量"的东西，因而具有了社会互动仪式的社会学意义。在禁烟运动取得成功的原因方面，柯林斯认为并不是因为医学研究说的抽烟有害健康，而是社会互动仪式的情境的作用。这就牵涉到近代家庭作为社会基础单位的衰落和其他机构的兴起，比如工作单位。这样家庭的家长制让位，反传统的青年的"反文化"伴随着女权运动、人权运动、同性婚姻运动、环保运动等，禁烟运动也起来了。左派支持政府多加管制，右派持保守的宗教虔诚，从而导致了禁烟运动的成功。解释到这里柯林斯似乎走得远了。我们可以合理地想象，许多人的戒烟也确实是因为"吸烟有害健康"。当然，尽管吸毒明显地有害健康，还是有那么多人吸毒。在这个意义上，从柯林斯的互动仪式中激发情感能量和摄入物品的同样功能也可以有些启发。

在应用上，柯林斯还推广到性互动。最高形式的互动仪式就是性交：两个人的注意和情感的投入。这种原始的活动是建立在生理基础上的社会性互动仪式。有一个情境互动市场，约会什么样的人，怎么样互动等都以市场和情感能量的激发为依归。当应用到作为社会产品的个人主义的时候，柯林斯认为并不是因为强调互动仪式而把个体推向群体和群众而没有自己的私有空间。情境越多样化，越有利于个体个性的形成。同时，私人空间的事务，甚至内心对话和思绪，在柯林斯看来，都是互动仪式链中的继续和环节。内向和外向都是互动仪式中形成的。

柯林斯是当今世界最富原创性思想的社会学家之一。互动仪式链理论尤其是"情感能量"概念及其应用就充满了对现代社会发展深刻的理论洞察。同时也必须指出的是，"情感能量"这样一个很有洞察力和启发性的概念太抽象，过于心理学化，而且用这一概念解释行动者的行动都可以说是在追求情感能量，类似于可以把诸种现象解释为进化的结果的进化论概念。这一点不能不说是柯林斯处理这个理论的难点。

■ 明尼苏达札记

一本讨论"建构名誉"的书

(发表于《中国书评》2005年第3期)

《色泽斑驳的名誉：对邪恶之徒、无能之辈和有争议者的集体记忆》①系美国当代社会学家盖里·费恩所著，是一本研究历史人物的名誉建构的很好的著作。此书除了约30页导言和简短的结论外，主体部分是由公开发表于1995—2000年五年间的八篇论文。每篇论文都是费恩与他的学生或者同事合作的研究成果。因此，可以说是一个由费恩领衔的集体成果论文集。

史学家克罗齐说，一切历史都是当代史。社会学家米德说，每一个对过去的观念都是从对当今的关照和需要的立场来解释的。对历史的解释的一个重要组成部分就是对历史人物的名誉的褒贬——认同赞赏或者唾弃鄙夷。对古今中外的任何人而言，名誉都是重要的。而历史人物的名誉是前人留给我们的一份共享的遗产，对我们当今的价值观念、文化认同、道德伦理建设等有重要意义。要知道一个社会的价值立场，我们只需要看她的英雄及纪念和赞美英雄的机制就可以了。因此，探讨历史人物的名誉建构问题就具有了自己独特的价值，而且也为社会史的研究开辟了一个新视角。

费恩教授1976年哈佛大学博士毕业，研究领域主要是文化和知识社会学。比如，艺术世界的经济和社会组织，主要集中在当代的民间艺术；对谣言和现代神话，尤其是对政治和经济的谣言的阐释；以及本书研究的作

---

① Gary Fine. 2001. *Difficult Reputations: Collective Memories of the Evil, Inept, and Controversial.* University of Chicago Press.

为集体记忆的个人名誉是如何通过名誉经营家建构起来的。

那些研究名誉的发展和集体记忆的学者已经广泛地对那些被视为英雄和道德榜样的人做了探讨。从本书题目"色泽斑驳的名誉"就可以看出,此书作者关注的不是那些已获得稳定美名的人物,而是那些存争议的(controversial)还没有定论的人士,作者给他们贴上了"色泽斑驳的名誉"的标签。色泽斑驳的名誉可以有多种,书中探讨了三类:消极性(negative)名誉,比如希特勒、美国前总统哈定;争议中的(contested)名誉,比如发现新大陆的哥伦布、参与反对合法国家的政治暴力的约翰·布朗;以及次文化的(subcultural)名誉,比如美国工业巨子亨利·福特。

集体记忆是知识社会学的一个重要组成部分。"历史充满了故事和讲故事的人"(页259)。任何故事都有主角。这本书就是要讲主角个人在我们的记忆中扮演的角色和我们是怎样把他们定位或定论的。本书中的个案研究都是就历史人物个人生前和刚去世不久之后人们对他们名誉的制造,而不是已经沉淀到历史记忆深处和大众之中的历史定论的再建构。作者试图形成关于名誉研究的理论,但没有形成正式系统的理论,而是散见于各个案例之中。导言部分只是一个尝试性的总结。

在理论上,对名誉的研究有两个取向。第一是法国社会学家杜尔凯姆的功能取向。从杜尔凯姆的功能社会学观点来看,英雄人物形象的建立可以增长共同体的团结,也可以通过沉淀到历史里影响后人增强团结感。同时,反面角色也有助于建立社会道德边界,增加团结。通过道德模范人物的共同创造加强了这一道德边界,区别内外。因此,对历史人物的名誉塑造是服务于社会或其中的群体的。有时候为了突出反面典型,不惜对其名誉故意诋毁。第二个是过程取向,深入探讨名誉被建构和再建构的过程。这一过程的探讨得到了符号互动论和社会建构理论的支持。

费恩把自己的方法取向称为"谨慎的自然主义"(cautious naturalism)。这一取向处于揭露历史秘密的揭秘历史学家和激进的建构主义者之间。历史的客观性取向受到挑战,建构主义开始兴旺起来。该派认为事件和历史人物都是建构起来的,没有什么客观真理。研究名誉的建构主义的方法取向是对认真的学者可以发现单一的、可知的、无争议的、外在的"真实名誉"观点的纠正。而建构主义派别里又分出强弱两派,前者认为"事实"并不重要,不顾社会条件和结构制度性力量的制约谈建构;后者则没有那么激进,承认"事实"的部分客观性和结构性力量对事实解释的建构的限制。本书采用的是后者的观点,叫做"谨慎的自然主义"。在方法论上,作为一个社会学家,作者把自己定位在和历史学家相反的角色,目的是就已知的东西重组使其具有社会学的意义。

在揭示名誉建构机制时,作者提出来的一个重要概念是"名誉经营家"(reputational entrepreneurs)。"名誉的保持需要利己主义的监管人(self-interested custodians)。我称这些监管人为名誉经营家"(页63)。广义上讲,这些名誉经营家包括家人、朋友、亲密小圈子、学者、媒体、组织社团及历史本身。通过这些经营家,建构了一个集体记忆,形成了名誉,流芳,遗臭,或者毁誉参半。名誉经营要依赖于三个要素:动力、宣传设备和社会地位。因此,结构、环境、利益及关系就成了名誉建构的重要力量。作为名誉经营家的学者对历史人物的名誉建构应该持什么样的态度呢?费恩直截了当地指出,学者和社会科学家的理想角色是,名誉形成中"记忆的把门人"。"如果社会科学家在努力成为名誉经营者的时候不能成为诚实的中间人,至少要和那些故意编排历史的人区别开来(页15)。"学术界是能够不为个人利益所左右做出客观评价的,建构主义止步于学者的研究领地。

当然在这个建构过程中,文化发挥着不可忽视的力量。作者借用了格里斯沃尔德的文化钻石模型(Cultural Diamond)。这个模型给出了四种力量的影响关系:(1)文化目标,或者形成过程中的名誉本身——"那些人们认为是真实的东西"(页17);(2)社会世界,那些形塑话语的复杂的社会的、知识的、情感的结构;(3)制造者,本质上就是信息的发送者,充满着自己的利益和打算;(4)接收者,也就是受众。这是一个权力矩阵。名誉的形成和定论化就是各力量之间相互影响的结果。

这本书主体部分的八篇论文是八个个案,对不同的历史人物进行了饶有趣味又富有思想深度和理论洞察力的分析。下面简单列举两个例子。

第一个就是美国历史上著名的叛徒本尼迪克特·阿诺德,是作为邪恶之徒的名誉建构的个案。阿诺德早年是美国国父华盛顿信任的朋友、名噪一时战斗英雄,官阶做到少将,后来叛变了殖民地人民逃到英国军队。因此,阿诺德也就由一个英雄变成了千夫所指万人唾骂的"叛徒"了,他的名字已经成了"叛徒"的美式代名词。历史是成功者写的。作者说假定当年英联邦赢得了战争,那么阿诺德就会是一个维护大英帝国统一的功臣而名垂青史。历史无法这么假定。阿诺德曾经受举国人民崇拜,却从美国独立战争中的最伟大的将军之一变成了叛徒。当他是胜利的战斗英雄的时候,他得到了家乡人们欢迎伟大英雄的礼待。当他叛徒之后,所有和他名字事迹有关的东西都被诅咒、抹黑,连他父亲和兄弟的坟墓都被粉碎。对这么一个人的名誉怎么建构呢?于是塑造一个坏蛋形象,抹杀英雄事迹。坏蛋形象开始从娃娃挖起,从一贯的人格找根源。比如,有知道阿诺德孩提往事的人举例表明阿诺德从小就有搞恶作剧、自私、叛徒的人格。一本小学教材这样写阿诺德:"他早年就是一个'坏小孩'。从童年起就不顺从、残酷、不计后果、亵渎、一点不关心他人。"(页41)阿诺德故意把碎玻璃弄到校园里,看其他学生踩上去扎破脚。通过媒体、大众、传记作家、历史学家、故事大王等名誉经营家的努力,阿诺德的叛徒形象就确立下来了,不再是伟大战斗英雄和革命战争的将军。这样一个标签为人们一代代所知,但具体行动和事实背景没有人关心了。这本身就是一个简化复杂的过程。通过简化复杂,曾经的伟大英雄就成了一个彻头彻尾的坏蛋。阿诺德成了一个符号,划出了道德价值的边界。但正像作者指出的,阿诺德的行为和美国人民崇尚的个人主义是相符的。这里就显示出一个矛盾。从这里我们也可以看出,牵涉到爱国的道德判断时,可容忍性是多么有限。

再比如对无能者的建构,例子是美国前总统哈定。不像道德上的英雄和恶棍形象的树立可以对社会和群体的道德价值观形成有重要影响,增强团体团结,对无能者的名誉塑造是揭示失败人物和他们失败的原因,用以警示后人,作为前车之鉴。哈定总统在生前潇洒有为,并且要不是在第一任期内病逝,他的连任前景也是被极为看好的,而他却竟然被建构成了一个美国历史上最差的总统,成了一个无能的、愚蠢的、任人唯亲的、对腐败视若不见的庸人。哈定的功绩实际上是很大的,至少不像后来的形象那么坏。为什么哈定被建构成了最差总统的呢?作者认为问题出在他的名誉经营家上。在利益上说,他们没有维护哈定名誉的需要,有点人走茶凉的味道;而且,政敌占据了要津,夺走了他们手中的资源和地位优势;还有就是政敌一方为了满足当时的历史形势的需要对哈定的诋毁和攻击太猛烈。

其他各章包括美国工业巨子福特因为面对不同利益群体形成了多重名誉的过程;美国第一位诺贝尔文学奖获得者辛克莱·刘易斯的名誉建构,以及他的揭示故乡小镇的恶俗的小说《主街》被该小镇摒弃和接受并被利用对小镇名誉的建构过程,等等。每一篇都是非常有趣的故事,虽然都是关于美国历史人物的,但是道理无国界,就像我们读《一千零一夜》一样,我们也同样会喜欢这本书的。

《信任论》的美与不足

(发表于《中国书评》2005年第2期)

信任研究在国外早已成了热门,几乎遍及社会人文各个领域,不仅哲学、伦理学、社会学、政治学在研究,而且经济学、管理学、心理学也不甘落后。国内翻译较早的一本是福山的《信任:社会美德与创造经济繁荣》。[①]在中国转型巨变的年代,信任结构的转型成了一个突出的问题。《信任论》[②]是中国本土学者郑也夫先生写的论述信任问题的著作。当年就被《文汇报》和《南方周末》分别评为年度十佳学术著作之一。郑先生在治学和著作风格上与我国的社会学前辈费孝通和美国社会学家丹尼尔·贝尔很相近。加上《信任论》这本书理论结合着中国的实际,读来自有一番味道。对该书内容的介绍不是本文的任务,佳肴要自己去品尝。我在这里只谈三个写作特点,也是本书的优点,以及三个不足。

首先,请允许我先说说这本书的写作特点。第一个就是多学科的视角。为了探讨信任理论,除了作为社会学家从社会学视角探讨信任问题外,郑先生还从对当代社会学理论发生着重大影响的三支姊妹学科的视角出发,了解姊妹学科对信任、合作、人类行为的直接、间接的论述。这三个姊妹学科是:生物学、博弈论、经济学。从生物学的角度探讨人类的本性,走出了传统哲学、伦理学的窠臼,从而发掘了信任问题的深层原因。人文社会科学是研究人的学问,人是有两面性的:生物的和社会的(或者称文化的)。但生物人是基础,社会人是建立在生物人的根基上的。借助于生物

---

① 弗朗西斯·福山:《信任:社会美德与创造经济繁荣》,海南出版社2001年版。
② 郑也夫:《信任论》,中国广播电视出版社2001年版。

学发展的成果,为信任问题的研究找到了一个根基,这一点是出招就高人一筹的。在国外,社会生物学的发展及其对社会科学的影响来势颇劲;国内这方面,郑先生恐怕是极少有的注意到这一点并身体力行的学者之一。郑先生在2004年出版的作品系列中就有一本《阅读生物学札记》。在今天的学术界,学科的发展日益专门化,学科壁垒日益高固,多点跨学科的研究是有益的。美国不少高校都有跨学科研究机构。

《信任论》的第二个特点是一个核心论题、多个问题领域。这是"辐辏"式的研究和写作之法。核心论题就是信任。围绕信任该书论述的领域很宽:人类的本性,几种利他,合作,古典经济学理性选择思想批判,亲族领地共同体,信任的心理和社会功能,秘密社会,中西早期城市化过程中的民间组织,货币,专家,文凭社会,还有杀熟,等等。这样一个系统性的探讨,使得信任问题的研究兼有深度和广度,不仅在理论上做出了应有的贡献,而且用理论观照了各种不同的社会领域的问题;不是为理论而理论,而是把理论建立在活的社会事实基础上。这个特点和《代价论》是一脉相承的。这个特点使得这本书视野宽广,内容丰富,论述诱人,能给不同的人以智慧的启发,各取所需。

第三,风格上,学院气浓而不迂腐,关切"现实"而不流俗。虽然郑先生写了不少通俗文章,但更喜欢的还是纯正的学术研究。即使在通俗文章里,也往往免不了"学究气"。这种"学究气"我以为就是很较真,把一个东西层层推究逐次深挖。正像他在一篇杂文里所说:"学院派的东西应该是严谨,可经受推敲的。"《信任论》就是这样一本严谨、经得起推敲的学术著作。但是,这本书绝不迂腐,不是谈一大堆大道理却对现实问题给不出一点创造性的见解。这本书最后一章从理论走回到真切的现实,对当前社会上的"杀熟"现象作出了解释。没有就事论事道德谴责流于俗道,而是就现当代历史中的"单位"制度,"政治揭发"运动和经济活动等进行梳理,探讨它们是如何一步步地为走向杀熟之路铺垫着路基的。

以上三个特点是这本书的诸多优点中的三个,很值得学习和借鉴。现在我想指出三点不足,同时借机谈一点我个人的看法。

第一个就是法律和信任的关系被漏掉了,或者更准确地说,是仅仅提到而没有深入论述。在一篇给张维迎写的书评里,郑先生解释了原因:一是先生对法律领域的东西不太熟悉;二是认为虽然法律对社会信任有影响,但是法律不处于信任王国的腹地。但我不同意这第二点原因。信任和法律的关系也就是广义上和规则的关系。法律在逐渐侵蚀信任的领地。规则越来越繁多,而信任是在简化复杂。就是在心理承受力上来说,我们也希望有更多的信任,而不是规则。熊彼特说:"我确实希望在用规则管制上进步慢一些,当没有什么不为规则所管制的时候,进步只有停歇了。"同时规则和信任都有实现社会秩序的功能。这是个悖论。就是因为这么一个复杂的悖论关系,所以,我以为研究信任问题是不能回避法律与信任的关系这个问题的。

之所以说信任和法律的关系是一个"复杂的"悖论,是因为在实现社会秩序上两者有共同的指向:实现一个有秩序的社会;同时,作为特殊的规则的法律不可避免地越来越繁杂,而信任的重要功能却是简化复杂。就信任与社会秩序的关系而言,郑先生从逻辑上归结为四个类型:第一类型是"有秩序无信任",这种情况是在追求秩序中牺牲了自由与繁荣的社会,比如全权制(totalitarianism)社会;第二类型是"有信任有秩序",可望成为一个自由繁荣的社会;第三类型是"无信任也无秩序",意味着社会生活的混乱无序;第四类型的则是"有信任无秩序",在现实中是不存在的(第115页)。从这里可以看出,信任对实现社会的秩序既不是充分条件,也不是必要条件;但对实现自由繁荣的有秩序的社会却是必不可少的。我们的目的是要实现自由繁荣的社会,因此,信任必不可少。

我们再来看法律对实现社会秩序的功能。郑先生没有直接论述法律,但是论述到了"强制"的作用。郑先生说,"存在着三种促进社会秩序形成的力量:强制、互惠、习俗"(第115页)。让我们从"强制"出发,看看法律对实现社会秩序的位子。虽然人们把法律实现秩序的功能认为理所当然,我这里还是想理论上分析一下,对我们认识论题有帮助。郑先生说,"强制,独自就可以造就秩序",而"通过强制力为社会提供秩序是国家机器的明确的目标和职能"(第115—116页)。在国家以造成某种秩序为其目标这一点上,保守主义和激进主义理论家不存异议。这个时候,法律的地位就凸现出来了。法律是以国家机器为后盾的,执行具有强制性,目标是实现秩序的社会。即使是在全权制社会里,看似无法无天的乱哄哄的斗争,也是拿出所谓的"法律"来的,给人们加上诸如"叛国"、"反革命"之类的罪名。这里不准备探讨那样的时代的法律对提供秩序的问题,而是就一般社会法律的讨论。为了对许多事情和行为做到"有法可依",法规是不断地出台,精细化。韦伯在论述科层制的时候对这样一个理性化导致的人类的困境表示悲观。不仅规则繁琐,而且在执行法律时的取证和论辩同样繁琐。看看美国的麦克尔·杰克逊案子是多么啰嗦就知道了。

就法律与信任的关系,郑先生在书中只有在"信任对复杂的简化"一章中有这样一小段:

> 信任和法律是分离而独立运行的两大系统。以至于,信任与隶属于法律系统的信任保证不是一回事。但信任与法律仍然相互作用。信任要感谢法律对风险的限定。信任在相当程度上依赖于奖惩,虽然奖惩的方式不囿于法律。奖惩可以是名声的传播,也可以是物质的得失;可以是互惠关系的中止,也可以是秘密社会中对背信的残酷的报复。法律对很多背信行为增加了一重约束。除了法律的物质惩罚外,法律的判决对一个人的名声也有重要影响,而名声与信任有着最紧密的联系。另一方面,法律也要仰仗于信任。说到根本,法律不是依赖于其条款,而是依赖于人们对法理的信服、敬畏和遵从。(第106页)

在这一段中,郑先生概述了二者分离而独立运行且相互作用,观点很有启发性,但是没有注意到我们以上所说的法律和信任关系的复杂的悖论。我认为这一点正是问题所在。有意思的是,这仅有的一段专门论述,还是出现在信任对复杂的简化一章里,也没有提到这个悖论问题:两者都对实现我们希望的自由繁荣的秩序很重要,却一个简化复杂,一个制造复杂。

第二，宗教和信任的关系也是一个大题目，同样没有得到应有的对待。考虑到郑先生在社科院念研究生时读的是宗教学，应该不会忘记这一点。习俗的作用论述了，宗教被遗忘了。有人（比如福山）就认为宗教对信任的影响很大，从而影响国家的经济繁荣。斯宾塞说，宗教是活人对死人的恐惧。活人的管制可以逃避，对死人的恐惧却是深入心灵如影随形的。这里的"死人"也包括西方的上帝。基督教里的上帝，或者说是耶稣、圣灵，是看不见的，无形的。但他在西方人的人际互动中，发挥着很好的第三者的功能。基督教信徒们之间可以通过上帝来获得信任。因为他们共同信仰这样一位神，都相信上帝公平地惩恶扬善，所以你怕惩罚而减小了作恶的可能，我更相信你的承诺。美国总统宣誓就职要手按《圣经》，法庭上诉讼和辩护双方都要先举起右手面对上帝发誓，法官宣判判案结果也要面对上帝。这样，面对一个上帝，两个基督徒之间的交易更容易顺利完成，因为宗教信仰造成了双方容易相互信任，从而减少交易成本。

就宗教与信任的关系，虽然郑先生没有专门论述，但是公平地说，郑先生是没有完全忽视这一点的，而是从一开篇定义信任的时候就直追到了《古兰经》和《圣经》。郑先生说，《圣经》中使用信任（trust 或 confidence）达几十次之多，并且列举了《圣经》和《古兰经》的话作为例子。接着，郑先生写道：

> 浸淫于宗教文化中的西方近代学者怀疑无神论者能够讲究信任。他们认为信任的一大特征是"无条件"，它只能产生于人与上帝的关系中。洛克认为，保证诺言和契约的完成要靠约定双方之外的第三方力量，人们因为惧怕作为第三者的上帝的愤怒，才履行诺言。从西方的语源和典籍我们看到，与中国的人文传统不同，西方的信任观与宗教有着不解之缘。（第13页）

那么，究竟宗教和信任是什么样的关系呢？问题在这里。就这个问题深究根底，会发掘出很深层的东西。宗教是产生信任的必要条件吗？浸淫于宗教文化中的西方近代学者对无神论者能够讲究信任的怀疑是否有道理呢？唯物主义无神论教育对培育社会信任起什么作用呢？中国的人文传统没有宗教因素么？如果有的话，中西的差别又当是一个什么样子的呢？写到这里，我又想到何怀宏先生的"假如没有上帝，道德如何可能？"我读过之后想，有没有人研究过蚂蚁帝国和蜜蜂王国里的道德问题。因为在这两类物种的群落中，有着高度的合作和秩序，用我们人的眼光看，它们中的牺牲精神也很强。那么，如果我们可以把它们的行为定义为是道德的的话，接着我们可以问：它们的精神世界里有没有一个"上帝"？如果没有，证明假如没有上帝，道德依然可能。我阅读社会生物学和进化心理学的书籍后的感觉是，道德和上帝逻辑上没有必然关系，但现实中似乎纠缠不清。话说回来，那么，信任和上帝，也就是信任和宗教的关系呢？探讨这些问题，对我们认识这个世界和人类社会是很重要的一环。也许因为这个题目太大了，人们通常才不敢轻易触及吧。

我无能力对这些问题解答。但是，既然郑先生在书中说现代社会生活依赖于两大"系统信任"，其一是货币系统，其二就是专家系统，而文凭或者学历正是专家系统的基础，这里就顺便提一点文凭与信任关系中宗教影响的影子。这一点也许有些牵强，大家不妨再论。从词源学上看，文凭（credentials）的词根是 credere，有信任、信用的含义。对大众来说，学校师生对待文凭的态度，对公众产生对文凭的信任感很重要。在这一点上，我们会看到宗教（或者类宗教）的作用。在西方社会，像英美这样的国家，毕业学位的授予是非常隆重严肃的。任何一个参加过英国或美国主要高等学府学位授予典礼的人，都不会不震撼于他们那种古典式的虔诚。各种设计的大同小异的博士、硕士服装和帽子，师生穿戴齐备，像大主教在教堂举行教会神圣礼仪，教授们庄严地授予毕业生学位文凭。这种形式正是从古典宗教仪式发展而来的。宗教主敬和虔诚，从而产生信，包括信任和信仰。在国内我念了本科，还念了一个硕士，从来没有参加过毕业典礼和学位授予仪式大会。不是我偷懒不去，而是没有，就是班级学生干部把证书一摞抱过来，大家领了。也或者是班干部作代表参加了，而我这个平民是不知道的。没有一点神圣庄严的感觉。在美国我还没有毕业，但参加过别人的毕业典礼。他们不仅自己参加,而且还邀请亲朋好友,人生一件大事,仪式庄严而隆重,不必多言。通过这些,使人们对文凭增加信任感。不然,视同儿戏,如何可信?!中国古代儿童入塾拜孔子也有宗教的味道,恐怕自有其道理。

第三,信任不是有没有的问题,重要的是信任的结构是什么样的。比如郑先生在本书里探讨秘密社会时论述的黑手党和青帮。黑手党产生于政府权力的静态真空——西西里历史上是"三不管"地带;青帮则产生于政府权力的动态真空——清代的国家与社会没有为人员流动做好准备。于是形成了一种特异的信任结构和权力垄断。不是没有信任,而是信任的结构不同。这样,我们来看看"杀熟"现象。这种现象并不是说这个社会没有信任,而是形成了一种特殊的信任结构。极端上没有信任的社会是不存在的,对现在社会中信任缺失的夸张也是不合实际的。在一定的条件下,形成了一种特殊的信任结构,而不是没有信任。"杀熟"不是常态;"欺生"才是常态。这里我不用"杀生","杀"字太极端。在一种信任结构被破坏之后,另一种结构会迅速取而代之,这是自然秩序天性求生策略的必然。当下的信任结构或者正在生长中的信任结构当是个不错的研究题目。

写了这么多,还是想说这是本充满智慧和洞察力的好书。虽然从篇幅上看,似乎写不足部分的文字较多,但《信任论》是难得的一本佳作,书中对诸多现实和学理问题的研究都开了个好头。打个比喻,《信任论》犹如新开辟的一个花园,许多人可以在里边找到种花的土壤,浇灌出美丽的花朵。盼望着早日看到这个花园花团锦簇。

■ 明尼苏达札记

《乡土中国》六十年杂话

（发表于《读品》2008年总第66期）

费孝通先生仙逝已三年矣，总想写点什么寄托怀念。斯人已去，著述尚存，且似乎历久而弥新！读其书继其学，也许是悼念费先生的一个比较好的方式。我读过费孝通先生的几乎所有公开发表的作品，尤其偏爱《乡土中国》以及《皇权与绅权》里的几篇文章。《乡土中国》出版于1948年的4月，《皇权与绅权》则出版于1948年底。六十年过去了，六十年是一个甲子，也是一个轮回。

因为《皇权与绅权》是一本和吴晗先生合编的集子，这里就专谈《乡土中国》吧。此书我读过几遍，自己也不晓得了。1948年的观察社繁体字竖排版本，1998年与《生育制度》一起由北大出版社出版的简体横排版本，还有1992年由美国加州大学出版社出版的英译本，都看过，前二者都曾通读，英译本只是看了其中的一部分。看英译本主要是想看看一些中文表达译者是如何向西方读者解释的。这种解释很可以看出因文化上的差异带来的理解上的差异。

自从费孝通的《乡土中国》出版之后，半年里重印4次，总印量11 000册。作为学术著作，在当时可以说很了不起了。之后许多人士了解中国社会结构和文化，都在读这本薄薄的大书。在改革开放前的特殊年代，这本书连同费先生的其他作品在内地几乎绝迹了，但台湾地区和香港地区还有人在读。在台湾地区因为有关当局禁止印售费孝通的著作，有人就弄个假名字出版销售，供应读者。那么这本书本来是写给谁看的呢？按照费孝通在后记里所说，本书文章是他1946年整理出乡村社会学的讲稿，而且是他第二期的工作,即对社会结构作分析。以费孝通先生"志在富民"的远大抱负,这本书不会只是写给学生看的,也不只是给学术界的同行看的。我们看看当时是什么年代,抗日战争刚刚结束,内战又爆发了,不管是抗战战后,还是内战战后,都有个战后重建家园的问题。从费孝通的《乡土中国》的姊妹篇《乡土重建》可以看出,他是在为重建国家而谋划。作为一介书生,他必须让更多的精英们尤其是政治精英们了解他的思想和谋划,才可能发挥实际的作用。在这个时候,费孝通不失时机地出版了《乡土中国》,在理论上奠定基础,然后出版了《乡土重建》开始在理论基础上谋划重建措施。难怪英文版译者称该书文章也可以在政治文件(political document)的层面上来理解。而且因为观察社在上海,也可以猜测,费孝通在向上海的知识分子和官僚们布道。为了获得更多的读者,让更多的人理解中国社会的结构,费孝通采用了非严格的学术写作手法,语言直白、简洁易懂,而且很富文采,读起来像散文一样有趣。"言而无文,其行不远,"《乡土中国》之所以依然受人青睐,也大概因为其"言而有文"吧。

但是,时事风云变幻,后来的事实证明费写作《乡土中国》和《乡土重建》的努力和抱负只能淹没在政治的海洋里了。历史走向了一个费没有预测到的轨道:阶级斗争的政治风暴和乌托邦的理想社会试验代替了他谋划的乡土中国的重建。很有意味的一点是,在以马克思主义的阶级理论分析中国社会日益主导政治和学术界的当时,费孝通的《乡土中国》竟然没有一点马克思主义"阶级"字样的影子,而且在论述皇权与绅权的文章里也是把中国社会从西周到秦作为封建社会来对待的。费孝通走的是改良的道路,而不是革命的路子。要在理解和尊重传统的基础上重建中国乡村社会,发展乡村工业,而不是通过阶级斗争摧毁传统,建立新社会。这怎么能符合"马克思主义理论"的分析呢?!因此,这些理论以及建立在其上的重建措施的命运自然不可避免了,理论的提出者费先生的右派之劫也就顺理成章了。也大概是"福兮祸之所倚"的原因,历经沧桑,《乡土中国》依然生命勃发,而那些曾经红极一时的"作品",则进入了历史的垃圾堆。

当然,历史无法重来,以检验如果我们真的采用了费孝通的重建蓝图,后来中国的发展会是什么样子。但是《乡土中国》对理解中国社会确实是难得的一本著作。中西方的学者,研究中国社会不可绕开这本小书。但是我们也必须注意到,这本书只是看到了中国社会的部分情况,绝对不是通过这一本书就可以完全地了解中国的传统社会。首先因为费孝通的乡村实际调查代表性是很有局限性的。云南三村和江村都是一个地方的情况。正像费孝通在《乡土重建》的第一篇里开头申明的:"任何对于中国问题的讨论总难免流于空泛和偏执。空泛,因为中国具有这样长的历史和这样广的幅员,一切归纳出来的结论都有例外,都需要加以限度;偏执,因为当前的中国正在变迁的中程,部分的和片面的观察都不易得到应有的分寸。"当做一种见解是可以的,而不能当做全部事实。比如当时乡村的土地革命,党派的斗争在乡村的表现,以及乡村治理上的变化等都没有在《乡土中国》里体现出来。这样说,并不是我们苛求费先生,而是提醒现在的读者能注意到这一点。

读者还要注意的重要一点就是乡土中国描述的至多只是中国的乡村,而没有包括城镇和城乡关系。在《乡土重建》里,费孝通确实包括了几篇文章谈市镇以及城乡关系,但是远远不够。因为大家多看的是《乡土中国》,容易形成一个中国的图景就是乡土性的。陈映芳先生最近撰文就提出了这种看法。在一篇《传统中国再认识:乡土中国、城镇中国及城乡关系》里就对国内外学术界、思想界将"乡土中国"等同于传统中国,以"乡土性"概括中国传统性的学说和观念提出了质疑和反思,作者认为,近代中国的思想家和中西方人类学家、社会学者们借助于西方现代社会科学来建构"中国社会"的过程,其实也是他们参照"现代的、城市的西方",将既有的中国裁剪、过滤成"传统的、乡土的中国"的过程。在这个过程中,费孝通先生所描述的中国基层乡村社会的一些基本属性,被扩大为中国整体社会的本质特征,中国城镇社会、城乡关系的传统以及传统的城市性等,相应被忽略了。这样的结果,不仅中国的传统性被单性化,中国的城市性也成了纯粹的西来之物、无本之木,既无益于我们的文化自觉,亦不利于对现实中国城乡问题的把握。在研究三农问题的时候,《乡土中国》也是重要的参考书目,但是一定要反思和尊重现实情况。在了解传统中国在近代化过程中的变迁方面,张鸣的《乡村社会权力和文化结构变迁(1903—1953)》是一本弥补《乡土中国》不足的好书。这本书对动乱、战争以及新兴的党派等对传统乡村的影响都有精彩的论述。

在我看来,《乡土中国》还有一个方法上值得反思的地方,即对比的对象问题。一方面费孝通是在比较中国的乡村和城镇,"从基层上看去,中国社会是乡土性的。我说中国社会的基层是乡土性的,那是因为我考虑到从这基层上曾长出一层比较上和乡土基层不完全相同的社会,而且在近百年来更在东西方接触边缘上发生了一种很特殊的社会。"该书重点在乡土社会,但是城镇社会是对比对象。我们可以说,不了解城镇社会而描写的乡村社会就不能进行很好的城乡对比。另一方面,中西的对比。我的感觉好像费先生在拿中国的乡村和西方的城市生活对比。如果我没有理解错的话,这在方法上是有问题的。再一层就是古今的对比。在这方面应该说,费先生搬来孔夫子谈礼治社会和男女有别是可以的,但问题是变化是什么?尤其是在近代化中的变化。给我的感觉,这个对比过于静态。虽然是描写社会结构的,但是社会结构也在变化。

在内容上,对文字下乡两节,我有一点不同的看法。费先生的观点是从功能主义的角度来分析的,因为从时空两个角度来看,乡村都不需要文字。"文字的发生是在人和人传情达意的过程中受到了空间和时间的阻隔的情境里。乡土社会是个面对面的社会,有话可以当面说明白,不必求助于文字。在这种社会里,语言是足够传递世代间的经验了。时间里没有阻隔,拉得十分紧,全部文化可以在亲子之间传授无缺。"这种从需要的角度有一定的道理,但是不充分,一个解释可以是没有供应。经济学里有个供应学派,认为供应可以产生需求。而且,更主要的原因是乡民物质条件不够,有些资产的人子弟不都要念私塾吗?因此文字没有下乡,主要原因不是没有需要,而是没有供应,有供应也可能购买不起。现在文字是下乡了,而且父母和子女间主要不是上代教育下代,而是开始了文化反哺了。因此,现在的乡土面目和《乡土中国》所描写的乡土社会已经大相径庭了。

但是像"差序格局"这样的概念依然很适用中国社会的结构分析,很富有洞察力,虽然任何社会都不可能完全避开这种"差序格局"现象。这也是我们依然喜欢和绕不开《乡土中国》的一个原因。

　　写到这里,不能不提到学术名气和官位的问题。1949年以后的费孝通,在政府里做了官,后来打成右派,恢复名誉后又做了官。虽然也有学术上的成绩,但是像《乡土中国》这样有分量的学术作品,再也没有出现。他在改革开放后的名气,正像英文本译者所认为的,费孝通在时下中国的大名与其说是来自于他的知识分子角色,不如说更多地来自于他的政治地位。费孝通当过民盟主席,官至全国人大常委会副委员长。以国家领导人和学术泰斗的双重身份"行行重行行",费孝通的大名在社会学人类学界以外的大众视野里也印象深刻,从而也为社会学和人类学作了宣传工作。猜想大概不少人是从费孝通先生知道社会学的吧。因此,社会学的兴盛才更可能有了民众基础。但是要注意的是,往往"人微言轻"的同时,人地位高之后,说的话容易被不假思索地奉为真理。所以,在费先生位高威重情况下,阅读其作品也一定要实事求是,有怀疑和反思精神。

　　不管如何,《乡土中国》这样的作品,已经经历了一个甲子的时光检验。她不仅不老,而且英气依然勃发。斯书如是,斯人已去! 作为新一代的社会学子,缅怀费先生,唯有读其书,继其学,以慰先生在天之灵!

第三篇 政治经济

明尼苏达札记

成王败寇的终结

(发表于《社会学家茶座》2007 年第 4 期)

何谓"成王败寇"呢？也即"成者为王，败者为寇"是什么意思呢？我想大家对这个概念都有着自己的理解，大概也会基本一致。维客网上的释义是：旧指在争夺政权斗争中，成功了的就是合法的，称帝称王；失败了的就是非法的，被称为贼寇。含有成功者权势在手，无人敢责难，失败者却有口难辩的意思。历史是成功者写的，拥有了话语权，美化了自己的一切言行，成为"正统"和"正确"的掌权者，也就是"王"，失败的一方就是"寇"。在古典政治学的意义上，也就是皇权的争夺战里，这是不折不扣的"1 和 0"的博弈：要么全有，"普天之下，莫非王土；率土之滨，莫非王臣"；要么全无，九族被诛，身不能存，连"寇"也做不成。这也是原来的意思，也是极端的情况。在非极端的情况下是，"王"和"寇"并存，在朝的是"王"，在野的为"寇"。"寇"或者苟且，或者寻找夺取"王位"的机会；"王"则或者要"剿匪"，或者剿不下而寻求"招安"。一旦"寇"夺取了"王位"，就变成了"王"，而"王"则变成了"寇"。"王"的"卫冕"与"寇"的"夺冕"成了政治史上的幕幕大戏。那么，摆脱日常的表面理解，就古典政治史的意义上而言，"成王败寇"的内在逻辑蕴含是什么呢？它在现代社会的意义又是什么呢？

"坐寇"成"王"

当"暴力企业家"发现，抢夺比生产更有利的时候，匪寇诞生了。"寇"有流动的，今天这里，明天那里，叫"流寇"；还有盘踞的，守在一定的地盘里,叫"坐寇"。政治经济学家曼瑟·奥尔森在《权力与繁荣》①里,就使用了"流寇"和"坐寇"的"罪犯比喻"来解释权力和经济繁荣的关系。奥尔森用中国军阀冯玉祥率领二十万北洋大军围剿白狼,受到百姓拥戴的故事,来揭示国家的起源问题,也就是国家的合法性来源问题,即"坐寇"何以会成"王"。民国初年,军阀割据,土匪丛生。白狼是当时的一位农民起义领袖,尽管其势力遍及河南、陕西、甘肃,但是属于"流寇"。"流寇"偶尔来抢劫,得手了就走。因为"流寇"是哪里有可抢的就去哪里,一次性地,往往是"竭泽而渔"。而冯玉祥则是统治西北的军阀,盘踞一方的"坐寇"。坐寇是反复掠夺同样的人,不是抢一次换一个地方。这样,必须保证每次都有东西可掠夺。所以往往不会"竭泽而渔",而是要保持一定的生产能力,并且不准其他"匪寇"染指。从事生产和贸易要有和平和秩序才行,于是"坐寇"就发挥了这一功能。它使个人财产有保障,人民愿意为积累财富而积极从事生产活动。掠夺也变相地成了收取"保护费"。而流寇横行的地方,人民的资源被掠夺,无力也没有积极性从事生产活动,甚至装穷不敢从事生产经营活动。于是,人民欢迎坐寇,坐寇获得了统治的合法性,首领戴上王冠,成为了"王"。也就是奥尔森所说的,理性的、自利的流寇头子就在一只看不见的手的引导下变成了坐寇,戴上皇冠,自封为君主、国王、天子或者皇帝。于是政权建立,演变成现在的国家,"保护费"变成税收。

为什么"成王败寇"？一般而言,流寇都想有自己的地盘,成为坐寇。也就是成"王"。小的绑匪要么坐大,成坐寇,要么被大的吃掉。但是条件不够的话,只能流动,当流寇。而大的坐寇一有能力就搞兼并,吞吃掉小的坐寇。那些小的坐寇一旦败了,要么被收编,要么成为流寇。而流寇的掠夺策略是不会受到人民的欢迎的,永远无法得到合法性的存在,只能是"贼寇"。而达到一定程度的坐寇有提供和平和秩序的公共物品的能力,并且

---

① Mancur Olson. 2000. *Power and Prosperity: Outgrowing Capitalist and Communist Dictatorships*. N. Y.: Basic Books.

也确实执行了这一功能,就得到了人民的信赖。他们的功绩使得他们真正地不同于了"寇",而成了"王"。"吾皇万岁万万岁"的口号,也可以看做臣民们求稳定怕战乱的心理折射。"太平盛世"也就是说,只有在"太平"的前提下才会实现"盛世"。正如奥尔森所说:"直到相当近代的人类历史,述说的都是同样一个故事:人类文明在坐寇的统治下逐渐进步,其过程偶尔由于流寇的出现而被打断。"

"有恒产者有恒心",稳定和长期收益对人类的发展至关重要。坐寇是这样成"王"的。推广一些看,蛮族入侵,也曾经造成了社会的很大震荡和破坏。像元朝和清朝的入主中原、罗马帝国的覆灭等就是蛮族入侵文明的例子。但是,正如赖特在《非零和年代:人类命运的逻辑》①一书中所说,蛮族刚来时做的是破坏的事,烧杀抢掠;待停留下来后就做好事。他们吸取文明社会的先进文化和技术,为了他们的利益而发展生产,组建政权。从而文明战胜了野蛮。从近现代的西欧掀起的殖民化给各地带来的后果里,也可以看到这种具有长期利益的"坐寇"对发展的积极影响。阿斯莫格鲁、约翰逊和罗宾逊(Acemoglu, Johnson and Robinson)在2001年的《美国经济评论》上发表的一篇经验研究的文章,分析了欧洲殖民者到达非洲时候的白人死亡率是如何影响他们对各国制度建设的,进而影响到100多年后各国的经济发展。他们发现,不管是因为战争还是环境适应造成的白人死亡率,直接影响到他们对被殖民国的制度建设。那些难以生存下来的地方,就建立了较差的制度,把资源和财富攫取走了了事。而在适宜生存的地方就建立了权力制衡的现代国家制度,像美国和澳大利亚等国家。而这些制度的差异导致了当今后殖民地各国的经济发展水平天壤差别。

"替天行道"

当"王"成了少数特权群体获得利益的工具的时候,实际上,"坐寇"在做"流寇"的行径——不顾百姓死活地搜刮和掠夺。这时候,"王"的合法

---

① Robert Wright. 2000. *Nonzero: The Logic of Human Desting*. N.Y.: Vintage.

性就不存在了。于是新一轮的较量开始了。他们打出的旗号往往是"替天行道"。何谓天道？《老子》七十七章说，"天之道，损有余而补不足。人之道，则不然，损不足而奉有余。"即是说，自然的法则是，从富裕的人那里拿出来点给贫穷的人；而人类社会的法则却是，从穷人那里攫取财富来给富人。也就是说，上天的自然法则是大家均贫富；而人类社会的法则，却造成了富者愈富，贫者更贫。按照奥尔森的说法，当"坐寇"成"王"的时候，代表的是"广泛性利益"。而在统治过程中，社会结构在经过战乱后重构，一经稳定下来，特殊利益群体会逐渐形成，结果是"王"政权代表的不再是"广泛性利益"，而是"狭隘性利益"。这样就造成了社会极大地分化，贫富悬殊。加上奥尔森所说的集体行动的困境，特殊利益群体很难做到"坐寇"那样保护可持续掠夺的资源，而是个体理性造成了集体非理性，做着"流寇"的掠夺行径。中国的改朝换代史就是在这个怪圈里打转。天道被违背，人民怨声载道。

　　皇帝作为所谓的"天子"，以"奉天承运"来代表上天治理人间，那么就要顺应天道。可是利益集团的形成往往又不是他们的意志所能轻易改变的。而皇权本身都成了利益集团攫取利益的工具。越是形势不妙，越是各自打自己的小算盘。瞧瞧晚清末年皇室贵族各自的积蓄，身家那么多可就是不掏出来维护一下摇摇欲坠的满清政权。摇摇欲坠的局势反倒更加重了他们趁着还有机会再掠夺一些的心理。结果只能是树倒猢狲散后，好的说"飞鸟各投林"，坏的说是"倾巢之下，岂有完卵"！于是风水轮流转。觊觎皇权的各种可能的势力，在任何政治行为违背了天道的时候，都会打出类似"均贫富，等贵贱"的口号，扛起"替天行道"的大旗。《水浒传》里的一帮名义上是"好汉"，实质行为是"盗匪"的家伙，不也是打出"替天行道"的大旗吗？这种替天行道，即使不仅仅是借口，也很难超越历史的局限性，而只是重复流寇和坐寇的逻辑而改朝换代。关键在于那是以暴力夺取权力，而无法实现妥协，共享权力共治国家。这一局限使他们不可能超越出江山轮流坐的循环理论和实践。但是，其中获得政权合法性的"天道"可真是"天不变，道亦不变"。即便在现代社会，也无法逾越这一"共同富裕"的"天道",她考量着执政者的合法性基础。

超越"王""寇"

"彼可取而代之",暴力夺取政权是人类历史的主流。正是皇权的争夺战,才更凸显了"成王败寇"的政治哲学。在这一争夺战中,群雄逐鹿的结果是,成者当上皇帝,败者身败名裂,诛灭九族。这是极端的境况。在一般的意义上,也就是把皇权的争夺战变成了日常名利的争夺上,似乎也贯行着"成王败寇"的哲学。

朋友晋君在国家与社会的关系研究中发现了"告官如打虎"这个现象。如果民告官,就需要彻底地打垮他,才算做成功了;否则"老虎"反过来"会咬死人的"。就像起义领袖,要么当上皇帝,彻底成功;要么身败名裂,一无所有。可以把这一现象看做是"成王败寇"在非极端情况下,非皇权争夺下的另一种体现。它的内在有一个逻辑,那就是非妥协的政治。在现代政治理论中,可以称做"零和博弈"。

根据赖特在《非零和年代:人类命运的逻辑》里的论述,人类社会文明的发展,是非零和活动的扩展。在这种意义上,流寇成坐寇,建立政权,开疆扩土,就是为了便于非零和博弈的扩展。也就是有利于剔除各自为政带来的信息交流共享和贸易互通上的障碍。人类文明的发展总趋势是非零和活动的全球化。这样的形势下,"成王败寇"的零和博弈必然要被超越。

国家在经济发展上,要不断清除贸易障碍。在政治上要诞生民主协商的政治体制。"王"和"寇"都将不复在人类社会的政治舞台上大展拳脚。共和民主体制终结了"王"的"家天下"政治,垄断了暴力机器的现代国家终结了"寇"的存在环境。在现代社会,福利国家的制度就是在解决老子所说的"人之道,损不足而奉有余"的问题。这成为了现代国家政权合法性的重要来源之一。

现代国家,在实现经济发展上,执政者仍然要完成"坐寇"的使命。就像奥尔森所说,我们会发现,即便是在最穷的国家,也会轻易地发现大量商贩、店铺或集市。因此,繁荣与否问题的关键并不在于是否存在市场,而在于是什么东西使市场在不同国家产生了如此巨大的差异,在于"究竟需要什么样的政策或制度才能够使小商贩和集市贸易式的市场经济变成能够创造丰裕财富的市场经济"。解体后俄罗斯的市场不是大街小巷都覆盖到了么?为什么经济却倒退得厉害?奥尔森告诉我们,他们缺乏一个有能力提供和平和秩序的"坐寇"。实现这个繁荣经济的秩序,国家必须做到两点:清晰界定产权和契约权,同时不能有任何形式的掠夺。税收作为原始形式的"有限掠夺"代替"保护费",以维持政府的存在和功能的实现。如果政府成为了流寇一样的掠夺者,经济繁荣就永远不可能实现。

根据奥尔森在《国家的兴衰》[①]中的论断,民主体制能有效地限制统治者对民众无度的掠夺,保障个人权利的法规同时也保障人民财产和合同的有效性,促进"产权密集型"的投资活动,推动社会的长期发展。但是同时也不可掉以轻心,一旦利益集团形成,也会成为狭隘利益的代表,从而支配经济政策的制定、造成经济发展的停滞。也就是特殊利益集团以"流寇"的行为,在民主体制下轮流坐庄、轮番掠夺,造成社会的动荡不安。

因此,虽然"成王败寇"的古典政治实践,为现代国家体制所终结,不再是传统意义上的"坐寇"和"流寇"。但是其中他们对推动经济发展和社会进步的命题逻辑没有终结。在新的全球化形势下,以大众福利的"广泛性利益"为追求的国家会成"王",实现国泰民安的和谐社会;而以利益集团的"狭隘性利益"为驱动的国家政权,"流寇"的本质则会导致自取灭亡。这就是"成者为王,败者为寇"的现代国家的政治经济含义:那些实践"王道"的成为"成功者",而那些实践"寇道"的则成为"失败者"。

---

① Mancur Olson. 1982. *The Rise and Decline of Nations*. New Haven: Yale University Press.

匪寇的终结？

(发表于《社会学家茶座》2007年第6期)

前不久,我写了一篇《成王败寇的终结》,发给几位好友。一位好友在通信中评论说:"我认为目前还不好宣布终结论,就目前来看,世界上一半国家还是半民主或不民主国家。即使民主化以后,如哥伦比亚,也还有流寇问题。"另一位朋友则说:"终结王寇,是大势所趋。"言下之意,即是这种历史现象还没有完全终结,只是趋向于终结。他们的长篇评论对我思考这个问题都很有助益。而其中一位朋友在评论中提到的艾瑞克·霍布斯邦(Eric Hobsbawm)著的《匪徒:秩序化生活的异类》(*Bandits*)[1],对我思考匪寇的终结则帮助很大。到图书馆找来2000年的英文版本[2]开始阅读。这本书开拓了一个历史研究新领域——匪寇史。读完该书,发现作者在一定程度上也持匪寇终结论,并且有理有据。

不管是探讨盗侠、复仇者还是征服者,霍布斯邦都是从权力史来看匪寇史。因为阶级和社会结构引发的不平等和正义问题引发了匪徒的丛生。但是,匪徒的历史又和农耕社会共生共舞,匪徒是农耕社会的历史现象。土匪丛生的时代往往会发生在饥荒和经济危机的时候,社会混乱,新的社会阶级结构产生,生活方式受到破坏,或者像在中国历史中的改朝换代,旧王朝"天命"(mandate of heaven)已尽,新王朝孕育诞生,以及外来势力入侵。在前现代社会里,即使在中华帝国和罗马帝国这样的大国统治下,也

---

[1] 〔英〕艾瑞克·霍布斯邦:《匪徒:秩序化生活的异类》,中国友谊出版公司,2001年。台湾地区译为《盗匪:从罗宾汉到水浒英雄》。
[2] Eric Hobsbawm. 2000. *Bandits*. London: Weidenfeld & Nicolson.

把匪寇现象视为正常。因为国家没有能力杜绝他们的存在。在身体控制（physical control）技术发展低下的情况下，国家或者王权没有能力实现对其子民的有效控制，不管是税收还是安全。那时候，交通和通信都不发达，边远地方和山野之地发生的事情到达天庭费时费力，派驻剿寇剿匪部队相当困难。这样，就有"山贼草寇"、"江洋大盗"或者叫做"绿林好汉"生存的空间。

可是，工业化和资本主义的发展带来了现代民族国家。正是这种民族国家终结了农耕社会，从而终结了匪寇历史。对比一下，可以清楚地发现这一点。在过去的两个半世纪里，这种对身体的控制力量越来越集中到领地国家（territorial state）或者民族国家（national state）手里。通过国家官僚或授权机器，国家可以完全垄断国境内对一切事情的控制权力（power）。中央机关可以直接把触角伸到他的每个个人（every single person）。记得费孝通在论述中国的传统皇权和民国社会政治结构的时候，就讲到集权的中央皇权触角只到县衙门，"中央派遣的官员到知县为止，不再下去了。自上而下的单轨只筑到县衙门就停了，并不到每家人家大门前或大门之内的"。可是在中国的现代国家形成中，保甲制度就要控制每个人了，"保甲制度是把自上而下的政治轨道筑到每家的门前，最近要实行的警管制更要把这轨道延长到了门内"。① 其实现在看来，这种国家权力向社会的延伸是现代国家把对国民的身体控制和执行权力垄断的手段，是世界大势所趋，不只为中国所有。按照霍布斯邦的说法，现代国家的权力巨大，即使在自由民主社会里，也远比18世纪之前那些最强大、最独裁的帝国的权力大得多。这样的结果是，这一现代领地国家权力的集中最终清除了乡村的匪寇，不管是局限于一地方的还是到处流窜的。但是，在现代民族国家里，国家垄断控制权力，或者说是垄断暴力的同时，至少在民主国家里，每个成年公民，都有权投票选举，可以直接把个人权力（在一定程度上）上达"天庭"——中央政府。通过公民选举来解决社会平等和正义问题，也是与农

---

① 《费孝通文集》第四卷，群言出版社，1999年，第337—339页。

耕社会根本不同的。

但是别忘了,这种权力的集中和匪寇的终结是伴随着工业化和资本主义产生的。在 19 世纪之前,没有一个领土较大的国家拥有足够的随时更新的关于其子民人口状况的知识;没有一个国家在铁路电话还不存在的时候能够随时获知边远之地的情况并及时予以行动;也几乎没有哪个国家清晰划分边疆界线,企图控制边疆领地;也没有哪个国家在 19 世纪之前有能力保持有效的乡村警察力量,来代表中央执行任务。只有在 19 世纪国家对武力的有效垄断之后才有可能。而这种现代国家权力垄断的胜利获得,是以科技发展和组织技术进步为基础的。这些现代国家,能够有效地垄断军队,保持一个足够数量的常备军和公务员队伍,再加上现代信息、媒介和交通技术的利用。这种发展造成了国家在现代社会对身体控制能力的空前提高。吉登斯在《民族国家与暴力》[1]一书里就对现代国家的暴力垄断进行了精彩的论述。正如吉登斯所认为的,现代民族—国家是国家与社会高度融合的,其动因之一就是"以信息储存和行政网络为手段的人身监视力"(surveillance)的发展。

霍布斯邦认为,19、20 世纪是世界上许多地方社会型匪寇活动的"大时代"(the great age)。这里要说明一点,霍布斯邦论述匪寇的时候,提出了"社会型匪寇"(the social banditry)的概念。他们是那些法外之人,"行侠仗义,劫富济贫",具备自由精神不受国家约束,自己奉行自己的原则。从英国的罗宾汉(Robin Hood)到中国的水浒英雄都在这个概念之下。实际上,复杂的事实是一个概念无法完全容纳的。"行侠仗义,劫富济贫"实际上只是匪寇中的极少数,打着这类大旗而恶行卓著者更多。我们不管何种类型的匪徒贼寇,在现代国家里,都不再会像在前现代那样的社会里活动了,尽管人类社会依然存有社会正义和不公的问题。我们渴望侠客和英雄,但是那些都成了神话和历史。我之所以说霍布斯邦是匪寇终结论者,尽管他没有直接使用像"匪徒的终结"(end of bandits)这样的用语,是因为

---

[1] Anthony Giddens. 1985. *The Nation State and Violence*. Cambridge: Polity Press.

他多处都在说同样的意思。比如在该书第 28 页他说，尽管现代国家形成中的过去的两个多世纪里是匪寇的大时代，"但是，他们（匪寇）现在基本上都灭绝了（largely extinct），除了极个别特殊地方之外"。在欧洲，南意大利在一个世纪之前匪患达到高峰；西班牙匪患也在终结；巴西东北，1870 年后盗贼四起，20 世纪前 30 年达到顶峰，1940 年结束；等等。中国则在新中国成立后几年里结束匪徒。虽然在拉丁美洲、东南亚有一些老式的盗贼零星存在，次撒哈拉非洲可能还有较大规模的匪寇，但总体上，匪寇时代结束了。盗匪们是农耕社会的产物。随着现代国家和社会的崛起，他们成为过去，变成了历史，也在人们的记忆里成了神话。

在这本书里，作者对匪寇终结观点是有所保留的。我想大概就是基于这种保留，他才没有明确宣布"匪寇的终结"。这种保留就是，我们无法预测现代国家的力量在未来的状况，而暴力集中不起来的地方，就会出现暴力泛滥。也正是在中央积弱，加上灾荒或者战乱，才为丛生的盗贼提供了丰厚的土壤。福山在《国家构建：廿一世纪的治理和世界秩序》里就极富说服力地论证了虚弱无能的国家造成了许多社会问题，比如贫穷、艾滋病、毒品以及恐怖主义等。我认为，也可能造成贼寇四起的糟糕状况。从暴力的垄断，我们说匪寇很难在现代国家里生存。这是基于一个强有力的现代国家为前提假设的。但是另一方面，如果现代国家的公民处于饥荒无助状态，而国家政府提供不了有效援助的时候，事情又会怎么样呢？如果强有力的国家假设是错误的情况下又会怎样？这些问题都可以动摇我们宣称"匪寇的终结"。也许他们存在的形式有变，但实质相同。霍布斯邦在第二章的开头就说匪寇的衰落，现在容易为人们描绘成"恐怖分子"：

> They are today apt to be described, equally uncritically, as "terrorists", a sign of the historic decline of the bandit image in the second half of the twentieth century.

霍布斯邦是历史学者，仅仅一提这种变种的可能。他不是未来学家，更无法预测匪寇现象在未来的状况。虽然在霍布斯邦看来，匪徒是农耕社会的产物，但是不管是农耕社会还是工业社会，社会不平等和正义受侵害是一样的问题存在着，因此，可能匪徒在现代社会变成另外一种形式而存在。同时，霍布斯邦还有一个有意思而且值得注意的发现，就是匪寇头目的来源，不同于一般盗贼，他们不一定经济上贫穷，而是为了获得"尊重"。这种有能量、有希望获得尊重的人，无法"在朝为官僚"，则会"在野为匪首"。这种情况在任何社会都可能存在。因此，我们在宣布作为世界大趋势的"匪寇的终结"的同时打个问号，一则提醒我们不要忽视了他们的变种可能的存在，二则注意构建一个强有力的国家保障下的正义、公平和繁荣的社会，以杜绝滋生匪寇的土壤。

我们为什么不希望匪寇滋生呢？我们痛恨作恶的匪徒，很好理解。可是，像英国的罗宾汉和我们的水浒英雄们，这样的盗侠或英雄不是很好吗？为什么我们也不欢迎呢？我们很尊敬佩服那些侠客和英雄们，但是他们的存在正是因为社会不好。好的社会是大众的福祉，侠客们的"行侠仗义，劫富济贫"只是为社会公平和正义做一点点弥补，无大益于大局。乱局中的土匪虽然人口数量不大——根据霍布斯邦的数据，但是为害不浅。根据霍布斯邦的研究，匪寇在历史上的作用——我的理解大概等同于农民起义的"匪寇"，往往打起"替天行道"（carrying out 'the way on Heaven's behalf'）的大旗（在中国数千年历史上随着朝代的兴亡，这个大旗一次又一次被扛起），也即霍布斯邦所说的匪寇们在社会法律之外奉行的"自然法"，即使最大的成功夺取了中央权力，也就是"由寇称王"，也只是稍作改革，均贫富，惩治一些豪强恶霸，打击一下特权利益群体之类，不会提出改造社会的更先进的眼光（vision）和规划，往往还是返回到富人剥削穷人、强者压迫弱者的传统统治秩序轨道上去。匪徒们只有和大的社会运动或者革命运动结合起来，才可能增大影响。本书的李立玮中译本是最新版本，替作者加上的副标题"秩序化生活的异类"，挺有意思。匪寇确实是秩序化生活的异类，不遵守当政者的法律和规范，而是遵守他们自己的自然法则。而现代国家却是建立在法治基础上的，既要有立法能力，还要有执法能力。福山在《国家构建》里就论证了统治民族国家的唯一力量是执行法律的力量。从功能主义的角度看，匪寇的存在使不合理的秩序化受到冲击和重组，使阶级之间的矛盾得到一定程度的缓冲。但是对一般大众而言，盗贼四起的时代,是他们的灾难时代。"宁做太平犬,不做离乱人",这样一句话可以充分反映人们对秩序化和平生活的热爱。台湾地区郑明萱的译本,也加了个副标题"从罗宾汉到水浒英雄"。这个标题富有诗意,而且好"汉"和"英雄"都有对匪寇的赞美之意。尽管赞美英雄好汉,我们还是希望终结"匪寇的历史",实现民主、法治和繁荣的现代社会。

国家之维:福山与《国家构建》

(发表于《社会学家茶座》2006 年第 4 期)

过去一代人的时间里,世界政治的主流趋势是批评"大政府",试图把国家部门的活动转移到自由市场或者市民社会。但是,数年后,许多经济学家得出结论,影响发展的一些最重要的变量不是经济的,而是制度的和政治的。尤其是在发展中国家里,虚弱无能的政权造成了许多严重问题,比如贫穷、艾滋病、毒品、恐怖主义等。冷战的终结留下了一群失败的和虚弱的国家政权,从巴尔干到高加索、中东、中亚和南亚。国家政权的崩溃或虚弱已经在索马里、海地、波斯尼亚、科索沃等国造成了许多人道主义和人权的灾难。"9·11"显示了国家政权之弱已对国际秩序和治理构成了一个巨大的战略挑战。国家政权建设不仅是国内而且也是国际上的重要问题。在这样的背景下,福山 2004 年推出了《国家构建:廿一世纪的治理与世界秩序》。[1]

福山一开始就直追问题所在:国家政权状态维度的丢失。福山指出,我们忽视了发展的一个重要方面,即国家政权建设。现代国家具有提供秩序、安全、法律和产权的能力,使得现代经济世界的兴起才成为可能。国家对合法暴力的垄断使个人在国内避免了霍布斯所说的"每个人对每个人的战争",对外服务于国际层面上冲突和战争。但在亚洲、非洲和中东等地方并没有建立现代国家。西方有着市场经济的物质繁荣和政治文化的自由民主,但是自由西方的现代成果对世界上其他地方的多数国家来说很难获

---

[1] Francis Fukuyama. 2004. *State-Building: Governance and World Order in the 21st Century*. Ithaca, N.Y.: Cornell University Press.

得。西方努力帮助他们，但是联合国的干预、非政府组织的活动及国际货币基金组织的援助和监督，甚至阿富汗和伊拉克等的直接侵占，不仅没有解决问题，而且使问题更糟。因此福山的问题："究竟应该怎么样来帮助那些发展中国家发展起来？"福山的答案就是强化国家政权建设，增强国家能力。

关于国家规模和活动范围的争论一直不断。发展的一个极端是全权主义的国家，试图废除整个市民社会，让原子化的个人服从于自己的政治目的。右翼试验在1945年随着纳粹德国的失败而告终，左翼随着1989年柏林墙的倒塌而崩溃。这样导致的潮流是削弱国家，缩小政府，把国家的活动范围缩小，尤其是国家对经济的干预程度。但是问题出来了，有些国家退出的领域一片混乱，贪污腐败、裙带关系、庇护政治、无效率等，因为他们没有搞清哪些国家应该管，哪些国家不该管。针对这种情况，福山提出了一个国家活动范围和国家能力的二维分析框架。在分析国家在发展中的角色问题时，福山提出这样一个问题：美国国家政权是强的还是弱的？李普赛特1995年的著作给出了清晰的答案。一方面，美国的制度设计故意地削弱或限制国家权力的运用。美国的福利国家是后来建立的，依然保持着比其他民主发达国家更大的限制，市场的管制较少。但是从另一个意义上看，美国的国家政权是很强的。福山引用了韦伯的国家概念：国家是"在给定的领地内成功地索得了垄断的合法使用强力的人类社区"（页6）。实际上，国家性状的实质是强制执行：派遣身穿制服、手握钢枪的人强迫人们遵守国家法律的根本能力。在这方面，美国是超强：它在联邦、州和地方各级都有着大量的执行机构。所以美国是个有限政府体系，限制了国家活动的范围，但是在这个范围内，却有着创造和执行法律和政策的非常强大的能力。正是在这些强大力量的保证下才有了其他领域的生机勃勃和繁荣昌盛。区分二者的分析框架告诉我们，要限制国家的活动范围，但要加强国家能力建设。

根据福山的模型，美国是个活动范围限制和国家能力建设较好的国家。而苏联是国家活动范围过大而能力偏低，现在俄罗斯的改革正在向活动范围缩小、能力也变低的方向滑动，而理想的改革是限制活动范围同时增强国家能力；巴西虽然活动范围比苏联稍低，但国家能力也很低；塞拉利昂国家活动范围很小但能力也极低，就是管一点事也没有能力管好。从经济效率的立场来看，缩小国家活动范围和增强国家能力必须同时进行。福山认为，俄罗斯国有企业经济私有化改革，私有化本身是一个合适的改革目标，但是需要有一定程度的制度能力来执行。要有能力对财产和所有权进行评估、甄别、公开转化。否则私有化中的信息不对称将不可避免地导致国有资产流失，造就了大财阀。苏联解体后的俄罗斯多年里无能力征收所得税，甚至无能力征税，不能够控制黑手党，甚至无法为莫斯科的街道提供法律和秩序。正如当年支持俄罗斯改革的著名经济学家弗里德曼几年前在受访时所说："十年前我对任何走出社会主义的转型国家都会建议私有化、私有化、私有化，因为你必须尽可能地把物资脱离国有部门。今天我不再会给出这样的建议了。我会说私有化之前实现法治更重要。"而实现法治正是国家政权能力建设的重要组成部分。

国家政权建设不可避免地涉及制度的供应和需求问题。在一个国家或社会是好的制度能否移植到另一个国家和社会呢？有些可以，有些容易，有些可以但困难，有些几乎是不可能的。福山把制度能力划分成了至少四个构成部分：一是组织设计和管理，归属学科是管理学、公共管理和经济学，可移植性高；二是制度设计，归属学科是政治科学、经济学和法学，可移植性中等；三是合法化基础，归属政治科学，可移植性中等偏低；四是社会和文化因素，归属学科是社会学和人类学，可移植性低。考虑到这些不同程度的知识可移植性，也就是制度的可移植性，我们发现在一个国家建立有能力的制度，建立一个强有力的国家政权，对外来者来说并不容易办到，比较容易的就是在组织设计和管理方面，而社会和文化因素简直不可能。虽然长期来看社会和文化因素也在变，但是很慢，也很难把握变化的方向。这也就是当前美国在阿富汗和伊拉克重建的困境的原因。

福山举例论证了，对于一个国家的国家建设，没有自身一定的国家能力的话，外来力量往往徒劳无益。如果国家建设（nation-building）意味着自力更生的国家能力(state capacity)的创立,在外国顾问和支持撤退后仍然能够存活下来,那么历史上大量的案例中成功的是少之又少。美国有时也被赞扬成功地在战后的德国和日本进行了国家建设。福山认为,在行政管理能力上看,美国实在没有做什么。在美国击败占领它们之前,德国和日本都有强大的科层官僚国家政权体系,是他们国家政权的力量使他们成为强国,并对国际体系带来威胁的。在这两个国家,国家机器在战争中存活下来了,并在战后得以保存,极少被改变。美国所做的成功之处只是合法化基础的改变,从极权主义到民主,以及清除了发动战争的老体制中的人员。美国作为占领权威在许多国家都干预/有所行动,包括古巴、菲律宾、多米尼加共和国、墨西哥、巴拿马、尼加拉瓜、韩国等。在每一个国家都进行了国家建设活动,进行选举、试图消灭军阀和腐败、促进经济发展。只有韩国是唯一一个取得了长期经济增长的国家。而这种增长也更多的是通过韩国自己的努力,而不是美国的干预帮助。

那么,那些发展中国家没有强国家政权的原因是什么呢?福山继续寻找虚弱国家弱的原因,就是公共管理上的黑洞。但这个黑洞的原因很复杂。福山从制度经济学和组织理论出发探讨了这个问题。重新回到了社会学传统的组织理论。福山超越了新古典经济学的观点,找回了社会学传统,认为许多组织不是通过正式监管和责任制系统来解决委托——代理问题的,而是依赖于正式机制和非正式规范的混合物。制度经济学家好久以来就试图解决"隐藏行动"问题。工人的产出量和多种因素有关,其中一个就与评估产出的难易有关。像公共服务部门的许多复杂的活动就很难测量。不容易计量和监督的,还有律师、医生、建筑师和其他专业人员,对其服务产出的监控能力相对较低。在所有这些情况中,组织经济学家指出的问题就是偷懒(shirking):只有工人知道自己是否竭尽全力或者是否有搭便车行为。经济学家花了大量时间试图设计出激励制度,来促使工人展现出他们真正的生产能力。计件就是一种传统的方法。然而,对这一问题的这一解决方法有一些盲点,这些盲点是由新古典经济学的基本行为假设引起的。理性是利益最大化,能偷懒就偷懒。这个假设的问题在于事实上许多人并不偷懒：他们的工作都超出最低要求，即使老板无法监督他们的偷懒行为，也会这样做。比如日本的终身雇用制，并没有导致偷懒，而是更努力工作。为什么？就是非正式机制、非正式规则在发挥作用。社会资本，也就是促进合作行为的规范，取代了精细的正式激励机制。个人的金钱激励总是必要的，但仅是一个普通的激励因素。

福山认为，那些可以带给美国、英国和其他发达国家更专业、腐败少的正式激励结构的制度改革和变迁也可以成功地应用到发展中国家。但要研究怎么做。对那些可监控性高和事务量低的事情，比如中央银行业，可以用"空降兵"带给发展中国家公共政策的巨大变化，在智利、玻利维亚、阿根廷和墨西哥的实践证明是成功的。但是对于可监控性低和事务量高的项目，比如教育和法律，就不是这么容易的事情了。没有一个法律体系，派上10个技术专家，就是他们再聪明也无济于事。当地情况是最重要的，如种族、宗教、地区还有其他特性等。要求较高的酌情处理权。发展中国家的公共管理官僚体系充满了庇护和腐败，要通过执行"现代"公共事务服务体系来清除是制度改革的中心目标。这样在福山看来，美国和其他国际组织的有些实际做法，比如救助发展中国家危机时完全取代了地方行动者的治理功能恰好南辕北辙。

基于以上认识，福山得出，出于重建充满冲突的或战争撕裂的社会的愿望，出于消除恐怖主义产生的土壤的愿望，或者出于有机会发展经济的希望，如何提高弱国家政权的治理，提高他们的民主合法性和增强自力更生的制度，变成了当代国际政治的核心项目。

对这一观点欧美看法不同。在美国，这种努力通常被认为是民族建设（nation-building）。这个术语大概反映的是民族经历、文化和历史认同使得像立宪和民主这样的政治制度形成。欧洲人倾向于更多地意识到国家政权（state）和民族（nation）之间的区别，他们指出在由共享的历史和文化凝聚在一起的社区创立意义上的民族建设，远远超出了任何外来力量可以达到的能力。福山认为，当然，欧洲人是正确的，但是国家政权是可以人为有计划地建设的。当然，如果一个（民族）国家能够自己成长，就远胜于设计了。是否可能进行国家政权建设,仍是有争论的。

一些保守派人士,包括许多自由论的右派,在原则上反对国家建设,因为他们认为是不可能的,不喜欢承担他们认为是国际福利的无限的和昂贵的义务。另一方面,许多国际金融机构里的人士、捐赠者和非政府组织人士谈论国家建设,就好像那只是一个过程,他们充分地了解,只要有资源就可以完成。福山认为,给定美国需要面对和将要面对的各种安全和对外政策,前一类认识是站不住脚的。布什政府怀疑民族建设,但不管愿意不愿意,陷入到了阿富汗和伊拉克。但另一派人士也必须认识到这一领域糟糕的成功记录。不仅没有成功,像次撒哈拉非洲这样的情况,他们的努力实际上随时间推移而销蚀了他们的制度能力。所以,福山提出,"我们要认真努力地考察,什么是可能的,什么是不可能的,理解外援可以成功的局限在哪里"(页100)。

福山对国家政权建设划分了三个不同的方面或阶段:第一是冲突后的重建,适用于那些产生于暴力冲突的国家,像阿富汗、索马里和科索沃等,这些国家政权完全瘫痪了,需要从零建起。这里对外来力量的问题是,通过注入安全部队、警察、人道主义救济和技术帮助来恢复电力、用水、银行业和报酬体系等,可以达到短期的稳定。如果瘫痪了的国家政权足够幸运,在国际社会的帮助下可以获得中期稳定(比如波斯尼亚),这样就到了第二阶段。主要目标就是创立自力更生的国家制度机构,在外来力量撤走后依然可以生存下来。这个阶段更困难,如果外来力量想要体面地退出的话,这个阶段也是关键的。第三阶段(或方面)在一定程度上和第二阶段重合。把弱国家政权增强,它们虽然存在一定的稳定,但是不能完成一定的必需的国家政权功能,比如保护产权或提供基本的初等教育。阿富汗和后萨达姆的伊拉克,就提出了非常困难的挑战。阿富汗从未有现代的国家政权。伊拉克虽然是有大量包括物资和人力资源的较高度发达的国家,但问题是发挥作用的国家制度机构要么是崩溃了,要么是在战后马上被美国清除了,需要重建。

福山论述国家建设的目的还是为了国际事务和秩序。和欧洲不一样,美国喜欢对别国运用强制力量干预。为什么不一样？福山从欧洲和美国对国际合法性的不同认识的多重原因着手回答这个问题。首先是美国对欧洲的相对力量。欧洲人喜欢国际法和规范，因为他们比美国弱，弱的总是求助于法和制度，能更好地约束强者。后者喜欢单边主义因为比其他国家或联盟更强大，不仅在军事力量上，而且在经济上、技术上和文化上。像美国这样的"单极超级大国"明显地喜欢行动的自由，尽可能地不受妨碍。欧盟有实力可以做到，但是为什么不这么做呢？比如，军费上欧洲仅 1 300 亿美元（还在稳定地下降），美国国防开支 3 000 亿美元（还在上升）。欧洲使用军力的能力极大地为欧盟决策制度这一集体行动的困境所削弱，不能够创造容易使用的军事力量，这明显的是政治和规范性的问题。

规范性差异的原因存在于战后欧洲计划的核心。西欧国家在二战末得到结论，是国家的放纵不受约束把欧洲拖向 20 世纪的两次世界大战。20 世纪 50 年代成立的欧盟目的就是把这些国家置于多重规则、规范和管制之下，防止他们失去控制。像战后的德国就受到这多重规则管制。不仅和欧洲不同，而且和加拿大、澳大利亚、新泽兰和日本也不同，美国一贯地更反国家主义、个人主义、自由主义和平等主义。不像多数的欧洲旧社会，美国是在政治理念的基础上建立的。国家建立之前没有美国人民或民族：国家认同是公民的，而不是宗教的、文化的、种族的或人种的。而且对于美国而言，《独立宣言》和《宪法》不仅是北美大陆法理政治秩序的基础，而且是普世价值的体现，超出了美国，对整个人类都有重要意义。这种感觉有时会导致美国人易于把自己国家的利益和世界整体的利益混淆在一起。像欧洲和日本等不同，除了政治还有自己的历史，有认同的其他来源。美国可以视国际规范不顾，自己的更合法；而欧洲国家认为自己的国家制度合法性程度低于国际层次上的规范。

再者，美国人和欧洲人关于在国际层面的合法性源泉上有不同观点，美国人的信仰扎根于宪法民族国家里大多数平民的意志。而欧洲人的信仰倾向是建立在正义高于某个民族国家的法律或意志的原则基础上的。双方观点的原因都深深根植于各自国家的历史，在这种意义上，很可以理解。福山认为，欧洲人的观点在抽象意义上是正确的，但是在实践上却是错误的。许多欧洲人声称，是他们而不是美国人是普世自由价值的真正拥护者，因为他们相信，这些价值独立于它们在真实的民主的民族国家里的具体化。那些在程序上正确的自由民主统治的决策，并不能保证是正义的，或者与更高的原则相一致。民主社会的大多数能够决定对他国做出极坏的事情，并能违反作为他们自己的民主秩序基础的人权和合宜的规范。这里福山提到当年的林肯—道格拉斯争论。道格拉斯宣称，他不关心人民的选票会使奴隶的地位上升还是下降，只要决策反映了人民的意志。比较而言，林肯说，奴隶制本身是违反更高的人人平等的原则的，这原则正是美国政体的基础。民主行动的合法性最终不是在于民主程序的正确，而是在于来自于道德领域而不是法律秩序的更重要的权利和规范。欧洲人立场的问题是，虽然理论上这种更高的自由民主价值领域存在，但在任何给定的国际制度机构中很难体现。

接着福山指出，欧洲人立场的第二个重要的实践问题是执行的问题。即使在今天全球化的世界，统治民族国家的唯一力量是执行法律的力量。即便存在准确体现国际社会意志的国际法和组织，强制性执行基本上依然要由民族国家提供。出自欧洲的大量国际和某国家法律都是由完全不能够执行的政策希望单子组成。欧洲人为这些法律提出的理由是，它们都是社会目标的表达；美国人回答是，这些不能够执行的愿望只会削弱法治本身。福山以为美国人是正确的。在国际层面同样存在执行的问题。所谓的"国际社会"依然是一个虚构，任何的执行能力都完全依赖于各个民族国家的行动。没有自治的联合国或者自治的欧盟军队。所有处理严重、待解决的安全问题的美国组织都面临着极大的集体行动问题。20 世纪 90 年代巴尔干的历史展现了欧洲人的国际行动观点的弱点。欧洲人认为自己已经处于历史的终结的地位了，这个世界主要的是和平，这个世界可以通过法律、规范和国际公约来治理了。相反，美国人认为，他们依然生活在历史中，需要用传统的权力—政治工具处理来自伊拉克、朝鲜和其他"恶毒"的力量。根据卡干，欧洲人对了一半，他们确实在欧盟内为自己创造了一个历史终结了的世界,主权国家让位于国际组织。然而他们不理解的是,欧洲的和平和安全最终是由美国军事力量来保证的。

  大概是为了维护美国单边超级大国的合法性,福山说,我们确实不能忘记对大国的需要,虽然我们不希望回到超级大国对抗的世界。大国能够做到集合并有目的地部署合法力量,这种力量对国内维持法治是必要的,在国际上保持国际秩序也是必要的。那些多国公司、非政府组织、国际组织、恐怖主义团体等,或者有一定的力量,或者有一定的合法性,但很少二者兼有。福山认为,我们没有选择,只有回到自治的民族国家,并试图理解如何使这些民族国家更强壮和有效。一方面,欧洲人是对的,像民族(国家)建设这样的软权力形式是有价值的;但另一方面国家还必须有能力不仅在国内而且在其他失去秩序和危险的国家建造国家制度。让我们用福山的话来结束这篇文章吧:"现在我们坚持,我们促进民主、自治和人权,任何统治他人的努力都只是过渡性的,而不要有帝国主义的野心。不管如何,国家政权建设的艺术将是一个国家力量的关键构成部分,就像利用传统军事力量维持世界秩序的能力一样重要。"(页121)

■ 明尼苏达札记

事关文明兴衰的群体决策

(发表于《二十一世纪》2007年2月)

　　戴蒙德(Jared Diamond)是美国加州大学洛杉矶分校地理学和医学院生理学教授。从生物地理学角度出发，戴蒙德曾探索了过去一万三千年的人类文明，在不同的大陆上产生巨大差异的原因，试图通过各大洲的可驯化植物和动物的地理分布以及纬度的长短来解释文明的高下差别。这就是戴蒙德1998年获得普利策奖和英国科普图书奖的名著《枪炮、病菌与钢铁：人类社会的命运》[1]对文明发展差异的解释。这种解释基本上是从客观的环境和生态的因素来看过去一万三千年里各大陆社会和文明的建立和兴起，因此有环境决定论的嫌疑。八年之后，戴蒙德推出了又一巨著《崩溃：社会是如何选择成败存亡的》(以下简称《崩溃》，后面页码均指此书)[2]，用比较的方法探讨在客观生态环境面前，人类的作为是如何发挥作用的，也就是人类社会群体的选择和决策怎样影响他们的兴衰存亡。前者讲社会和文明的建立兴起，后者讲崩溃，因此两本著作可以说是相辅相成的姊妹篇。

　　所谓"崩溃"，在这本书里，是指在一定领地内一定时间里的人口规模剧减，或者政治的、经济的、社会的复杂性剧降。《崩溃》一书分四个部分：第一部分描写了美国蒙大拿州的环境问题，为了表现人们面临的社会与环境的互相作用，内容集中在一些个人的生活。第二部分描写了崩溃了的古

---

[1] Jared Diamond. 1997. *Guns, Germs, and Steel: The Fates of Human Societies.* N.Y.: W. W. Norton.
[2] Jared Diamond. 2005. *Collapse: How Societies Choose to Fail or Survive.* London: Viking Books.

代社会，建构了包含五个因素的框架。导致这些文明社会消失的五个因素分别是：生态环境的破坏，气候变化，强邻压境，友邦的支持与否（复活节岛是历史上最好的一个展示出孤立导致灭亡的例子），以及当社会面对环境问题时的应变能力。戴蒙德把这些作为"输入"变量，把"存活"、"崩溃"和（如果发生了崩溃）"崩溃的形式"作为"输出"变量，然后进行不同文明和社会的纵横比较，以此来考察每个因素对社会文明兴衰存亡的影响。复活节岛完全是由于环境的破坏而消失，皮特凯恩岛的波利尼西亚人是由于环境破坏和失去贸易伙伴而消失，美国西南的阿纳萨兹人是由于环境破坏和气候变迁，中美洲的玛雅因为环境破坏、气候变迁和敌对邻邦而消失，格陵兰挪威人由于环境破坏、失去贸易伙伴、气候变迁、敌对邻邦以及面对社会崩溃拒绝变革而消失。而后戴蒙德给出了三个社会成功存活的故事，分别是蒂蔻皮亚岛、新几内亚高地农业成功和德川幕府时期日本的森林管理。这说明面对外在客观环境，人们的反应能力会造成不同的结果，文明社会若采取适当措施，仍可以保持良好的可持续发展生态环境，"即使在严苛的环境里，崩溃也不是不可避免的，而依赖于社会的选择"（页21）。第三部分探讨了现代社会，包括部分原因在于人口过剩的卢旺达的种族屠杀，与多米尼亚共和国相比海地的失败，像中国这样的发展中国家面临的问题，以及像澳大利亚这样的第一世界国家面临的问题。在最后一部分，戴蒙德总结了历史上集体决策失误的问题，并分析了现代大企业和全球化时代的环境问题和对策。

戴蒙德的论述主要集中在人类社会应对环境问题这一方面。他把环境问题概括为十二种：

> 过去人类社会的环境破坏主要可分成八种，每一种的严重性因个别例子而有差异：山林滥伐和生物栖息地的破坏，土壤问题（包括侵蚀、盐碱化和肥力流失）、水管理问题、过度放牧、过度捕捞、新物种引进、人类膨胀以及平均每人对生态环境造成的冲击渐增等。这种种行径犹如自掘坟墓，使得人类社会不知不觉走上毁灭之路。（页6）

过去人类社会因上述八种环境破坏走上绝路。而我们今天所面临的，除了上述八种，还新增了四种：人类造成的气候变化、有毒化学物质在环境中沉积、能源短缺，以及人类将地球的光合作用使用到极限。（页7）

通过讲述成功环境管理的故事，戴蒙德展示出有两条相反方向的治理办法。一是自下而上，一是自上而下。采取哪种治理方式取决于社会规模大小。小面积社会成功的例子是新几内亚高地和蒂蔻皮亚岛。前者是以村庄部落的生活形式存在，所以一个村庄即是一个社会或者社群；后者也仅有1.8平方英里。因为面积小，社群中的每个人都熟悉当地的资源环境状况，所以大家自觉保护资源，获得可持续发展。大面积社会成功的故事是德川幕府时期的日本。这样大面积的社区，一个人看到这一片资源没了，还以为别的地方有，或者以为"那是别人的问题"而置之不理。这就需要有个"中央"来宏观考察环境和资源问题，制定相应的政策自上而下进行环境管理。戴蒙德认为介于两者之间的社会很难成功，一是个人难以观察到整体状况，二是形成不了有足够能力的"中央"集权治理。我们看自下而上，强调个人积极性；自上而下强调中央统一管理的重要。对现代全球化的社会而言，无疑大社会中环境治理的经验尤其重要。

戴蒙德给出1868年之前的日本大社区森林管理作为成功的例子。针对森林保护，他们采取的措施既包括积极性的，也就是推动种植，也有消极性的，即防止滥伐。为什么日本"自上而下"的森林管理能够成功，而像古代复活节岛民和玛雅、现代的卢旺达和海地等，面对类似的危机却没有成功呢？戴蒙德认为，除了客观上日本环境的优势，以及在危机之前就已经具备的，比如食草的山羊和绵羊很少，还有煤矿开发、海产品增长等客观优势之外，重要的是他们的精英和大众都能够比其他社会的人们，更充分认识到保护森林的长期利益。对精英而言，德川家族迎来的是和平和繁荣，政治的稳定和充分的信心让他们觉得，未来是他们的，因此有信心投资未来，并筹划长期利益。比较而言，玛雅的国王、卢旺达和海地的总统，都没有信心预期他们的子孙可以继任。而且，日本相对而言的民族和宗教的同质性，也使他们更容易稳定。这种"自上而下"的办法强调了国家制度和能力的作用。

在论述日本的成功之后,戴蒙德依然对成功的社会管理保持谨慎的态度。他认为,不管是领导者还是百姓,人们即使追求长期利益,行动也不一定总是明智的。他们常常依然追求眼前利益,甚至有时的行为对眼前利益和长期利益都是愚蠢的。其原因可以从戴蒙德书中非常精彩的第十四章找到,即群体决策为何会失误。这一章是为现代人做的"殷鉴"汇总和避免群体决策失误的路向标。

戴蒙德首先指出群体决策失误和个体决策失误的不同之处。一般来说,群体决策失误的情况比个体决策失误复杂得多,由于群体成员之间存在着利益分歧,即使在没有个体决策失误的情况下,也可能出现群体决策的失误,也即"个体理性造成集体非理性"。同时还有人们的认知差异,复杂的情况也往往扑朔迷离。戴蒙德为我们描绘的群体决策失误路线图有四个站(stops),每个站都会引发群体决策选择的失误。

第一站,危机发生前,群体预计不到。那么,是什么因素导致人们不能对危机做出预警呢?原因之一是没有经历过,没有经验。或者虽然经历过灾难,但却忘得一干二净,"好了伤疤忘了疼"。远古没有文字的时候,文明是靠口耳相传保持下来的,不容易记住。即使有文字,人们也常常疏忽大意。比如公元592年,古代低地玛雅社会度过了一次可怕的旱灾。然而玛雅王国的文字服务于对帝王的颂歌,而不是难民的灾荒史,他们没有将对付旱灾的经验提供给后人。否则,他们的子孙或许就可以躲过二百多年后的又一次大旱。还有,错误类比也会导致人类不能预见危机。人们往往将不熟悉的环境与以往生活过的环境相比较。比对了倒好,比错了就走错了路。比如,就是由于对两地土质的错误类比,古挪威的维京人到冰岛后伐林畜牧,导致了灾难。

第二站是,即使人们有所警觉,危机发生时也可能觉察不到。对此至少有三种解释。第一,人类使用的技术手段还不够高明。第二个原因比较常见:危机常常不声不响,徐图缓进。全球变暖是一个最好例证。通常这类现象只是一年比上一年差一点点,逐年恶化,就像逐步加温煮"青蛙"的感觉。第三个未能察觉危机的常见原因是远距离管理,这是任何大型社会中都潜在的问题。比如,今天美国蒙大拿州最大的伐木公司的总部并不在该州,而在西雅图市。由于远离现场,公司领导人可能想象不到他们的林场存在着严重的莠草问题。所以,为避免这种情况造成的失误,上级领导要经常到基层考察。

第三站,就是假定我们现在已经预感到了危机,并且也觉察到它已经来临,但我们可能会无能为力、毫无作为,任由其发展。这也是群体决策失误中最为普遍和惊人的。利益群体、个人利益分歧、问题和治理手段认识差异等,造成吵不出个结果,或者措施偏颇,或者错失良机。"搭便车行为"也让分散的大众难以同心同力,造成得利的一小撮和受损的大多数之间的博弈困境。比如许多厂家理性地攫取了自己的利益而把成本转嫁给社会,污水、废物、废气、残渣危害着环境生态。再者,当事人若不具有长期利益也会理智地置潜在危机于不顾。但是,不管是精英还是大众,当大家被绑在一条船上时,更可能做出好点的决策。比如在荷兰,当精英利益和公众利益被绑定,决策者们就会制定出符合整个社会利益的措施。荷兰的拦海造田,地势低洼,一旦大堤崩溃,堤内的百姓就会面临洪水滔天的危险。荷兰的富人和穷人都住在低地内,而不是富人住高地穷人住低地。当局明白自己和国民风雨同舟,不可能免于堤坝破坏的灭顶之灾,所以肯花费几十亿美元建造和加固堤坝。

另外,对危机的无所作为不仅缘于利益分歧的理性行为,某些非理性行为也害人不浅,而且所有社会成员都不能幸免。即使同样一个个体,短期和长期动机的差异也会使他对未来的危机无动于衷。比如贫困人口,今天的饭都有困难,还怎么考虑明天。你看赤道地区的一些渔民用炸药和氰化物杀死和捕捉鱼群,他们明知道这样做会造成未来渔业的灾难性后果,但一家老小的衣食就靠这些鱼养活呢!

最后一项影响觉察危机后仍无所作为的因素被称为"心理否认"。尽管某种预感提醒人们未来可能遇到严重的危机,但这可能在潜意识里给人精神上带来剧烈痛苦,因此人们的内心会抑制或者否认这种预感。直接面对危险的人往往凭借这种心理状态能免除恐惧造成的精神威胁,保持神智清醒。

最后一站是，人们终于开始行动了，但试图解决问题但却没有成功。这个环节的决策失误存在许多显而易见的解释。有时候是因为现实太复杂了，任务太艰巨了，非人力所能及也。有时候是因为人们努力太少，行动太迟，错失良机。

为了展现发展中国家面临的问题，戴蒙德给出专章讲中国，就是第十二章——"中国，摇摇摆摆的巨人"。按照戴蒙德的考察，中国面临着严重的环境问题，前面提到的古今社会中的十二个问题，中国全部都有。中国这么一个大国，人口占世界的1/5，又赶上急速现代化和城市化，对资源的需求是惊人的，对环境和资源的破坏非常严重。面对环境的诸多问题，一定要重视决策和选择，以扭转局面。像中国这样一个具有强同质性、一个中央政府的国家不多，可以集中起来办大事。如果是办好事自然好，如果是破坏性的就更可怕。由于技术水平低下，和发达国家相比，资源的利用率很低，浪费资源的同时，造成大量的垃圾。比如，小型乡镇企业对环境生态的破坏就可以说明这一点。

面对十二个相互联系在一起的严重问题，戴蒙德驳斥了一些笑话一样的观点，比如"环境必须和经济平衡"、"技术发展会解决问题"等。但是，古代社会的教训对现代社会还有用吗？现代社会和古代社会有哪些区别呢？戴蒙德认为，最明显的不同是现代社会人口远比古代多，技术更有效，第二大不同是现在是全球化时代。正是这两点让那些问题在现代社会更加严重，但是我们依然可以从古代社会的成败中吸取经验和教训。

最后，戴蒙德表明自己对问题的解决持谨慎的乐观态度，其原因是：一方面我们承认我们面临的问题严重；另一方面，如果我们选择去做，问题可以解决，但是必须作出两类选择——长期规划和愿意重新思考我们的核心价值，比如我们的消费观念。如果发展中国家的人们都过上发达国家的生活方式，那么全球消费和废物制造将增加几十倍。还有一个可以乐观的原因是，现代全球化的社会有电视、书籍和互联网，人们可以了解远距离的社会情况，这样更容易沟通信息，便于管理。戴蒙德虽然指出，这会使偏远落后地方的人们也看到了并仿效追赶发达国家人们的生活方式，但他忽视了也正是全球化造成群体决策和执行更加困难。

■ 明尼苏达札记

作为精英游戏的美国政治：重看电影《华氏9·11》后的思考

(发表于《书屋》2007年第8期)

在2008年美国总统大选之际提起电影《华氏9·11》(*Fahrenheit 9/11*)，大概不少人已经淡忘了。那是两三年前美国大选时候抛出来的反对小布什的一个电影。当时旁观美国四年一度的大选，其中的乐趣绝不低于奥运会和世界杯足球赛。总统候选人和他们的支持者长时间拉选票的游戏尤其好玩。在那次小布什和克里的漫长较量中，克里的支持者麦克尔·摩尔搞出来一个电影《华氏9·11》，来揭小布什的短。据说先是在美国被禁止放映，后来在法国拿了奖，于是流行开来。当时临时同屋任挺推荐我看看这个片子，正好他有。于是，领教了一次摩尔先生的关于美国政治的教育课。如今再看此片，虽然时过境迁，但从这个影片的片里片外，依然可以引发我们对美国政治及有关问题的思考。

首先，应该感谢摩尔先生让我们了解了那么多小布什冠冕堂皇的演说背后所进行的卑劣交易。布什家族和沙特皇家家族的暧昧关系使得小布什对"9·11"事件的制造者（沙特公民）的惩罚用了个障眼法，污水泼给了专制魔王萨达姆。如今萨达姆连同他的专制政权已经不复存在。而美军却陷在伊拉克无法自拔。士兵在爆炸袭击中丧命的报道经常可见。

但是，感谢的同时，我还是要指出摩尔先生犯了一个毛病，也就是当年列宁所说的"左派幼稚病"。对摩尔来说，事实就是他的镜头里看到的，而"事实"背后的结构和历史却隐而不显。他只是揭露了布什政府的短，而没有深入到背后的制度和历史。布什家族和沙特阿拉伯统治精英之间的关系是电影的第一部分。由前总统老布什结下的和沙特皇室以及间接地和本·拉登家族的暧昧关系，使得白宫对"9·11"袭击的反应迟缓。而且摩尔还显示了一个关于沙特大使和小布什好友班德尔王子在白宫"9·11"后会面的细节，他们嘴里叼着产自古巴的名牌雪茄。这种雪茄在华盛顿的古巴禁运规定之列。但摩尔抓了小节，失了大着。实际上，利雅得（沙特阿拉伯首都）和华盛顿之间的关系有着源远流长的历史，远在布什政府之前就已关系暧昧了。他们的关系开始于富兰克林·罗斯福的民主党政府。没有任何一个阿拉伯国家像沙特这样忠诚于美国统治者。利雅得为在波托马克河和华尔街的联盟提供了无价的服务。这种服务的提供，不仅是以牺牲中东国家民众的利益，而且尤其是牺牲那些 OPEC 国家民众的利益为代价的。在权力位置上的沙特扩展家族的利益，是以那些统治下的人的利益为代价的—和华盛顿的需要一起来控制世界上主要的石油产区。

摩尔镜头里的沙特人在袭击后的狂欢接近于种族主义和仇外。在回忆 1991 年东京经济泡沫破裂前日本人的狂欢时，摩尔注意到沙特皇家在"我们的国家"有近万亿美元的投资。在电影中，后来摩尔对所谓的"志愿盟国"的小国家的轻视也是有问题的。因此，摩尔不是给了观众华盛顿两党对沙特政权的支持的真正原因，而是简单地还原为布什家族的经济私利。因此他公开地支持民主党的白宫。因此，对摩尔而言，克里比布什邪恶较少的观点就不足为奇了。而且，2004 年 10 月 8 日在明尼苏达的 7 000 观众的演讲上，他不遗余力地列举小布什的谎言。只是在电影的结尾处，摩尔触及了一下历史。在揭示美国军队招兵的阶级和种族偏见后，他评论说，底层阶级总是被精英当做炮灰为他们打仗。

我们这么批评摩尔先生似乎有些不公。人家只是制作了一个电影，又不是长篇大论的教授的学术论著，有这么多就不错了。这样，也让无知的大多数长了见识，开阔了眼界。实际上，即使是知名大学的教授，如果谦卑一点的话，也要承认自己对"真相"的无知。而且不是所有的人都愿意在智识上如此好奇。正像一位政治评论家所说,没有人愿意花上 6 个美元去看一个两小时长的关于应用于当前的地缘政治学的马克思主义理论历史片演讲。95% 的人们甚至记不住 1999 年的事情,更不要提什么一战后、二战后美国的外交政策了。对于远在天边的中东古今史,知道得更少。实际上,对大部分人来说,今天世界上正在发生的事情是什么都没有时间或者心思去关心。不仅美国人如此,世界上各国的民众都是一样。

克里为了保住明尼苏达州的选票,大选前又来做了一次公开演讲,地点在明尼苏达大学明尼阿波利斯校区的西岸附近,我走路 10 来分钟就可以到。朋友送我一张票,晚上一同去感受火热的气氛,虽然室外温度不穿毛衣已能感觉到寒冷。我和身边的一位忠诚的克里支持者——一位中年知识妇女聊起了天。我问她多少人会去投票,是不是这些选民都是基于对每个总统候选人和他们的对外对内政策主张的基础上投票的,还是有其他因素影响选民的投票意向。她的回答很诚实。很多人不去投票,因为他们认为他们投的那一票起不了作用。所以必须有鼓动运动让更多的人参与选举。而参加选举的人们往往并不了解候选人和那些政策,因为没有时间去读书看报,而是根据哪个候选人看上去好看,或者亲戚朋友家人告诉他们选谁来决定。我问她是否看过麦克尔·摩尔的电影《华氏 9·11》。她说整天都在参加为克里候选拉选票的运动,没有时间。她说不选小布什是因为伊拉克战争、就业职位流到外国以及糟糕的经济状况。我接着问她,我们有没有经济学家的声音,是否糟糕的经济是小布什造成的。她说,经济好坏的原因都不是短期可以知道的。经济的不景气不是小布什的原因,但是他现在在那个位子,我们只是想对现状改变一下。谁让他碰上这么个倒霉的糟糕经济呢!现场观众高举的标语"给美国一个新的开始"(A Fresh Start for America)就表达了这个想法。对克里寄予的是观众重复同声高呼的"希望就要到了"(Hope is on the way)!。

美国的大选说到底,就是精英"视万民如刍狗"的一场游戏。在这个意义上,民主——其实就像熊彼特的观点——是精英政治的又一版本,也就是精英们玩的游戏。可怕的是,这些无知的大多数们一旦被精英政客利用了,不仅是他们自己的不幸,而且也是世界上他国人民的不幸。比如,有些美国民众在"9·11"后表现出的委屈。其实,是这些民众对国际事务和他国人民的无知才造成了这种不理解和委屈。对总统候选人来说,用能拉选票的花言巧语拉了选票当上总统就是成功。究竟他们会做什么,肯定是以精英们的利益为依归!美国在1787年设计体制的时候,许多奴隶主精英们,为了保护美国社会中的特权阶层而把统治放在比民主优先的位置。其实即使民众知道了那些不公平和肮脏又能如何?!在现代这样的快餐式社会里,谁能关心和思考那么多呢?而且信息的制造和传达的每一个环节都可能扭曲事实。因此,摩尔的电影又有几分可信?

《华氏9·11》最终没能够阻挡住小布什的再次当选。而今伊拉克成了美国历史上继越战之后的又一大泥潭,却是事实。在新保守主义因为伊拉克问题而受到批评的时候,2008年的大选又要姗姗来迟。诸君朋友,即使没有新版《华氏9·11》问世,也会有好戏可看。我们拭目以待!

明尼苏达札记

听蒙代尔讲美国政治

(发表于《博览群书》2007 年第 5 期)

2006 年 4 月下旬某天,我在《明尼苏达日报》(*Minnesota Daily*)上看到了一则秋季选课的消息:跟沃尔特·蒙代尔学习领导艺术和公共服务。这是政治和治理研究中心开的课。广告上说,选修本门课的学生将研究美国前副总统蒙代尔在位时处理的大事情,比如中美关系正常化,依托计算机技术的军队现代化,帮助促成以色列和埃及之间的戴维营协议,捍卫人权,处理卫生和能源危机,以及建立现代副总统职位任务等,核心关注的是决策问题。学生可以接触并利用一些以前未公开发表的资料,而且蒙代尔将亲自批改作业,指导研究写作。对决策问题感兴趣促使我选这门课。为了使蒙代尔能有足够的时间和精力指导每个学生,只能有 12 人注册上课,因此需要申请。我很幸运有机会被选中,能够面聆蒙代尔讲美国政治、领导艺术和公共服务。我做了若干听课札记,这里选几篇,与读者分享。

决策要靠非正式的会面

9 月 12 日,周二,"9·11"五周年后的第一天,我 8 点半多就到了学校,先到图书馆借了蒙代尔传记并提前二十多分钟赶到教室,录像人员已经准备就绪,学生还没有到几个。今天的嘉宾是国家安全顾问和蒙代尔的顾问大卫·艾伦(David Aaron)。

学生陆续到了,教师的西南角桌子上还有服务人员摆上了点心和咖啡,毕竟是前副总统要来了。蒙代尔已经 79 岁了,却并不显老,一头白发梳理得很好,西装革履,精神矍铄,气度不凡。艾伦先生也是一派绅士风度。

蒙代尔进入了教室,同学全部不约而同地站起来,很安静。录像师开始了工作。蒙代尔和大家一一握手,学生则简单自我介绍一下自己。蒙代尔会随时询问一下兴趣专业之类。和每个学生握手之后,蒙代尔坐在正位,大卫坐在他的左边,右边的位子给本课教授杰克布(Jacobs)留着。

他开始简单介绍一下这个班的目的和他可以提供的帮助,然后让大卫开始讲他们共事的经历。在他们三人的谈话中我的笔记记下了这样几点感兴趣的东西。第一个是在总统的内阁里,服务工作人员的官僚体系或者科层结构不是问题,位置的多样性和制度的、政治的利益才重要。第二个是把工作人员整合到一起,作决策要靠非正式的会面,总统的决策很是犹豫不决(indecisive)。决策圈越来越小,是个人性(personal)的。第三个是二战后成立的国家安全委员会。第四个是蒙代尔在任期内做的三件主要的事情:全球战略,人权进程,以及中国,也就是中美关系正常化。蒙代尔谈到他1979年访问中国的时候,上午在北京他见到了铺天盖地的标语,却不是迎接他的,而是为"西藏"来宾准备的;而到下午全改成迎接他的了,因为献上了厚重的"礼单"。他把和中国领导人谈的各种问题都列成单子("礼单"),哪些可以解决,哪些需要推迟,心中有数。这样马不停蹄地和中国领导人进行了12小时的会谈。

蒙代尔笑起来很和蔼,收敛了笑容时却很令人敬畏。大约11点半左右,要结束课了,下课前,教授强调要在周五把每个人的研究题目问题和初步文献资料发给老师。

打"中国牌"还是"苏联牌"

9月19日,周二。这次蒙代尔先生来得较早,9:30就到了。今天的任务是每个人都报告自己研究的题目方向。一个人10分钟的时间。

大家围椭圆桌而坐,按顺时针顺序轮流介绍自己研究的东西。我坐在蒙代尔左边第二个位置,第一个发言。我研究的是中美关系正常化过程中蒙代尔作为副总统做出的贡献。蒙代尔对这个题目很有兴趣。他回忆起了当年的情景,再一次说到刚到北京时得到的礼节性接待,和拿出"礼单"后的厚待。他说,当时的情况,他没有把苏联和中国当作一个营垒,而是区别对待的。对于打"中国牌"还是"苏联牌",他选择了中国牌,实现了和中美关系正常化。他说,可以找两个人采访、提供资料。一个是上次来的嘉宾大卫·艾伦,另一个是理查德·霍尔布鲁克(Richard Holbrooke)。蒙代尔说,档案馆里有很多的资料,包括他和中国国家领导人的秘密谈话。

杰克布教授让我的关注集中在蒙代尔先生中美关系正常化时候的考虑和决策,以及他的重要角色上。在快下课的时候,汉弗莱管理学院院长J. Brian Atwood 来了,他也参与过中美关系正常化的过程,当时处理台湾地区关系签约就是他。课后留的作业是5页的初步研究发现。

第一个不是"花瓶"的副总统

10月10日,阴转多云。又到了周二。

昨天早上9点前,在家里接了蒙代尔的电话,讨论论文作业。他很喜欢这个题目,对我的论文内容提出几点想法。首先是我在第一页上说他推动中美关系正常化是因为当时的卡特—蒙代尔政府被批评为无能,为了取得一项成绩才积极这么做。他强调实际上他从做议员的时候,就主张中美关系正常化。其实我也注意到了这一点。然后,我问他当时到北京看到受到热烈欢迎的某个贵要,到底是来自哪里。原来课堂上他说是"西藏"来的。他又说可能是泰国来的。这是个无关紧要的事情,但是他曾多次提到,大概耿耿于怀。

蒙代尔说他对中国的情感是从小就培养出来的。童年时候,在那些住宿在明尼苏达州艾尔摩家中的牧师里,他最喜欢去过中国的牧师。他说:"我父亲是一位牧师,他极力支持教会的世界使命。他对中国很向往,希望我们都研究和了解这个伟大古老的国度。"

今天的蒙代尔讨论班上,请来的嘉宾是吉姆·约翰逊(Jim Johnson),他是蒙代尔副总统的顾问和1984年竞选总统运动的总管,也是2004年民主党人克里竞选总统的总管。这两次总统竞选运动当然都没有成功。吉姆也出生在明尼苏达州,政治家家庭背景,曾在明尼苏达大学念书,后来在普林斯顿念博士。他一进来,就和同学们一个个握手问候,笑容可掬。

今天谈论的主要是蒙代尔和卡特的关系,也就是当时突破了历史传统的美国总统和副总统的权责关系问题。蒙代尔是第一个有实际权力,而不只是个"花瓶"、"第五个轮胎"(备用轮胎)的副总统。蒙代尔的政治导师是前副总统休伯特·汉弗莱(Hubert Humphrey)。所以说他受过最好的思维训练。汉弗莱也是明尼苏达人,林登·约翰逊政府(1965—1969)的副总统。蒙代尔和汉弗莱的门生关系开始于20世纪40年代末。当时19岁正读大学的蒙代尔,成为时任明尼阿波利斯市长的汉弗莱竞选明尼苏达州参议员活动的得力组织人之一。此后汉弗莱便成为蒙代尔政治生活中的导师,蒙代尔当上副总统也得到了汉弗莱的大力支持。吉姆认为蒙代尔坚强进取,工作努力,推动了文件生产机器的行政官僚的工作。他工作的方式不是层级式的,而是和其他人直接联系的轮轴式方法。比如总统卡特和副总统蒙代尔每周一两人在一起共度午餐时间,讨论任何问题。蒙代尔提到里根的政策错误和竞选成功,以及小布什当下对99%的问题都视若无睹。但是,这些人的竞选成功因素中有积极乐观、阳光、自信,而卡特在这方面就不够。

我问了一个关于蒙代尔访华、中美关系正常化问题。吉姆认为蒙代尔做出了实质性的第一阶段工作。当时中美关系正常化是卡特—蒙代尔政府非常优先考虑解决的事情。

下周二和蒙代尔在明尼苏达历史中心图书馆会面,每个人有10分钟时间单独和蒙代尔讨论问题。蒙代尔把自己的几箱子资料放在汉弗莱中心125房间,我们可以去查看。

成功的1979年访华

这次课在明尼苏达历史中心图书馆上。由于周二图书馆开门时间是12点,所以课安排在10月17日中午12点到下午3点。蒙代尔请大家一起吃了午饭。2点15分开始下午的会面访谈。我是第二个,还挺紧张的。

讨论之前,别人帮我们合影,把桌子上的文件和书之类都照上。

10分钟的时间,我准备的第一个问题是对蒙代尔1979年以副总统身份进行的中国行提问。蒙代尔总括那是一个很愉快且收获丰厚的访问,在经济、文化和政治等方面都取得了很大的成绩,推动了中美关系的正常化。蒙代尔找出他和邓小平在北京的秘密谈话,内容很全。我拿出了另一份谈话和一份午餐谈话。他翻着看了看,还注意到我的阅读记号,录像师还对材料来了个特写。蒙代尔对邓小平的改革给了很高的评价。他评价说邓小平 brilliant(英明),是个老资格的政治家,走的路和原来的体制不同。邓小平的改革得到了他的同辈老同志的支持,邓本人是个 commander(指挥员)。

接着蒙代尔说,他为1979年访华作了充分的准备,而且邓小平也很努力让他的访问愉快。他去广东、香港等地都有好多高层官员陪伴。他对他本人得到的礼遇和访问成果都很满意。这时候,教授插话,是否有意想不到的收获或者事情发生。他认为没想到会是这么好的一次访问。

我接下去的问题是:蒙代尔先生在北京大学的演讲中谈到,"虽然我们制度不同,但是我们有共同的利益,为此,我们将坚定地和你们站在一起。任何企图在世界舞台上孤立和削弱你们的力量也有悖于美国的利益"。那么这句话是否在向苏联传递一个信号,因为当时苏联在全球搞扩张。如果必要的话,中美之间是否会结成军事联盟,联合起来一起对付"北极熊"?

蒙代尔强调好多人都这么理解,他说这句话中国人明白,是经济文化等领域的合作和交流,而没有任何军事的意义,更没有对苏联的威吓(threat)。我又问是否有给邓小平某种信息,铺垫好第二天的国际事务的谈话。他说邓小平力促他的访华成功。

这时候教授插话,关于台湾问题,不是和邓小平会谈的主要问题,当时是怎么样的。蒙代尔说,关于台湾问题,毛泽东早就说过,统一起来,可以等,200年也可以等。邓小平也是采取这种方法。

我的后一个问题是:您认为哪些重要点应该包括在我的研究里?他的回答是:当时访华面临的困难及其克服的方法。

是做政治,还是为公共物品服务

10月24日,周二,晴。今天的嘉宾是卡特总统的内政长官斯图亚特·埃森斯塔特(Stuart E. Eizenstat),他还做过克林顿政府的驻欧盟大使等,多年来一直在高层任职,退职后曾在肯尼迪政府学院教书九年。今天的嘉宾主要讲的是政府的决策问题。埃森斯塔特说,总统的治理方式是集权式的,即像车轮子一样,还是科层式的,在于两种代表治理制度:代表(delegate)还是委托者(trustee)。什么是内阁政府优先考虑的事情,取决于根据是什么。也就是说,看在决策的时候,是利益群体在发挥作用,还是公共支持在发挥作用。这就决定了不同的政府:前者是在做政治,后者是为公共物品(common goods)服务。谈话中也谈到中美关系正常化问题,卡特总统的决策,是在布津热斯基和万斯对苏联和中国的关系上有分歧的主张之间进行选择。这使得中美关系正常化极为困难。可喜的是最终还是实现了。卡特作决策,不是通过会议做,而是写文件,阅读大量的资料。实际上,蒙代尔和卡特风格很不同。卡特更重细节,举轻若重;而蒙代尔一般抓大放小,是战略决策,举重若轻。不过,在谈到卡特被批评无能、不负责任的问题时,蒙代尔说,卡特是负责任的。看看事实,现任总统小布什陷入伊拉克,比较起来就知道谁不负责任。但是卡特不够自信,表现在说服人的能力和公共媒体上教育、鼓励国民的信心等方面。这是我记得的蒙代尔在这学期里第二次提到这件事情。

改革中的中国

在课余时间我还同蒙代尔先生就中国的改革和中美关系等问题作了一些讨论。

蒙代尔通过对比,对改革的中国取得的成就赞赏有加。他1979年访华时对北京的印象是:那时候的北京几乎没有汽车,也没有新的建筑物,灰暗的街道,一棚棚寂静的自行车,所有的宣传牌都是毛泽东语录,广播里播送的也都是毛泽东语录。然而,经验丰富、成熟干练的领导人正在破除陈规、拨乱反正,迈向现代化。而现在的中国的巨大变化让蒙代尔感到敬畏:中国日益成为一个活跃的技术性社会,大规模的城市新建筑改变了北京、上海以及其他许多城市的面貌。中国人现在衣着五颜六色,款式多样,人们面带灿烂的笑容,新一代的公共官员领导,在国际事务上日益成熟。中国,从一个严酷贫穷的国家开始发展,转眼之间,已经在快速迈向世界最大的经济体,真是令人惊异,太了不起了!但他表示,他依然认为中美两个国家必须格外小心,中国和邻邦之间也要格外小心,确保这一发展进步是以积极正面的无威胁的方式进行的。中美一定不要再次滑到战争的道路上去。

蒙代尔先生认为自1979年以来,中美关系发展上已经取得了进步,但他依然渴望中美进一步加深两国关系,建立更充分的信任。中国现在是一个大的伙伴,她需要变得更符合一个利益相关的参与者(become more of a stakeholder),换言之,中国要在承担当今世界一定的责任的同时享受其利益。我们所有人都需要她的协助。在谈到所谓的"中国威胁论"时,他认为一个强大安全现代化的中国符合每个人的利益。他不认为这是一个威胁。他说:"确实,中国经历了一个非常积极正面的发展。然而在我们这个有着诸多困难的世界上,中国现在需要承担越来越多的重担。"

互补·制衡·投合

(2008 年 3 月)

在美国 2008 年民主与共和两党的总统候选人提名就要敲定之际,他们各自的竞选副手,也就是副总统的遴选便马上受到了人们的关注。3 月 24 日上午,前副总统蒙代尔会同一些学者教授与政治家在胡佛瑞公共事务研究所开了一个专题会议,讨论该挑选什么样的副总统人选。

要挑选什么样的副手,总统和副总统两个人应该是个什么样的关系呢?从会议的讨论我归纳大致三种情况,即互补、制衡和投合。互补就是两人的优势和弱点之间相互补充。比如说,如果总统在国际事务上不是很强,那么副总统就要在国际事务上较强;如果总统在战略规划上较弱,副总统就要举重若轻,宏观战略把握上较好。蒙代尔作为卡特总统的副手,两人风格就很不同。卡特更重细节,举轻若重;而蒙代尔一般抓大放小,是战略决策,举重若轻。说制衡,就是说在地域上和观念上要考虑到执两端而不可太偏。如果总统是南方人,副总统就从北方出,比如卡特和蒙代尔,就一南一北。在民主和共和、自由和保守方面也要注意两人能有所制约,不让政治轨道偏向某个极端。目的就是要保持整合在一起的美国,而不是分裂的国家。实质上说,这些制约也是权力的制约。这样,不仅竞选人在争取选民的选票的时候有优势,也可以较大程度上保证权力的平衡,从而也是利益的平衡。再有一点就是投合,总统和副手两人必须投缘,合得来,相互亲和,利于团结合作执政。俗话说,"生意好做,伙计难合。"蒙代尔强调这是最重要的一点。他回忆当年卡特从几个候选人中间挑选副手的事,他和卡特的面试会谈就是看两人是否可以容易地共事,然后选定蒙代尔作为竞选副手。

挑选副总统人选的规矩也在与时俱进，不断地变化。因为副总统的权力和责任越来越大了。在蒙代尔1977年当副总统之前，美国的副总统就是一个"备用轮胎"的角色，只有总统有了不测等特殊情况下副总统才代行总统职责。蒙代尔是第一个在白宫拥有办公室的副总统，不再只是一个"替补队员"。现任副总统切尼的权力和责任就更大了，因此挑选副总统就更加重要了。过去老的规则是要平衡地区和党派等要素，现在从政治理经验变得更为重要，而克林顿和小布什挑选的副手就是在众多方面都像自己的人，符合"物以类聚，人以群分"，并且巧合的是两人都获得了连任。互补和相似有时候不可兼得，但是作为一个班子，大概还是应该以兼容亲和能够团结合作为要。

随着时代特点的变化，在某个条件更重要的问题上大家可以讨论，而且依然在争论。但在一定意义上而言，这种挑选副总统所考虑的条件，对于任何单位和组织都是适用的。我们说学者可以在学术上做到偏激的深刻，但是作为政治家、社会实业人员，必须要有制衡才好，在民主和共和，自由和保守，甚至传统与现代之间有观念的制约，同时也是权力的制约，才利于避免偏激的实践。制衡又投和是理想的状态。还是夫子说得好："君子和而不同"。这个"和而不同"就是这种多样性的有差别的统一，是一种政治理念和实践的理想境界。

圣教俗政奏鸣曲:唐僧和唐太宗

(2005年6月)

唐僧是妇孺皆知的《西游记》里的取经人——玄奘法师。玄:深奥;奘:宏大。法师一生从事的伟业可谓深奥宏大。传说吃了他的肉可以长生不老,因此这个和尚绝不一般。而唐太宗李世民,这个在历史上创建煌煌大唐王朝并实现了贞观之治的皇帝,自然在皇帝堆里也不同凡响。他的文治武功,纳谏自律,勤政爱民,成了后代帝王追求的目标。那么,生活在同一个时代,一个是神圣佛教里的一代"圣主",一个是世俗政治的一代"人皇",他们二人之间究竟存在着什么样的关系呢?本文就此问题给出一点茶余饭后聊以解闷的谈资。

我们先看看两人的家庭背景对他们人生取向的影响。唐僧,玄奘法师,俗姓陈,名祎。公元600年,也就是隋文帝开皇二十年,出生在河南偃师陈河村。他的先祖都精通儒家经典,到他的父母,又都喜爱佛学。唐僧的父亲陈惠就是虔诚的佛教徒。他的二哥陈素早年出家,法号长捷,当时也颇有名望。在这样浓厚的佛经学习氛围熏陶下,玄奘走向了佛门。父亲所给予他的儒学和佛学的早期良好教育,打下了玄奘后来成为伟大佛经翻译家的基础。玄奘法师天资颖悟,聪明绝异。在玄奘故里有一口水井,陈家古井,水质清澈碧透,甘甜怡人,有人就说此水可使人聪明,因为玄奘饮用此水而成了世界名人,所以称为"慧泉"。

公元609年,玄奘的父亲去世,玄奘就跟随二哥到东都洛阳净土寺,成了一个少年行者(也称"童行")。这时候,在儒学和佛学的学习中,他已明显地热衷于佛学。公元612年,也就是隋炀帝大业八年,十三岁的玄奘正式剃度出家。当时负责人郑善果看玄奘太过年幼,没有达到规定的年龄,不予录用。而玄奘法师徘徊门前很久,终于感动善果,善果问小玄奘为什么要剃度出家。小玄奘的回答是:"意欲远绍如来的慧命,近光遗传的大法。"善果发现小玄奘风骨难得,将成伟器,是佛门一大福分,甚是高兴,破格录取了他。因此玄奘是少年出家,而后游学各地,遍参时贤名宿,详考各家之说,直到28岁贞观元年,远赴印度取经。

李世民生于公元599年,比唐僧大出一岁。出身贵族豪门世家,父亲李渊被封为唐国公。从小生长在政治权力争斗的氛围里,并和军事结下了不解之缘。十几岁就表现出了军事上和政治谋略上的奇异之才。玄奘和太宗出生在一个时代,因为生长环境的不同,一个遍求各地佛门名宿,一个遍交天下英雄豪杰;一个成为了佛门弟子,献身佛教经卷翻译学习,一个南征北战,统一天下,建功立业经世济民,成就了煌煌大唐数百年基业。不同的因缘,成就着不同的功业。

在玄奘法师西去取经之前,和唐太宗从未谋过面,各自在自己的轨道上前进。在法师西行之后和回国面见太宗这个时期内,两个人杰都在自己的领域里做出了常人难以企及的事业。唐太宗纳谏自律,勤政爱民,成就了著名的贞观之治,我们都比较熟悉。我们不熟悉的是,这个时期的玄奘法师成就了轰动五印的壮丽伟业。玄奘游历求学五印中亚一百多个国家,到达中天竺最高学府那烂陀寺,师从于戒贤老法师,虚心听受《瑜伽师地论》等诸部大论。当时整个五印能通五十部经典的只有十人,玄奘是其中之一。在戒贤门下,玄奘后来者居上,以其内外通洽、辩才如注,令前来论难的外道及大小乘诸师,无不心悦诚服而去。贞观十六年腊月,一次盛况空前的曲女大会把玄奘在五印的声望推至顶峰。在戒日王为其召集的曲女大会上,面对来自五印的三千多名外道及大小乘诸师,玄奘作为论主称扬大乘宗义,十八日无人可与争锋。这是以生命和一生的尊严为赌注的,因此,这一胜利让玄奘名流五印,声振岭表,三学之士,仰之如天。大、小二乘分别赠以"大乘天"和"解脱天"的尊号。至今在印度文化和教育诸方面仍能体会到当年玄奘的盛名。多国国王和那烂陀寺诸师友盛情挽留玄奘,但玄奘为了把佛法弘扬到锦绣中华,谢绝了盛情挽留,满载经卷返国。贞观十九年正月至长安。

说到返国,不能不提玄奘离开国家时候的事情,因为和唐太宗很有关系。我们在《西游记》里得知的是太宗和唐僧结为御兄弟,赠送金钵,受其差遣,领命求法,送至宫门外饯行时说,"宁爱本国一捻土,莫恋他乡万两金"!但实际上唐僧是偷渡客。几次上书求准,但都以国家初定边境不稳,被禁止出边。"结侣陈表,有敕不许。诸人咸退,唯法师不屈。"玄奘一边待机而动,一边加紧锻炼身体,调伏、堪忍众苦,努力学习西域各国语言。贞观元年八月,天赐良机,因河南陇右时遭自然灾害,朝廷允许道俗四处就食,玄奘便混迹于灾民,一路西行,经历万苦千辛的"孤身万里游",西行求法。所谓的"御弟哥哥"倒和高昌国王有关。玄奘途经高昌国时,高昌王敬重其才学,挽留劝阻,甚至以国相许,但玄奘绝食抗拒,使高昌王非常受感动,结为御兄弟,盛情款待,并附20封国书,还特意挑了四个小和尚护送西行,也就是《西游记》里虚构的孙悟空、猪八戒、沙和尚、白龙马的原型。由于是偷渡出国,在归国的路上,到达于阗,玄奘便停止不前,要征询唐太宗允许归国的诏令。修表太宗请求赦免"冒越宪章,私往天竺"之罪。唐太宗是个明君,对这位偷渡出境、载誉而归的"留学僧"当即表示特别欢迎,催其速归,并令沿途各地官司迎送。皇帝表示:"闻师访道殊域,今得归还。欢喜无量,可即速来,与朕相见……朕已敕于阗等道使诸国送师,人力鞍乘,应不少乏……"。玄奘到达沙洲又再次上表太宗。当时太宗正在洛阳忙于征辽东的事务,就令房玄龄负责接待。玄奘也为了在太宗出征前见到太宗,就加快了速度。不知道这时候两个人杰的内心想象中的对方究竟是什么样的。

贞观十九年二月初,乍暖还寒的洛阳城,太宗在洛阳宫召见了玄奘,这是两个不世出的伟大人物第一次晤面。这次会谈的过程可谓二人斗智磨合的第一次交锋。

唐太宗开始就来了个下马威。说:师去何不相报?法师以谢罪的姿态说:玄奘当去之时,以再三表奏,但诚愿微浅,不蒙允许。无任慕道之至,乃辄私行。专擅之罪,唯深惭惧。

　　法师认错了,但仍然坚持不是没有上报,回顶了皇帝;又说自己诚心愿望不够等,给皇帝一个台阶下。之后,承认自己的"专擅之罪"。法师既然认了错,皇帝也就放了手。做到了有理有利有节。

　　于是太宗说:师出家与俗殊隔;然能委命求法,惠利苍生,朕甚嘉焉,亦不烦为愧。

　　皇帝既然表示,他不究以往,玄奘自然感激,等到太宗问道:"但念彼山川阻远,方俗异心,怪师能达也?",法师马上借机会把皇帝恭维了一番。可谓机警之极。

　　法师对曰:玄奘闻,乘疾风者造天地而非远,御龙舟者涉江波而不难。自陛下掘干符清四海,德笼九域仁被八区,淳风扇炎景之南,圣威振葱山之外。所以戎夷君长,每见云翔之鸟自东来者,犹疑发于上国,敛躬而敬之。何况玄奘圆首方足,亲承育化者也。既赖天威,故得往还无难!

　　这些谨慎机智的话语表明,唐僧不是个书呆子,不是个只知道读经的呆和尚,否则他成就不了大业。在五印和途径中亚诸国,皇室王侯,结识来往的不知有多少人。所以,天资聪慧的玄奘应酬这些小菜一碟。在一个必须有政治支持的社会里,玄奘为了弘扬佛法做出了最好的策略选择。得到大唐国国王的满意和支持,是多么有力的支持啊。从此开始了两个大人物间复杂亲密而又戒备的交往岁月。

　　唐僧获得了太宗对译经的支持,想到远离朝廷的少林寺静心翻译佛经,但是太宗不同意译经地点选择在少林寺,而决定选择京城的皇家寺院弘福寺。名义上是便于召见,陪驾叙谈;实际上则是,朝廷可以对玄奘处处节制,把玄奘掌握在自己手里。为什么太宗对一个和尚如此芥蒂,因为玄奘不是普通的和尚。不仅名满五印,而且流誉华夏,声名远扬。玄奘回到长安时,百姓倾城而出的盛况,肯定早已传到太宗的耳朵里。当时从漕上到京城朱雀街都亭驿长达二十余里的路上,俗人道人挤满了道路,都想一睹玄奘圣容。接待人员面对数十万群众,茫然无措。玄奘无法入城,只得停于别馆,有士兵通宵守卫。当时玄奘就采取了低调的态度,避免见群众,恐怕他的威望声势为太宗所忌。正如道宣所说："奘虽逢荣问,独守馆宇,坐镇清闲,恐陷物议,故不临对。"太宗对这位才智超人、一心译经弘法、声望又如日中天的玄奘法师,不免有所忌惮。玄奘很会应对,很能洞察太宗的心机。当即申明态度,他志在译经报国,无意成为民众的宗教领袖,更不会构成对朝廷的威胁。玄奘说,百姓无知,见奘从西方来,妄相观看,为避免他们的烦扰,请朝廷派士兵把守大门。这样,就主动让自己在朝廷的监视之下,以驱除太宗的戒心。从此周游一百多个国家遍投名宿的玄奘就成了"性爱怡俭,不好交游"的人了。

多数人认为太宗爱玄奘的才华,多次劝玄奘转俗,从政。我个人以为,大概是太宗在试探玄奘是否有政治野心。我们还要注意到玄奘获得太宗支持译经,中间还有一笔交易呢,那就是《大唐西域记》。太宗说,我可以支持,但你必须写出你的见闻,供我大唐征西或者外交之用。当时大唐以老子为其先祖,道教为国教,佛教是不被重视的。尤其唐太宗这样的人,对佛教也不了解,也看不出来对佛教有多大兴趣。但他对《大唐西域记》感兴趣,可以得到很好的西域诸国的信息。所以一年多的时间,《大唐西域记》新鲜出炉。这是一场交易的产物,但却成了玄奘留下来的一份无价之宝。造化弄人。

说到《大唐西域记》,我们还要提提玄奘的弟子——《大唐西域记》的执笔人辩机。辩机因为和高阳公主通奸的事情暴露,这位大才子被处以腰斩的极刑。有人做了不少分析,认为辩机大概是卷入了谋反案。但是不管如何,从维护高阳公主的名誉和太宗与唐僧的关系来看,这样做都不可理解。很可能是唐太宗借此打击佛教,给玄奘一个好看。这个事件由于历史记载资料难以找到,所以很难弄清事实真相。但不会不影响太宗和玄奘之间的关系。看上去晚年的太宗整天和玄奘形影不离,关系亲密,实际上又千丝万缕,很是复杂。可以把这种关系理解为太宗对玄奘的监视。

太宗给玄奘写《大唐三藏圣教序》还是在玄奘一再恳求下做的,说明太宗不是倾心支持玄奘的事业。但是,为了自己的事业,玄奘不能绕过大唐皇帝。从两件事情的影响我们可以看到,唐王的支持是多么重要。《大唐三藏圣教序》被置于经首,太子李治的《述圣记》附于经后,加上后来的经玄奘请求太宗准许的度僧,都对弘扬佛教很有影响。"自二圣序文出后,王公百辟,法俗黎庶,手舞足蹈,欢咏德音,内外揄扬,未浃辰而周六合。"所以,玄奘为了弘法周旋在太宗面前的苦心可以理解。从另一方面看,晚年的太宗还是倾向于相信佛的,相信因果报应的。他一生东征西讨,杀戮无数,而且"玄武门之变"更是一生中的阴影。尤其晚年身体不好,疾病缠身,做事受阻,尤其立太子一事上,是一大失败,使他生出许多天命和信佛的心思。《武则天》的作者日本人原百代就是这么说唐太宗的:人在精力旺盛、志满意得的时候,是老子天下第一,什么鬼神都不会相信;但失意无奈之时则易产生天命鬼神的想法。所以,从这个角度可以理解当时太宗和玄奘的关系,太宗是想从玄奘那里获得一定的心灵安慰。再者,英雄惜英雄,有玄奘那么一个智慧超群、见识广博又无政治野心的才子陪伴着自己,应该说是晚年唐太宗的福分。因此在这层意义上说,二人的亲密关系也不是没有道理的。总之事情不是那么简单的。

  后来玄奘的原教旨主义没有对中国的文化思想发展产生大的影响,而是禅宗这个中国化了的佛教在文学、艺术、思维方式、价值观念等诸方面产生了很大的影响。这也是玄奘没有想到的。虽然忠实于原始的教义,造成了其理论观点不能够在新的土壤上更好地成长,却为保存原佛教经典立了大功。更有意思的是,取经译经的副产品《大唐西域记》却成了一个丰厚的宝藏。历史早已过去。不管如何,对一个名望上和功绩上可谓圣教"圣主"的玄奘和一代英豪的俗政皇帝唐太宗之间的关系的认识,确实给我们不少可以回味的地方。

君主官僚制的矛盾与突破

(2004 年 8 月)

对我们的社会做历史的思考和分析是必要的,也是有益的。历史、现在和未来的联系是剪不断理还乱的关系。比如中国数千年的君主官僚制,如何历史地理解它,就是个问题。

孔飞力在《叫魂》①一书中对乾隆皇帝在处理 1768 年中国妖术大恐慌中的表现,精彩有力地论证分析了君主官僚制的运作。官僚集团有自己的利益,他们要保持自己的利益,就要有规则遵守,否则无所适从。因为皇帝权力理论上是不受限制的,规则规定的责任和权利可以在一定程度上约束专制君主的权力。规则可以有预期性,共守一个规则也就会造成规则面前人人平等,这样就有了平等的意义。显然,皇帝是不愿意自己受这个约束的。而对于他的办事官僚而言,希望有规则地按部就班,这样可以保护自己的利益。但也造成了低效率、办事推诿、保守不前。也就是马克斯·韦伯分析的科层制的特点。而皇帝不愿意看到一个腐败低效、保守萎缩的官僚集团掌管着自己的帝国,就想改变这种状况,而且皇帝也不愿意自己在例行化事务中成为科层官僚机器的一个零件,而是要成为机器的操作者。于是整个官僚集团和皇帝之间就较起劲了。在 1768 年的"叫魂案"中,乾隆就试图通过这个"事件"改造整顿官僚集团。但是,他最终失败了。

君主离不开职业官僚群体。穿越千年时空,朝代兴衰,而居于中国政治主体的始终是那个"职业官僚"群体,具有相当的稳定性。正是他们,创

---

① 孔飞力:《叫魂》,上海三联书店,1999 年。

造并使用着一切如吴思先生所说的政治历史中的"潜规则",从中受益。用经济学里的理性选择理论来说,是个体理性造成的一个结果,不管大家是否愿意看到。诺贝尔经济学奖获得者托马斯·谢林在其著作《微观动机和宏观行为》[1]中就对个体理性造成集体非理性作过专门论述。宏观社会行为的结果,往往与个体的微观动机不一致。因此愿望或者说"乌托邦"在现实实践逻辑面前,只能是失败。

那么,漫长的君主专制历史中,为什么只有少数时间君主和官僚集团之间有过明显的矛盾斗争呢?大概因为不少时候,君主也是得过且过,他们通常没有能力对抗整个官僚集团。只是遇到一个"热血"皇帝,或者雄才大略的皇帝,在遭遇到保守无能的官僚集团后才会试图"变法图新"。但是,一个雄才大略的领袖人物做出的改造官僚集团的努力,通常是以失败而告终。

现代社会,我们结束了君主制,但是领袖和官僚群体之间,或者一般意义上而言,领导和下属之间依然存有这种矛盾。君主官僚制的矛盾,根本上就是武断权力和例行公事化之间的矛盾,也就是上级寻求更可能多的武断权力,自己更少受规则约束;而下级则尽可能行动规则化和理性化,用规则来保护自己的利益。这个问题,即使在现在西方社会的所谓民主国家,也很难完全避免。官僚们根据规则,把事情例行公事化和常规化,以及韦伯所说的理性化,循规保守。根据《科层现象》[2]的作者克罗泽的观点,就是弱者寻求规则来约束强者的武断权力的干预。克罗泽对科层制中权力关系的经典描述很能说明这种矛盾情况:"为了达到自己的目的,管理者有两套相冲突的武器:一方面理性化和制定规则;另一方面,制造例外权力和无视规则。其策略将会找到两个武器的最佳组合……规则的繁衍会消减他自己的权力。规则中太多的例外则减小了他自己约束他人权力的能力。"

---

[1] Thomas C. Schelling. 1978. *Micromotives and Macrobehavior.* N.Y.: Norton.
[2] Michel Crozier. 1964. *The Bureaucratic Phenomenon.* Chicago: University of Chicago Press.

根据韦伯的分类,有三种统治类型,即传统型、个人魅力型和法理型。传统型是遵守传统获得统治合法性,魅力型当然是个人的天赋才干和魅力,法理型则是统治以规则为依据。科层制则是法理型的理想型。那么保守的科层制在历史的演变中,怎么样才能获得动力呢?按照韦伯的观点,就是要有魅力型领导来突破常规,获得变革。根据一派组织理论认为,一个组织,不管是官僚机构还是企业,最高层领导都要有一定的自主权力,或者说是武断权力,推动组织的变革。在研究企业方面,熊彼特提出了企业家精神,就是不断地创新,从而享受创新带来的财富。有人认为,这种企业家就是韦伯说的魅力型领导。

因此,在这种意义上,我们可以说企业家阶层或者集团的出现,将给突破君主官僚制的矛盾带来希望。这个集团一方面不是官僚,另一方面也不是君主的奴才,不再是旧时代,商人地位低下。这样三足鼎立,可以带来一种均衡。从企业家本身来看,他们一方面因为他的财产和地位希望稳定,希望秩序,并且有资源来发动行动以维持规范和秩序;另一方面,他们的精神本质就是创新,不能安于现状。这样就可以既有官僚集团稳定的保守一面,又超越了官僚集团不愿或不敢创新的一面。企业家创造了财富,国家的税收是官僚收入的来源,国家首脑的"富国强兵"的理想也因为企业家这个阶层的活力而容易实现。这样,虽然因为任何上下级之间,都不可能完全避免这种权利游戏的博弈,不可能纯净地消除这种矛盾,但是,原来的君主官僚制的矛盾在一定程度上得到了缓和,甚至可能有本质上的改变。

制度演变的背后：读《帝国的惆怅》

（2008年3月）

易中天先生在《帝国的惆怅：中国传统社会的政治与人性》[①]里，历史其里，文学其表，"妙说"中华帝国的政治制度史。中华帝国是指从公元前221年秦王嬴政统一六国，建立大秦帝国，到公元1911年大清王朝灭亡之间的中国。本书由十来篇既相互独立又一线贯之的文章组成。在这些文章中，我尤其喜欢的是《非典型性腐败》和《好制度，坏制度》。前者刻画了中华帝国的一个深层特点；后者从钱穆先生的论著出发，总括性地分析了"好制度"是如何变成"坏制度"的。而当笔者翻过最后一页掩卷三思后，觉得易先生"妙说"历史的同时，忽略了一些笔者认为不应该忽略的东西，即政治制度演变背后的经济技术条件，或者说是支撑政治系统其他系统的发展。

易先生与黄仁宇先生一样，避开道德伦理的批判来探讨中国的历史，而且把历史讲得有声有色，引人入胜。而两人不同的是，黄仁宇重技术，主要是金融和数目字管理的技术，有人说他是技术历史主义者；而易先生却撇开了技术来分析制度。这一不同使得易先生的分析显得有些乏力和肤浅，给读者的震撼力不大。

我们知道制度是需要物质技术保障的，二者不能割裂。在帝国之前的

---

① 易中天：《帝国的惆怅：中国传统社会的政治与人性》，文汇出版社2005年版。

封建时代,因为周王在技术上无法管理到远离都城的辖地,分封诸侯是个不坏的选择。可是,各国的语言文字、度量衡以及贸易媒介货币等的不同阻碍了社会的发展。罗伯特·赖特(Robert Wright)在其著作《非零和年代:人类命运的逻辑》(*Nonzero: The Logic of Human Desting*)里,总结出人类社会的发展,是非零和活动的扩展,尤其是通过信息的交流和商品贸易方面。技术是硬件,文化是从属于技术的软件。赖特认为聚居农业的诞生,是第一次信息革命。村庄可以聚集分散的人口扩大信息和知识的交流共享,增加了创新和发明的机会;物品(商品)的交换各取所需实现了分工而提高了效率。生产力发展到一定程度,中华帝国的统一是趋势。但是历史上的事情,都是必然性和偶然性的结合。中国在秦始皇时候统一了起来,统一了文字、货币和度量衡。这是中华文明发展史上一个大步骤,带来了中华帝国时代辉煌的发明和创造,造就了大汉和盛唐。可惜的是,中华帝国在选择如何造就开放的等级制社会上走了一个和西方不同的道路。

本来有两个方法可以实现开放的而不是封闭的等级社会,一个是科举,属政治系统;一个是市场,属经济系统。前现代的西方选择了市场;中华帝国选择了科举,拒绝了市场,更确切地说是压抑了市场,把商人的地位压得很低。这两种方法各有自己的功能,是不可以互相替代的。所以当今的西方借鉴了我们的科举,我们也引来了西方的市场。

根据易中天先生的划分,中华帝国的人才选拔有三种:察举、荐举、科举。发明于隋唐时代的科举是中国在制度建设上为人类社会做出的最杰出的贡献之一。而中国的科举也不是轻易可以出现的,是需要必要的物质和技术条件的。郑也夫先生在《符号、书与知识分子》[①]一文中对此有详细的分析。郑也夫认为,"书写符号、其衬体、其使用者,是文化传递与发展的三要素"。赖特认为第二次信息革命是书写文字(writing)的发明,而印刷术则进一步推进了这一技术的应用和信息的传播。中华文明的辉煌历史,正是由于当时领先于西方的衬体竹简承载着春秋以后的中国文化,最

---

① 参见《社会学研究》1992 年第四期。

终出现汉唐的全面繁荣。竹简使得中国文化从西周贵族那里走到春秋时代平民士人的手中。而纸成了科举制产生的前提条件，正是纸的普及使得遍及全国的私塾——科举的预备场所——中的万千学子有了必备的教本和经典，保证了知识进一步走出贵族的门阀。

物质技术的发展，其实是社会各系统中间的经济和技术两个系统的发展。而各个系统又是相互依赖相互制约的。在一个健全的社会中，政治、经济、文化应该是各自独立、相互制约的三大社会系统。易中天先生说，中国的皇帝制度是问题的所在。皇帝为什么能这么大权独揽？原因当然很复杂。但是，市场的压制不能不说是其中一个重要的原因。中华帝国的读书人只有一条道路——仕途。文化也成了政治制度的奴隶。郑也夫说："经济和政治一样，也是遵循其自身的逻辑去扩张，也会抑制文化的独立性——皇权要御用文化，市场则要买卖文化。但三极的世界与二极的世界是如此不同。经济虽然也企图利用和控制文化，但因经济不时同政治系统发生冲突，经济不断蚕食着政治系统的权力，使政治系统被迫收敛起往日的霸权，从而间接地帮助文化系统从政治系统那里赢得一定的空间。"可惜，市场的被压制使得中华帝国的政治系统——皇权独霸天下，并奴役了文化，使文化也变成了"权力本位"（所谓的"官本位"）的文化。

所以，易先生在论述非典型性腐败之后说："腐败之所以发生，是因为权力可以赎买；非典型腐败之所以盛行，是因为权力的赎买成了习惯；权力的赎买之所以成了习惯，是因为社会生活中到处都是权力关系；社会生活中之所以到处都是权力关系，则因为我们有两千多年专制主义传统，有两千多年权力社会历史，以及两千多年来由这个制度和这种社会培养造就的文化心理和行为习惯，即国民性。"（187页）。针对这些弊病，先生接着开了"对症下药"的两个"方子"："一是杜绝权力的赎买，二是将权力社会改造为非权力社会。"这两个方子其实只是我们的愿望，怎样做才是关键。关键就是在既有物质技术条件下，让各个系统都健全地发育，尤其是市场的健康发展将是制约帝国时代无所不在的"政治权力"。

在论述读书人的出路问题时，易先生说得相当好，就是出路多了，就可以淡化权力关系了。实际上就是市场加上民主。读书人不仅仅只能"仕途"一条道,他们可以经商、当记者、报人、做学问等,让各个系统都发达起来,不再是一家独大。因此我们必须强调,政治、经济和文化等各个系统不能试图取代其他系统。德国社会学家卢曼曾对这一点针对现代社会发表了自己的观点。他认为,现代社会是一个复杂的社会。复杂性是指"构成系统的组成部分之间高度分化的潜在可能。"而解决这种复杂性的关键是增加系统自身的复杂性。现代社会由诸如经济、政治体系、法律、宗教、科学、艺术、大众传媒、教育、卫生健康、体育、家庭以及亲密隐私等社会子系统构成。而所有的子系统都对社会的再生产发挥着作用,任何一个都不能取代另一个。"政治不能取代经济,经济也不能取代科学,科学也不能取代法律或宗教,或者宗教取代政治,等等",在这个意义上,现代社会是没有任何子系统高居上面和中心的社会。而任何子系统都是自我指涉的自生长系统。这种进化方式并不能保证做出最好的选择和任何意义上的进步。从卢曼的理论看,政治、经济和文化不仅是相对独立,而且是自我再生产自己,自己通过自我复杂化来解决本系统内部的问题。其他子系统不要干涉我的"内政"。实际上,前现代社会的复杂性虽然比现代社会小,但依然是多个系统的复杂组合。中华帝国的政治系统就是犯了严重侵犯和替代其他系统的毛病。因此在现代化的建设过程中,必须强调这一点,从而弱化"权力本位"的皇帝制度的遗留弊病。

制度的演化是一个极其复杂的过程。我们上面强调了科举制度的物质技术条件和市场的发展对政治制度的影响。总之,这些都说明了历史的复杂性,研究历史的角度很多。易中天先生给出了自己的解释。但是问题是,仅以政治制度说政治制度有些单薄和狭隘,不妨把其他更具有硬件的条件因素加上,才会更具说服力,更有深度。

■ 明尼苏达札记

制度能否移植?

(发表于《社会学家茶座》2011年第3期)

　　制度变革可以由外部强加吗?可以由一个国家移植到另一个国家吗?制度变革是否必须像哈耶克主张的自然演变,而不是设计出来后外部实施?制度是否必须"适应"(appropiate)该国家的具体环境?如果移植了,长期和短期后果各会怎么样?这些问题的争议很大。笔者曾在介绍福山的《国家构建:廿一世纪的治理与世界秩序》一书的时候涉及这类问题[①]:在一个国家或社会是好的制度能否移植到另一个国家和社会呢?

　　在福山看来,有些可以,有些容易,有些可以但困难,有些几乎是不可能的。福山把制度能力划分成了至少四个构成部分:一是组织设计和管理,归属学科是管理学、公共管理和经济学,可移植性高;二是制度设计,归属学科是政治科学、经济学和法学,可移植性中等;三是合法化基础,归属政治科学,可移植性中等偏低;四是社会和文化因素,归属学科是社会学和人类学,可移植性低。考虑到这些不同程度的知识可移植性,也就是制度的可移植性,我们发现在一个国家建立有能力的制度,建立一个强有力的国家政权,对外来者来说并不容易办到,在组织设计和管理方面,而社会和文化因素简直不可能。虽然长期来看社会和文化因素也在变,但是很慢,也很难把握变化的方向。这也就是当前美国在阿富汗和伊拉克的重建的困境的原因。

　　福山举例论证了,对于一个国家的国家构建,没有自身一定的国家能

---

① 参见陈心想:《国家之维:福山与〈国家构建〉》,《社会学家茶座》2006年第4期。

力的话,外来力量往往徒劳无益。如果国家构建(nation-building)意味着自力更生的国家能力(state capacity)的创立,即便外国顾问和支持撤退了仍然能够存活下来,那么历史上大量的案例中成功的是少之又少。美国作为占领权威在许多国家都有干预行动,包括古巴、菲律宾、多米尼加共和国、墨西哥、巴拿马、尼加拉瓜、韩国等。在每一个国家都进行了国家建设活动,进行选举、试图消灭军阀和腐败、促进经济发展。只有韩国是唯一一个取得了长期的经济增长的国家。这种增长也更多的是通过韩国自己的努力,而不是美国的干预帮助。外来激进改革由于在拉丁美洲、非洲和苏联的失败,这些人就认为强加的制度改革可能会阻碍经济发展和繁荣。

然而,最近新制度经济学新锐麻省理工学院经济学教授达伦·阿西莫格鲁及其合作者坎多尼、约翰逊和罗宾逊用法国革命的例子[①],提供证据表明制度是可以从外国移植来,强加在本土,激进的制度变革的长期后果是经济社会的发达。作者论证至少在一定的历史条件下,外部强加的"大爆炸"式激进制度变革是可以成功的。

1789年的法国革命对欧洲其他国家带来了极大的冲击。18世纪90年代的法国革命军以及后来在拿破仑指挥下的法国军队侵占控制了欧洲的大部分国家和地区。伴随这种侵占的,是在被占国的一系列的激进制度改革。在作者看来,这种激进制度变革的长期积极效果来自两个重要因素:(1)法国的侵占扫除了保护贵族、神职人员、(中世纪)行会及城市寡头的法律和经济障碍,建立了法律面前平等的原则(the principle of equality before the law)。(2)障碍清除之后,并没有马上显示出其制度变革的优越性,恰好很快就是迎接英国工业革命向欧陆扩散的时代,新的技术和产业的采用使得扫除了政治经济发展障碍的国家和地区获得了发展优势。阿西莫格鲁等人的研究表明,那些被法国占领并进行了激进制度变革的地区,后来都实现了更快速的城市化和经济增长,尤其是在1850年之后,原

---

① Daron Acemoglu, Davide Cantoni, Simon Johnson, and James A. Robinson. *The Consequences of Radical Reform: The French Revolution*, 参见 http://econ-www.mit.edu/files/6329.

因正在于工业革命的扩展。

法国对欧洲他国的侵占和推行的激进改革在短期里造成了混乱和经济衰退,但是大约半个世纪过后,这种改革的积极作用开始发挥了出来,到了1850年之后,经济增长的差异越来越明显。为了驳斥文化的差异而不是制度的变革带来的经济发展不同,作者还用德国的例子来说明,即使在同一个国家、同一个文化背景下,被占并实施了强加的激进变革的地区,后来的经济增长也显著性地高于其他地区。

法国变革的成功提出了这样一个问题:为什么他们的激进制度变革可以成功,而其他的外部强加的改革(externally-imposed reforms)常常失败了呢?作者认为,最可能的原因就是它的激进。阿西莫格鲁和罗宾逊去年曾撰文专门论述有限改革会造成反效果[1]。而法国侵略者进行的改革是同时在诸多方面进行的,它削弱了地方精英的权力,使得他们恢复到原来状况的可能性很小。即使某些革命前的精英在1815年后又掌了权,但是政治均衡上已经是不可变更了。作者把这种变革与战后德国、日本的改革等同起来,都是成功的激进变革。但是在福山看来,虽然美国有时也被赞扬成功地在战后的德国和日本进行了国家建设,在行政管理能力上看,美国实在没有做什么。在美国击败占领它们之前,德国和日本都有强大的科层官僚国家政权体系,是他们国家政权的力量使他们成为强国,并对国际体系带来威胁的。在这两个国家,国家机器在战争中存活下来了,并在战后得以保存,极少被改变。美国所做的成功之处只是合法化基础的改变,从极权主义到民主,以及清除了发动战争的老体制中的人员。这里福山所说的美国的成功之处,其实也就是清理了旧制度的政治经济障碍,接纳了新的制度。在某种意义上也是外来强加的激进制度变革。

在强调这种激进的效果之后,阿西莫格鲁及其合作者们隐含地也强调了这种制度变革要求外力必须持续一定的时间。这个时间性同样重要,因

---

[1] Daron Acemoglu, James A. Robinson. 2008. Persistence of Power, Elites, and Institutions. *American Economic Review*. 98(2008).

为只有持续了一定的时间,新权力格局才会具有一定的均衡,有一定的能力阻止旧精英势力的反扑和旧秩序的恢复。因此在其模型的处理变量里,作者们除了使用该国家或地区是否曾被(法国革命军或拿破仑军队)占领和控制,还使用了在1792—1815年间为法国控制的年数(而且纯军事占领时间除外)。经验数据支持这种观点,控制较长的时间对制度变革及其长期经济增长具有显著性积极影响。

其实,法国革命的后果也一直是个争论不休的历史问题。自从1790年英国哲学家博克(Edmund Burke)发表了《反思法国革命》以来,关于制度变革的争论一直延续到今天。博克痛斥了法国革命的残酷性,干预主义精神和激进。当然,他的结论就是法国革命的消极影响,并且这种影响不仅在法国和当时,而且在未来的数十年或数世纪会潜在地改变世界。但是作为对博克的反应,佩恩(Thomas Paine)对法国革命的评价正好相反。他在《人权》(The Rights of Man)一书中高度评价法国革命是自由和法律面前平等的先驱,它破坏了旧制度。佩恩认为,法国革命,正是它的激进式制度变革,打破了旧制度下的对土地和人的束缚。旧制度不仅道德上可恶,而且是经济上无效率的罪恶之源。而正是法国革命铲除了农奴制,贵族特权,教会对土地和政治的支配,以及法律面前的不平等,从而为现代自由和民主制度铺平了道路。法国革命的后果这种争论至今仍然存在,无法获得一致的结论。阿西莫格鲁等人的研究为我们提供了经验证据,证明法国革命以及它带给欧洲诸国的激进变革造成了1850年后经济增长的分野。

为了更明确地看看法国革命和其推行的激进制度改革,我们来看看革命前的欧洲。在法国革命之前,欧洲的大部分地方都是在两类寡头的统治支配之下:农业上的地主贵族和控制商业和各种职业的城市寡头。18世纪末,欧洲大部分地方的最刚性形式的封建主义都不存在了,但是许多的封建遗留依然健在。农民被拴在土地上而不能在自由市场上出售自己的劳动力,或者不经过地主的许可而不能参加其他职业的农奴制,虽然被其他形式的税收等方式所取代,但依然是极为繁重。比如莱茵兰,德国的第一个法国控制区,当时的农奴制虽然薄弱了,但是依然严格地约束着自由流动。

即使在古典意义上的农奴制都不存在了的地方，贵族和僧侣等神职人员的各种权利在乡村地区依然造成了一个非常不平等的政治和经济状况。这些特权阶层常常获免国家税收，并享受他们治下的农民的客税。农民甚至要向地主承担不少于 230 种的不同费用和服务。在 1789 年前的几乎整个欧洲，法律面前平等的原则鲜为人知。

城市寡头大概对实现工业化更为不利。几乎所有的主要职业都在行会的控制之下，极大地限制了他人进入该行业，并且常常阻碍新技术的采用。比如在意大利，行会竟然停止创新（stopped innovation）。在威尼斯，"几乎整个 17 世纪，行会规定阻止英式和荷兰式的衣服进来，而这些服装在国际市场上是如此的成功。而且，行会不仅要求生产传统式产品，而且拒绝采用生产老式产品的新方法"。除了行会，许多城市由少数家族统治数代，以牺牲更有能力或者拥有更好技术的潜在的新人为代价，积聚了他们的财富。

许多最激进的制度变革是在法国军队侵占过程中进行的。这些变革包括所有的农奴制和半封建土地关系的废除，夺取了神职人员对经济和政治的控制权力，终止了行会对城市的支配统治，法律上建立了法律面前的平等。比如在比利时，作为神职人员和贵族这两个上层团体，享受着许多的特权，拥有大量的财富和政治权力。城市行会和法团也拥有重要的特权，控制着小镇。1795 年法国攻占比利时而后统治了 20 来年。这期间，法律面前平等被建立，同时，领主权利、什一税、贵族特权及行会被摧毁。实际上，从 1796 年的 12 月份开始，新法国立法已经在比利时实施了。

在拿破仑上台掌权之后，法国的影响在欧洲更加广泛。虽然拿破仑作为一个皇帝，在法国或者他的大帝国，必要的时候残酷无情，目的在于巩固他的统治，但是他依然执行了法国革命军启动的变革。正像有学者所说，"革命的法国发动了许多这类变革，拿破仑把他们输出到遍及欧洲"。拿破仑本人把《拿破仑法典》（《法国民法典》，Civil Code or Code Napoléon）在他控制区的实施作为最重要的改革。当然从动机上来讲，拿破仑的变革是为了他的统治，只有通过清除这些精英、封建特权和引进法律面前的平等来削弱现存精英,才能够使他在占领区的统治更容易建立起来。而他的后果却是促进了该地区或国家的制度发展,带来了后来的高经济增长。这也是动机和效果的差异,英国社会学家称为"未预料后果"。写到这里,我想起了奥尔森在《权力与繁荣》里曾经提到中国的"文革"和改革,其观点认为,中国在20世纪70年代末发动的改革之所以能够成功,是因为"文化大革命"把阻碍改革的利益集团或者精英利益集团都扫除了。这也可以算做"革命"带来的"未预料后果"的一个例子。

法国革命和拿破仑的变革实行了四分之一世纪,1815年拿破仑崩溃后遭遇了不同的命运。但是这些变革根本上改变了政治格局,那些在新制度下受益的精英们可以保持制度的运转,而不是返回到变革前的状况。即使字面上的法国变革(比如法典)被废止,但是实际上的权力格局已经根本上不同了。

法国革命及其带来的欧洲其他国家的激进制度变革是人类历史上的一次准自然实验。阿西莫格鲁及其合作者的这篇论文的另一个详细版本将发表在由戴蒙德和罗宾逊共同编辑的《历史上的自然实验》一书,预计今年将由哈佛大学出版社出版。戴蒙德是《枪炮、病菌和钢铁》和《崩溃》的作者,他的视野更宏大,但是前一本书是解释文明差异的,基本上是从客观的环境和生态的因素来看的,因此,有环境决定论的嫌疑。而《崩溃》探讨在客观生态环境面前,人类的作为是如何发挥作用的,也就是人类社会群体的选择和决策怎样影响他们的兴衰存亡的。一定意义上是从制度上来看发展差异的。戴蒙德把人类社会不同的发展作为了自然实验。阿西莫格鲁及其合作者把法国革命及其推进的激进改革作为一次人类社会的自然实验,他们的研究结果是有一定说服力的。

我们要注意的是,如果从短期效果考察法国革命及其变革,那么法国革命军以及后来的拿破仑的入侵,都给被占领区带来了骚乱和受掠夺。那是一个痛苦的过程。阿西莫格鲁等人考察的是制度变迁的长期后果。

用人均GDP和城市化作为结果变量,经验数据揭示了经历了法国侵占和激进制度变革的地区后来得到了较快速的城市化和经济增长,尤其是在1850年之后。比如在1900年,那些经历了10年法国统治的国家比其他未受或者不足10年法国统治的国家相比,城市化率高出几乎9%,而平均值是41.2%,也就是说高出了大约22%。这项研究的意义不仅在于对革命的经济影响的历史评估,更在于进一步揭示了制度在经济发展中的作用和制度变革的来源问题。法国革命及其强加在他国和地区的大规模激进制度变革,为我们研究外部强加的激进制度变革提供了一个很好的天然实验。当旧制度阻碍了经济发展的时候,外部强迫的激进式制度变革,虽然短期里会造成社会动荡经济衰退,但是长期发展则具有积极功能。当然作者也在结尾指出,解释这些发现的时候也要谨慎,因为历史资料的有限性和历史条件的约束性。但是不管如何,我们从作者们的研究可以一定程度上得出结论:移植"拿破仑法典式"激进制度变革,至少在一定的历史背景下,可以获得长期的积极效果。

最后,虽然我们可以说,极少有人(如果有的话)会欢迎通过外国入侵实现制度变革,法国侵略这种特定形式的激进的制度变革,当时肯定会带给被占国家和地区人们带来痛苦的灾难。其实,就一般意义上而言,任何激进的制度变革都会在一定时期内带给至少部分人痛苦和牺牲。如何避免这种激进变革的痛苦,在《独裁与民主的经济起源》(*Economic Origins of Dictatorship and Democracy*)[①]里,他们提供的选择就是实现民主化。精英做出让步(concessions),大众拥有政治权力,而不是精英独裁,这样的民主社会才可希望避免政变、激烈冲突、起义与镇压等激进行动和制度变革。

[①] 这是一本研究制度和民主的非常优秀的政治经济学著作,2006年由剑桥大学出版社出版。

跨时空经济增长的差异

(2009 年 12 月)

国穷国富,原因是什么?对经济增长的研究就可以找到一定的原因。而当今在新制度政治经济学方面对此做出了杰出贡献的人士中,美国麻省理工学院经济系的达伦·阿西莫格鲁无疑是首屈一指的。这位年轻有为的经济学新锐在经济学的诸多领域都有很大的贡献,尤其是在对经济增长的制度解释方面。他也因这些贡献获得了美国经济学的最高荣誉——克拉克奖。阿氏 2008 年由普林斯顿大学出版社出版了《现代经济增长导论》一书,对经济增长有很好的论述。本文就借助于此书,尤其是后记部分,介绍一下阿氏对跨越时空的经济增长差异做的分析,也就是看看经济增长的原因和机制是什么。

影响经济增长的因素

首先让我们看看影响经济增长的因素有哪些。最基本的就是物质资本、人力资本和技术的作用。跨时空国家之间的经济绩效和增长是和物质资本、人力资本和技术直接相关的。技术包括生产技术、知识和生产组织技术。我们看看投资,投资是内生性的,为什么愿意投资,投资物质资本和人力资本?答案就是看社会的回报结构(reward structure)是什么。比如内生的技术的开发和采用,依赖于要素投入、市场结构和回报。因为技术的共享性,你花费了好多资金和精力,研发出来了新技术,人家一下子就学会了,这样谁还愿意投资开发新技术呢?所以要有产权保护,一套技术转移和技术传播的制度,直接影响到经济的发展。

这里有两个重要的东西：一个是契约制度，影响到技术的传播采纳和经济差异；另一个是国际贸易关系，影响到创新和增长过程。

我们从世界经济史可以看到，200年前与之前数千年的经济发展比较有本质上的不同。直到18世纪末，世界经济增长基本上是停滞的。包括低生产率、整体和个人产出的不稳定性高、庞大的农业和农村经济、生产的增长伴随着人口的增长。在一个时期的增长，然后是退回到原来水平，又是停滞。这种周期直到18世纪末才结束。也就是工业革命带来的增长的起飞，在英国和西欧开始，而后传播到世界上其他一些地方。当今世界的发达经济体多是这些原始起飞地和那些很快便采用英国和西欧技术的国家。

为什么会有这么样的差别呢？重要的是结构变迁和转型。现代经济增长和发展是伴随着一系列结构变迁和转型而来的。变迁包括生产和消费的构成（从农业到工业，从工业到服务业的变迁），城市化，金融的发展，收入不平等和机会不平等的变化，社会和生活安排的转型，企业内部组织的变迁，人口转型，等等。虽然经济发展是多面的，但本质上都是经济和社会的转型。缺乏这种转型，不仅是停滞的表现，也常常是其原因之一。

而这种转型是与政策、制度和政治经济的变迁相伴随的。比如政策和制度提供给社会的回报结构。个人和企业是否愿意投资新技术和人力资本，取决于回报结构，而愿意投资新技术和人力资本正是起飞（takeoff）、工业化和增长的必要条件。而回报结构又取决于政策和制度。政策和制度也直接地影响到一个社会是否会开启现代经济增长。相互关联的原因有：第一，它们直接地决定了社会的回报结构，因而影响了投资物质资本和人力资本以及技术创新能否获得利润。第二，它们决定了基础设施和契约安排，这些现代经济关系必要的条件。比如，现代经济不能缺乏契约的执行，法律和秩序的维持，公共设施上最低限度的投资。第三，它们影响和规范了市场结构，因而决定了创造性破坏力量是否可以运作，从而新的高效率公司可以取代老的低效率公司。最后，政策和制度有时候，或者常常是阻碍了新技术的采用，因为要保护政治上掌权的生产者，或者维护现行政治体制的稳定。因此,要理解现代经济增长,就需要研究不同社会做出的制度和政策选择。这就要研究增长的政治经济,尤其要注意谁或哪些集团会是经济增长中的赢家,谁是输家。如果在经济增长中成为输家又得不到补偿,但是他们又掌握着政治权力,那么这些人就会阻碍采用可以带来增长的政策和制度,采用被扭曲的政策。

其实,一般而言,一个社会的或国家的政治制度也是内生的(外部强加的除外的话)。理解跨越时空的经济绩效差异的核心是政策和制度。而这些社会选择又是在一定的社会政治制度背景下产生的。比如民主和专制就会带来不同的政策选择和创造不同的回报结构。但是政治制度本身不是外生的,它们可以随着技术、贸易机会以及要素投入的变化而改变。如果我们要理解今天的经济收入差距的话,就要理解:(1)政治制度是如何影响政策和经济制度的,因而决定了对个人和公司的不同激励。(2)政治制度本身是怎么变化的,尤其当和经济产出和制度相互作用的时候。(3)人类历史上,为什么政治制度和相关的经济制度不能带来持续的经济增长?而为什么200年前实现了这样的飞跃?为什么有些国家阻碍了高新技术的采用从而导致了经济增长的缓慢或者停滞?

1800年之前,为什么世界经济没有经历持续的增长?

为了回答这个问题,阿氏根据有益于增长的程度大小,首先区分了两种政治制度:威权政治体制(authoritarian political systems)和参与政体(Participatory regimes)。前者包括专制主义君主制、专政体制、独裁政体及不同形式的寡头政治体制,其特点是权力集中在少数人手里,他们追求的经济政策就是有利于这些少数人的政策,不是有利于最广大人民的。威权体制常常依赖于大量的镇压,因为他们要保持政治权力的和经济利益的不平等。他们也采用保护当权者和为政治权力拥有者创造租金的经济制度和政策。而参与政体则限制约束统治者和政客,从而防止政治体系里的专制倾向。这些体制包括君主立宪(社会上的较大部分人可以参与到政治和经济的决策)和民主体制(政治参与者比非民主社会要多)。参与体制的突出特征就是他们比威权体制能够给更广泛的社会各个阶层提供声音和经济和政治的安全。结果是，参与政体对新产业的进入更为开放，可以提供更高的平台和更好的产权安全。在某种程度上，这两种政体的对比就在于是促进增长还是阻碍增长上。阿氏提出要注意的是，即使是参与体制，也存在政治权力的不平等分布。有更大政治权力的人会利用国家的财政和政治工具为他们的经济利益服务，从而对广大社会是一种危害。参与体制不是完美的体制，但比威权体制要更可能对社会各阶层有利。

那么，为什么1800年之前，世界经济没有经历持续增长？为什么，增长和生活水平的提高在历史上确实多次出现过，而持续增长却是最近的现象呢？人类历史上也出现过重要技术的多次突破，甚至在新石器革命之前，许多的技术创新也提高了狩猎和采集社会的生产率。大约公元前9000年之后，向农业社会的转型大概是历史上最重要的技术革命，它带来了农业生产率的提高，政治上和社会上较复杂的社会的发展。比如，历史学家估计了古希腊在繁荣时期人均消费翻了倍。古罗马也经历了类似的生活水平的提高。其他的地方比如玛雅、印加等地也有过不同的增长。但是这些增长性质上和近现代开始于18世纪末和19世纪初的持续增长不同。

第一点不同是，18世纪以前的增长都是短期的，而且增长也相对较慢。第二是，那些增长从来没有以连续的技术创新为基础，因而那些增长都不是基于技术的增长。第三是，多数情况下，都没有发展出支持持续增长的制度。金融关系比较原始，契约制度还不是正式的制度，市场上充斥着内部的关税，收入和储蓄没有达到大众市场和相应的投资活动以获取利润的层次，支持持续增长的结构转型没有发生。第四，最重要的，也是前面三点的原因是，这些增长都是威权政治体制下发生的，因而也不可能有持续的增长。这些增长都是精英驱动的，为精英利益而大量利用比较优势获得的增长，不是以大众为基础的，追求大众经济利益为驱动的增长。因而，增长只影响到少数精英的生活水平的提高，而不是整个社会。

那么，为什么这些增长都没有发展到持续增长呢？阿氏给出的主要答案还在于制度的问题。威权体制下也可以有增长,企业家和工人都可能做得更好,取得更好的劳动分工,技术也可以得到提高,掌握政治权力的人及其联盟都有必要的促进投资的产权安全。而且一些技术的突破也有偶然性,威权体制下也发生了技术上的突破,也可以带来经济增长。但是,这种威权体制制度下的突出特征是,它保护的是社会里一撮精英们的利益。因而增长是在现有技术和生产关系下的增长,没有创造性破坏的过程,新天才人物和新兴行业的进入很困难,或者压根就不可能,这些保持一个国家持续增长的必要条件都不具备。当然还有技术上的约束。比如印刷术的发明,就能够让更多的工人得到技术知识。我觉得,阿氏在强调制度作为软件力量的同时,还没有忘记技术作为硬件的力量。这里印刷术的发明就是一例。

阿氏认为,威权体制下的政治经济的理解是理解增长的关键。比如以中华帝国为例。中华帝国历史上不同时期曾经有几次的技术上的创新突破。中国经济的生产率很高,尤其是在长江三角洲和其他一些土地肥沃的地方,可以养活高度密集的人口。然而中国的经济在历史上从来不曾接近到持续发展的地步。在中国历史上的多数时候,威权体制制度紧紧地管束着经济活动。社会是分等级的,精英和大众之间泾渭分明。这个体制不允许那些采用和开发新技术和创造性破坏力量的新企业家自由进入商业。一旦经济增长的前景和政治的稳定性相冲突,精英们就要保持政治的稳定,不惜牺牲经济的增长。因而,历史上的中华帝国紧紧地控制着海内外的贸易,没有发展出基于大众的产权和契约制度,而这些正是现代经济增长的必要条件;这种威权体制也不允许作为经济和政治力量的自主的中间阶层的出现。

那么,古希腊和罗马被人们认为是历史上的早期的民主社会,情况如何呢?人们可能会认为他们是参与政体,从而认为他们可能获得持续增长。阿氏认为,这不是必然,也就是因为他们还有其他条件不具备,只有参与政体并不能保证发生持续增长。而且他们的民主制是相比较而言的,而实际上,这两个社会都只代表社会的仅仅一小部分人口。生产依靠的是奴隶和强制。更重要的是,虽然有一定的民主实践,但是一小撮精英和大众也是泾渭分明的,而正是这一小撮精英垄断了政治和经济权力。不管是古希腊还是古罗马,增长都不是建立在持续的创新基础上的。虽然农业生产率达到了很高的层次,但是生产的组织没有根本的大变化。而且这两个社会都曾一定时间内获益于其军事上的优势,军事上的挑战也是他们衰落的重要因素。

阿氏还举出了奥斯曼帝国的例子,还有西班牙君主制,它们都没有实现持续经济增长。这些体制下的社会都没有发展出互补性经济制度,金融体制还很粗糙,人力资本投资也很少,除了少数精英人士,缺乏基于大众的人力资本和政治权利,企业家进入的门槛太紧,创造性破坏很难发生。

总之,在阿氏看来,在这些威权政治体制下,精英为追求利益而鼓励提高生产率获得的增长可以在一定时间里发生。但是,很难产生创造性破坏,发展不出发端于18世纪的现代经济的持续增长。因为这些体制下的增长是精英政治支配的增长,因而设置了进入门槛,以保护他们既有的地位和权力。阿氏总结道,持续经济增长之所以在1800年之前没有发生,是这样两个原因:一是1800年前的社会,没有哪个社会投资人力资本,允许新企业带进新技术,以及可以总体上发挥出创造性破坏的力量。这些情况我们可以从印刷出版技术和有限的沟通交流技术不允许基于大众的人力资本的投资来找原因,但是也和回报结构以及对工人和公司的限制有关系。结果就是现代经济增长需要的结构转型没有发生。二是那些社会都没有发生持续增长,是因为他们都是威权政治体制的社会。

为什么持续经济增长发生在1800年左右的西欧?

阿氏认为,劳动分工和资本积累总是会为社会提供增长的机会的,而且在任何环境下,人的天分都足以获取技术上的突破。因而人类社会总是存在着增长的推动力。然而,这种推动力总是潜在的,存在于一定的政治和经济制度之下。而当这种制度不鼓励增长的时候,也就是不提供正确的回报结构,惩罚而不是奖励创新的时候,我们无法期望这些推动力能够带来持续增长。即使,在这种条件下增长是可能的,比如古代中国、希腊、罗马还有一些其他帝国都曾有过一定时期的增长。但是这种增长并没有充分地开发出增长推动力的潜能。因为这种增长会摧毁他们的威权统治,所以他们控制增长。

而18世纪末西欧开启的经济增长与以往威权体制下的增长不同,因为有三个开始于中世纪末叶的结构转型。这些结构转型为持续经济增长提供了一个环境,潜在的推动力成为持续增长的引擎。

第一个转型就是作为古代政体支柱之一的封建关系在西欧的衰落。开始于13世纪,尤其是14世纪中期黑死病之后,封建经济关系在西欧的许多地方崩溃了。农奴获得了自由,或者是因为封建经济关系的崩溃,自然而然地获得了自由;或者是逃跑到了扩张的城市,这就预示了结构的大转型:城市化和社会关系的变化。或许更重要的是,这些变化为从事工商业活动需要的赚取低廉工资的劳动力提供了准备条件,同时还清楚了原有精英和新企业家之间冲突的源泉之一:劳动力市场上的竞争。封建关系的衰退进一步削弱了欧洲威权体制的权力基础。

第二个也是与第一个相关的结构转型是,随着14世纪人口的减少,在欧洲许多地方的实际收入增长了,许多城市开创了足够大的市场,促使商人去寻找新的进口品,产业家追求新的产品。中世纪的时候,一些冶铁、纺织、农业等技术已经很完美,因而欧洲经济达到了技术上的成熟,使得企业家可以在许多领域有作为,收入水平可以投资物质资本和技术,去引领新的生产关系。

第三个,也就是最重要的转型,是政治的。中世纪后期也出现了专制君主的衰退和立宪政体的崛起。立宪政体16和17世纪在西欧首次出现,这也是最早的参与政体。因为这种政体下政治权力转移到了以前被排除在政治权力之外的广大人群。这个群体包括绅士、小商人、早期的产业家、以及海外的贸易商和金融家。这类政体为社会各界提供了安全的产权和促进增长的制度。这些制度的变化又为新的投资和技术变迁以及持续增长的开启提供了必要的环境。最终导致了17世纪荷兰和英国的商业革命,以及18世纪末叶的英国工业革命。到了19世纪,工商业已经遍及西欧大部分地区。

这里阿氏提醒我们要注意的是,君主立宪并不是我们今天所理解的民主。君主立宪并没有一人一票的原则,穷人和富人之间还是很明显的。然而,这种政体是应商人和产业家的需要而产生的。更为重要的是,立宪体制不仅改革了西欧的政治制度,而且发动了一系列的经济变革,促进了现代资本主义的增长。内部关税和管制被解除。国内的商业进入和外贸得到了很大的促进。

这种体制首先在英国和荷兰开始,然后到法国和西欧的其他国家。为基于产权、契约、法治、自由进入新老商务行业的持续增长铺平了道路。这样就提高了对物质和人力资本以及技术的投资,造就了18世纪的工业革命。到了19世纪的后半叶,西欧的经济增长达到了前所未有的水平。这些变革也伴随着英国的光荣革命、法国的1789年大革命等,制度上确立的政治权力约束了君主的权力。

那么,为什么立宪体制对16和17世纪发源于西欧的现代经济增长这么重要呢?政治制度带来了长远的利益保护,而不是靠短期的让步。是威权政体的崩溃和参与政体的崛起为现代经济增长开辟了道路。

为什么有的社会可以获益于开始于1800年的新技术和组织方式,而其他的却没有呢?

如果发源于西欧的持续增长的制度和技术为世界各地引进的话,那么国家应该一样富裕。而实际上却不是这样,有的国家采用了,从而富有,其他地方没有采用就很贫穷。为什么有的社会可以获益于开始于1800年的新技术和组织方式,而其他的社会却拒绝了这些新技术和组织方式,或者没有做到从中受益呢?

西欧开始的经济增长起飞很快扩展到了世界上其他特定的地方。主要的经济制度和增长的引进者是美国。美国是由殖民者建立的,他们很多来自英国,刚刚战胜君主获得独立,并形成了小农社会,具有了参与政治制度。为了防止强大的政治和经济精英的出现,美国成立了制衡制度。这种环境为现代经济增长提供了快速通道。没有强大的经济和政治精英,社会的各界都可以从西欧那里引进技术、参与经济活动,或者发明创造自己的技术,很快成为了世界上主要工业力量。同样的过程也发生在了加拿大。其他一些地方则作为国防现代化的一部分,而采用西欧的新技术和经济增长过程。比如日本,经济和政治现代化是以明治维新开始的,或者更早一些,这种现代化的核心要素是新技术的引进。

然而,并不是所有的地方都以同样的态度欢迎新技术。在世界的许多地方,这些新技术不是被采用,而是遭到抵制,包括东欧大部分地方,比如俄国和奥匈帝国。在这些地方,地主精英们视新技术如虎狼,因为威胁到他们的经济利益(因为新技术要打破他们的封建关系)和政治利益(依靠政治力量来限制新兴商人阶层的权力和限制农民跑到城市去形成新的工人阶级)。基于同样的原因,加勒比海人对引进新技术和允许企业家自由进入也不感兴趣。这些社会依然依靠他们的农作物为业。工业化、自由劳动市场的竞争、工人投资他们的人力资本这些都被看做精英们政治和经济权力的潜在威胁。拉美新独立的国家也是受政治精英的支配,他们延续了殖民时期精英们的传统,对工业化毫无兴趣。东南亚不少地方、印度次大陆、几乎所有的次撒哈拉非洲地区,当时依然延续着西欧殖民地的威权体制,缺乏自由劳动市场、要素流动、创造性破坏以及新技术。

所以,19世纪只在有限的几个地方实现了工业化。到了20世纪,越来越多的国家开始采用西欧使用的技术。这种技术转移的过程把这些国家整合到了全球经济,走向更高的收入水平。而这一增长并没有让所有国家受益。许多国家还要等到从殖民者那里获得独立,甚至在殖民统治结束后,还要经历一定时期的不稳定,各派潜在精英相互争斗逐鹿。一旦尘埃落定,秩序稳定了,又有了鼓励增长的经济制度,增长就开始了。比如澳大利亚、新西兰、中国香港地区、韩国、东南亚一些国家和地区等。而这些增长,都是伴随着结构的转型而来的。

当今世界,依然有不少地方遭受着政治的不稳定,打击了资本和新技术的投资，甚至公开表示对新技术的敌意。比如次撒哈拉非洲和中美洲的一些国家。有些国家甚至给其企业家和公民无法提供最基本的权利保障，实现不了经济的增长，依然混乱贫穷。

　　阿氏认为，学界取得共识的是保护产权、允许自由进入和新技术的引进是19世纪以来的经济增长的重要条件。政治的不稳定、无力的产权保护和缺乏基础设施是现在落后国家的特点。但是，这些解释都是一种理论推演。过去200年里的世界经济演进过程中，政治制度的作用依然还存在争议。这里边还有着鸡和蛋的关系。到底是增长带来了好的制度，还是好的制度带来了增长呢？当然，阿氏及其合作伙伴在2001年发表于《美国经济评论》的文章"比较发展的殖民地起源"就针对这个问题作了很有创见性的研究，揭示制度对增长的影响。阿氏的研究也受到了诸多学者的质疑。但是，这一制度的解释还是很有道理的。阿氏并没有排斥其他解释，提出了一些有待研究的问题，包括历史和文化传统等的原因的探讨。不管如何，阿氏结合历史和现实的研究，对现代经济增长的解释，也就是跨时空经济增长的差异的探讨，对我们还是很有启示意义的。本文的介绍很是粗浅，我建议对这一问题感兴趣的读者，不妨找来阿西莫格鲁的这本书及有关原著研读一二。

宗教与经济增长的罗生门

(2009年10月)

现代资本主义的龙兴之地在西欧,欧洲是现代经济史上的先锋。为什么现代资本主义兴起在西欧?宗教因素是一个自韦伯以来众说纷纭的解释。黑泽明有个电影叫《罗生门》,三个当事者围绕着一个案子,讲述了三个不同的版本。我们也可以说对宗教如何影响现代资本主义在西欧兴起的解释,是一个不同版本的"罗生门",因为解释者不是当事人,而是事后诸葛亮。

对宗教因素影响资本主义兴起的解释发端于马克斯·韦伯的《新教伦理与资本主义精神》,他认为资本主义兴起的原因是新教伦理,天职观念、禁欲、节俭、勤劳、为荣耀上帝而积聚财富,获得世俗的成功,这些正是资本主义的精神。而根据统计,新教国家自1770年至1960年,具有一贯较好的经济增长。今年在旧金山的社会学年会上,友人克利斯托巴·杨就报告了自己的最新研究。依据整理的经济历史数据资料,比较了西欧新教国家和天主教国家自1500年以来500年经济的发展绩效,然后梳理了诸家与宗教解释有关的基于经验研究的理论解释。

西欧天主教和新教国家的比较是这样的:在500年前,也就是1500年的时候,天主教国家比新教国家更富裕。而200年后的1700年,新教国家开始领先于天主教国家。这些国家中属于新教的国家是英国、荷兰、德国、瑞士、丹麦、瑞典、挪威和芬兰;天主教国家包括意大利、法国、西班牙、葡萄牙、奥地利、比利时和爱尔兰。

自英国工业革命,到20世纪40年代,因为工业化的急剧深化,新教国家的快速经济增长的结果是,在 1940 年,新教国家比天主教国家的 GDP 高出 40%。除了荷兰,这时候每一个新教国家都比天主教国家的经济增长更快。而到了二战之后,天主教国家的经济开始追赶新教国家。到了 1960 年,新教国家比天主教国家高出 30%,大约是自 1700 年以来的平均值。而到了 2000 年,这种差别减小到了 6%,这是自 1700 年以来的最低值。从 1700 年到 1960 年间,这两种宗教类型的国家之间的经济增长差别是那么显著和一贯,该怎么解释呢?

韦伯为我们提供了宗教上的新教伦理符合资本主义精神的解释。这也是对资本主义起源于西欧的解释的发端,为我们提供了一个解释范式,开了一条路。当然韦伯的著作发表在 20 世纪初,不可能观察到后来的发展情况。按照韦伯的解释,企业家精神或者资本主义精神正好与新教伦理相符合,企业家的活动,比如追求和积聚财富本身就是宗教追求,荣耀上帝。因而是世俗化的新教伦理带来了现代资本主义的兴起。这个解释大概是关注这一问题的人士众所周知的。

沿着这条宗教解释的路,接下来更多的学者开辟了不少新的理论路径。紧密回应韦伯的就是理查德·托尼。他在发表于 1926 年的《宗教与资本主义的兴起:一项历史研究》里提出,新教国家的宗教改革最终导致了经济的世俗主义。在他的解释里,"贸易是一回事,宗教是另一回事"。市场社会里的道德戒律在宗教改革中被驱除掉。新教(或者称基督教)成为了自由市场的宗教信仰。

理查德·伊斯特林在《为什么不是整个世界的发展》①里用教育发展来解释近两个世纪以来国家间发展的不平衡问题。技术在一些国家发展出来,要传播到其他国家,才能为其所采用。而教育的普及正是技术传播的必要前提条件。把宗教和教育联系起来,解释新教国家的高速经济增长和西欧资本主义崛起。他认为,新教对教徒的传播教义,大量翻译《圣

---

① Richard A. Easterlin. 1981. Why Isn't the Whole World Developed? *Journal of Economic History.* XL:1(March 1981), 1—19.

经》,加上新教徒独立阅读的强烈愿望,推动了新教国家的大众教育。

再一种解释是反宗教改革运动。比如休·特雷弗—罗珀1967年的著作《宗教、宗教改革与社会变迁》。这派观点认为,经济发展差异的重要原因是天主教对宗教改革的反应,天主教不够宽容,焚烧异端分子,拘捕囚禁科学家等。中世纪的资本主义中心实际上是在意大利北部,佛兰德斯、南部德国、里斯本及塞韦利亚等地。从这些地方出走的移民较容易在新教地区居住下来,从而成了新教地区的开路资本家。

最近的一种颇具影响力的解释是大西洋贸易理论。阿西莫格鲁等人在2005年《美国经济评论》上发表了一篇《欧洲的崛起:大西洋贸易、制度变迁与经济增长》。这种理论认为,是大西洋的(包括奴隶)贸易奠定了欧洲现代资本主义的道路。这种大西洋贸易在西欧的两种宗教类型国家里,由于制度的不同,造成了不同的结果。在新教国家里,大西洋贸易创造了强大的新兴资产阶级;而在天主教的国家里,强大的独裁君主保持着对大西洋贸易的控制,无法形成自己的资产阶级。这样,就造成了两种宗教背景下国家的现代资本主义的分野。

我们事后诸葛亮的解释可以从不同的方面揭示这种经济增长的差异。究竟宗教的影响有多大,通过何种机制来影响,依然是见仁见智的问题。和罗生门的故事不同的是,真正的原因可能是各家解释的综合,而罗生门里的三个版本的故事,不可能这样。宗教对现代资本主义的产生和经济增长的关系究竟如何?即使对当今经济的影响解释也不同。比如,有人认为宗教国家信任度高,可以减少交易成本,从而促进经济增长;又有人认为,由于一些宗教行为,比如守礼拜、周末参加教会活动,就减少了工作和生产时间,从而减缓了经济发展。我们如何判断?就从不同版本的故事里,用我们的生活经验与智慧,自己来判断吧。

■ 明尼苏达札记

经济学的德性

(发表于《经济学家茶座》2010年第5期)

马克思主义在《世界宗教百科全书》里占有一章。有人说,新古典经济学也应占一席之地。那么,要说新古典经济学是宗教,经济学家是传道士,你会同意吗?数学在新古典经济学成为"科学"中起什么作用呢?数学又是如何从服务于反自由市场的"社会主义计划经济"演变为今天服务于自由市场的"资本主义市场经济"的呢?让我们结合克里斯托巴·杨(Cristobal Young)的评论文章《政治、数学和经济学的德性:评罗伯特·尼尔森〈作为宗教的经济学〉》[1],试对这些问题做一分析。

"看不见的手"与"看得见的手"

对包括经济学在内的现代社会科学的反思论著已经不少。经济学家罗伯特·尼尔森(Robert Nelson)2001年由美国宾州州立大学出版社出版的《作为宗教的经济学:从萨缪尔森到芝加哥及其他》就是这一花园中的一朵奇葩。你说经济学是科学还是神学?这是个问题。尼尔森认为,经济学家是牧师阶层,他们颁布关于市场权威的(科学的)教义,传布信仰自由市场的福音;而他们的大主教是数学家,正是数学家借助抽象的数学,化神学意识形态为科学。市场已经被人们神圣化了,从而变成了一个宗教信仰问题。与尼尔森不同,杨先生认为,数学在经济学里重要地位的原因主要的是经济学家之间内部竞争造成的,而不是经济学与政治和宗教竞争的结

---

[1] Cristobal Young. 2005. The Politics, Mathematics, and Morality of Economics: A Review Essay on Robert Nelson's Economics as Religion. *Socio-Economic Review*. Vol. 3(1):161—172.

果。那么,如今数学在经济学中的关键地位,或者说经济学的数学化是如何形成的呢？还是让我们从经济学的老祖宗亚当·斯密的"看不见的手"开始吧。

亚当·斯密"看不见的手"就是我们想象的资源分配的市场,通过价格波动来调节供求双方的关系。当市场是完全竞争的时候,就带来了均衡状态。一般均衡理论,也即作为整体的市场经济的数学分析,我们可以追根溯源到 19 世纪后期的瓦尔拉斯（Leon Walras）和帕累托（Vilfredo Pareto）。瓦尔拉斯提出了一种数学模式的竞争经济模型,也就是一般经济均衡模型,用来表达经济人通过商品交换的交互作用所形成的均衡；而帕累托则提出了"福利标准"（welfare criteria）,以此来决定理性的或者叫做效率的生产水平。这些工作本质上就是形式化斯密的"看不见的手",并在数学上证明其有效性。可是这种做法当时并没有引起多大反响,而是后来美国的经济大萧条让一般均衡/福利经济学这一理论传统峰回路转。

当时的历史背景是社会主义的苏联正"热火朝天"搞建设,美国经济大萧条让一帮虔诚的社会主义分子埋头于寻找市场均衡的美妙所在,这帮人的领头人,比如奥斯卡·兰格、阿巴·勒纳和艾布拉姆·伯格森,都是前沿的数学经济学家,同时又是苏联式中央计划经济的真正信奉者。

这些人认为,通过计算,可以实现效率的中央计划经济,因为经济就是一个供求方程系统。在一般均衡/福利体系里,只要实现价格等于生产边际成本,就可以实现效率（efficiency）。这需要一个理想形态的竞争市场,可是这理论体系并不是要通过市场获得效率,而是通过中央计划的行政命令,这就是另一只手——"看得见的手"。这一"看得见的手"的政府干预思想,就是帕累托本人提出的,对社会主义的计算工程甚是看好。作为"无形的手"的市场,可以由"有形的手"的中央计划取代。经济学家的任务就是找出这个一般均衡的最优解。这样我们就无需资本主义了,社会主义中央计划可以实现效率。

于是这一帮一般均衡/福利经济学家们就开始用数学来求这些最优解。这正和当时的奥地利学派的米塞斯和哈耶克等人的反计划经济思想相抗衡。兰格学派与奥地利学派辩论的关键就在于是否能够解出那么多的方程组,也就是有这样的计算能力。哈耶克认为,这是不可能的;民众有个人的个性化选择等,而且哈耶克论证了中央计划会走向奴役之路。兰格作了让步,提出了以计划为主市场为辅助的社会主义双轨制。计算机技术的发展使得这一争论依然没有止息。兰格本人后来担任美国《计量经济学》的编辑,而这一杂志现在正是经济学数学化技术上最高级的经济学杂志。这一帮一般均衡/福利经济学家先驱们,就是要为社会主义经济提供一本经济运作的指南。这一流派兴起的另一个原因也可以从帕累托那里找到,就是要对亚当·斯密的"看不见的手"进行精确化,明白哪些限制、哪些假设条件需要给定等。这也可以解释为什么这一理论传统在计划经济之外也受到欢迎。

吊诡的是正是这一形式上的精确化更好地暴露了自由市场理论的弱点。正如杨所说:"给定充分的数学复杂性,一般均衡框架实际上是关于完美市场均衡的脆弱性和不可能性的宏大叙事(grand narrative)。"因为,精美模型必须要有一大堆的条件,而这些条件在现实中不可能满足:比如,完全理性、同一的消费者、零交易成本、非均衡价格下无交易发生,等等。市场的效率极为依赖于这些假设的条件的成立。正像阿罗和德布鲁所说:"一个经济体系要满足假设1—3,4,5和6,才存在竞争均衡。"这样,就需要"有形的手"的政府干预。从而,一般均衡理论对市场提出了一担子的批评。

可是当以萨缪尔森为代表的第二代一般均衡/福利经济学家们就不是那样激烈地批评自由市场的资本主义了。一般均衡理论框架不再是为社会主义计划经济服务,而是通过数学重新打造了市场理论。

"知我? 罪我?"数学化与萨缪尔森

"知我者其惟《春秋》乎?罪我者其惟《春秋》乎?"孔子曾这样自言自语。2009年12月13日,以94岁高龄仙逝的伟大经济学家保罗·萨缪尔森,是否也可以像孔子一样问一个"知我?罪我?"的问题?因为数学为经济学的神学本质披上了"科学的"外衣,而萨缪尔森的作品正是这一数学化的奠基作品并影响了数代经济学家,尼尔森的书里,萨缪尔森自然就成了一个关键人物,从副标题也可以看出来这一点——从萨缪尔森到芝加哥及其他。

萨缪尔森的影响我们有目共睹、有耳共听。他是20世纪著作最丰的经济学写手,战后经济学数学革命的核心。1948年《经济学》教材出版,成为畅销书,一版再版,把无数英才吸引到经济学领域,影响着全球几代经济学家。诺贝尔经济学奖委员会在授予他诺贝尔奖的缘由里就称赞其经济分析的严格形式化,以及他为数代经济学家定下的风格。萨缪尔森的第一本书《经济分析的基础》(1947年),是其最重要的著作。在此书的标题页,就写下了"数学是一种语言",从而为用数学语言来分析经济定下了基调。这本书在实质性经济问题上并没有新鲜的东西,重要的是用数学的语言,把分析精致化了,或者叫做神秘化了。正是这一神秘化,让他的事业一开始就轻易地取得了成功。尔后,他的信徒们也都挤向了这一成功之道。

确实是萨缪尔森,尤其是他的《经济分析的基础》,使得经济学的数学化发生了关键性的突破。据统计,20世纪30年代,主要的经济学刊物上的文章,大约10%多点的有某种形式的数学。而到了20世纪80年代,几乎每篇文章的第二页都点缀着几个数学方程。虽然萨缪尔森在政治上是左派,喜欢大政府,但是数学化的原因并不是政治的或者宗教的。萨缪尔森继《经济分析的基础》之后的第二年(1948)写出了经典的教材《经济学》,而这本书和前一本书相比让你不敢相信出于同一个作者之手,而且出版时间上仅仅相隔一年。这本书非数学化,语言水平、它的宽度以及与现实经济问题的相关性都不是上一本书可比的。它的简化分析是建立在关乎实践的历史的、政治的和经验的环境基础上的,比如苏联的革命和政治事件对苏联共产主义经济体系的影响。正像杨所说,这是一个取舍的问题,是分析的精密性和现实的相关性之间的取舍。数学模型固然分析精致,但是却远离了社会经济现实。在这一过程中,数学经历了从服务于社会主义中央计划经济到社会民主制,最后到了捍卫自由市场资本主义。

那么,经济学的数学化真的罪在萨缪尔森吗?杨先生给出的原因我们很好理解:萨缪尔森不应负起责任,真正的原因在于经济学家内部之间的竞争导致了数学化越来越严重的趋势。因为,新鲜出炉青涩的年轻经济学家们要想进入功成名就的老一代经济学家的法眼,就要弄出那些老一代经济学家不占优势的分析技术上的东西来,理论上都简直竭泽而渔了,不可能弄出很高明的东西来。于是同辈之间也在比分析技术,看谁可以从中脱颖而出。主流经济学从而就不可阻挡地数学化了。虽然数学语言在经济学家中的使用是经济学家们的内部语言,但是因为技术性的快速发展使得年龄大些的经济学家跟不上这种发展,从而也存在"神秘化"的成分,让新手们更容易获得提升。其实这一现象在其他学科比如社会学和政治学等学科也在呈现这种趋势。这一趋势中间,除了社会学家和政治学家内部之间的竞争,以贝克尔为首的经济学帝国主义大概是有所贡献的。

芝加哥学派的两朵花

大名鼎鼎的芝加哥经济学派实际上开了两朵花:一朵是以米尔顿·弗里德曼和乔治·斯蒂格勒为首的为自由市场资本主义辩护派,把市场从一般均衡理论的批判中拯救出来;另一朵则是以加里·贝克尔和理查德·波斯纳为代表的以古典经济学框架侵入到传统的社会学、政治学和法学领地的帝国主义派。

芝加哥学派没有参与到一般均衡和福利经济学派思想的发展,也没有参与其数学形式化。芝加哥学派认为好的理论要为非专业人士也可以理解,因此其关键标志之一就是相对简单和非形式(informal)的分析工具。以弗里德曼为首的一派,很显眼的特征就是"如果这样(as if)"假设。我们都知道弗里德曼关于方法论的著名的论文《实证经济学方法论》,认为假设的真假不重要,重要的是在这些假设为前提能否得出可以准确预测的理论。所以,原来一般均衡/福利经济学的形式化对自由市场的批评在这里就以"无招胜有招"的招数给化解了。他又以《资本主义与自由》来捍卫自由市场的资本主义。尽管市场有其缺陷,但是危害比政府干预"有形的手"要小得多,政府侵入个人自由是危险的。所以有人说他皈依了"基督教原教旨自由市场资本主义"。捍卫自由市场资本主义,也就是捍卫个人的自由。这样,一般均衡/福利经济学就不再是原来意义上的理论,而是证明自由市场资本主义效率的工具。数学的应用在芝加哥学派这一支得到了转化,完成了从为社会主义计划经济服务到捍卫自由市场资本主义的转变。

芝加哥学派的第二朵花则更有意思,这一派被认为违反了"摩西十诫",因为他们研究的问题进入到了"道德领域"。这一派的课题涉及了犯罪、离婚、一夫一妻制、守诺、卖淫等领域。不管经济学是否"道德",只要它涉及了研究道德问题,这个"道德问题"不可避免。武侠小说里常常有人练功走道不正,以致结果走火入魔。他们把社会生活都看作生意交换,到了极端,我们是否也可以说这派经济学家们有些"走火入魔"了呢?举个例子,听说过"效率强奸"(efficient rape)吗?这是波斯纳使用的术语①,逻辑上提出假设,即强奸在一定意义上就是从受害者到施暴者的效用再分配(a redistribution of utility)。他们认为,这一再分配与政府降低收入不平等的经济再分配没有什么差别。在"潜在帕累托"标准下,注意,不是"帕累托最优",只要施暴者获得的效用大于受害者的损失,就是效率的。因此,我们的司法体系就不要对施暴者的惩罚太高。当然,波斯纳本人也怀疑这种"效率强奸"的存在,比如效率的测量问题就是个难题,所以他也提出了一些假设条件作为基础。

以所谓的"效用"标准来判断社会道德价值,显然与人们常识性的道德判断——比如"摩西十诫"这样的道德标准不同。这个派别怎么不考虑(弗里德曼捍卫的)个人自由问题?如果考虑这个问题,那么这个"效用"标准显然是"自相矛盾"。

---

① 参见 Richard Posner, An Economic Theory of the Criminal Law, *Columbia Law Review*, 1985, 及其后来的有关论述。

经济学:"科学"还是"神学"?

  遥想当年马克斯·韦伯关于经济行为和宗教信仰的关系,《新教伦理和资本主义精神》所持的论调就是,加尔文主义者经济学都不是追求现世的享乐的,而是节俭、禁欲、拒绝现世的享乐、以此来荣耀他们的上帝。这就颠覆了新古典经济学家的基本前提假设,即人是追求当世享乐的。著名社会学家丹尼尔·贝尔早就在《资本主义的文化矛盾》对这个资本主义原来的节俭禁欲精神与其本质上的鼓励消费享乐这一矛盾现象作了分析。关于数学问题,友人田方萌向笔者指出,现代数学的应用,也不纯粹是为古典经济学的自由市场服务,而且也是可以用来攻击自由市场的,信息经济学和演化经济学就运用数学修正了新古典理论。数学只是一种工具,为经济学家拿来所用,他们并不是数学家,还具有经济学家的共同的某种属性。那么,现代主流经济学对自由市场的捍卫,在本质上是在捍卫一种信仰吗?尼尔森专门有一章"上帝保佑市场"来佐证自己的观点,即经济学是宗教,经济学家就是传道士,数学家是"大主教"。是不是这样呢?还是留给读者自己回答吧。

后记：逍遥游学

2009年5月,8年奋战获得了博士的名头,结束了漫长的求学生涯。6月初驱车从明尼阿波利斯出发,途径爱荷华、密苏里、阿堪萨斯、田纳西等州,到达目的地密西西比。漫长的旅途中,对母校的留恋情怀一直萦绕在我心头。于是一个想法产生了,把在明大读书期间的中文杂文挑选一下,出一本读书心得的文集,聊以纪念明州8年逍遥游学的生活。

挑选的标准,是以我对自己文章的价值认识为准,而不是是否已经发表。比如像《两个文化革命之间的关系:与朱学勤先生商榷》,后来我发现批评得不很中肯,所以不会收入本文集。而像《叙事·理论·数理统计:也与本科生谈论文与治学》,大概会为辛苦求学的师弟师妹们有所帮助,所以选入。

读者会发现,本文集的文章大多是由读书产生了想法写出的。实际上是对生活的观察和与读书的启发一起,促使我写下这些文字的。这些文章,多数是在上课和写论文阅读中的副产品。比如《知识的传承创新与知识分子社区》就是修"知识社会学"的产物。这还是写的相对比较早些的文章。因为读博士的前两三年修课写作业的压力很大,也抽不出时间写中文,所以大部分文章都是写于2004年之后。

我给后记的题目是"逍遥游学",是取《庄子》"逍遥游"里精神活动的"优游自在"之意。实际上游学念博士的生活并不是那么"逍遥自在",过语言关就是不容易的事情。丁学良老师在《谈何容易?》一文中有很好的描述。但是,学习还是很自由的,尤其是精神活动上确实是逍遥自在。图书馆里那么多的书可以看,还可以从其他大学图书馆免费借阅,校园里那么多专业的那么多不同的课可以选修,或者旁听。我就旁听过数学、地理制图、经济学、管理学等大课和小课。还有那么多的世界各国的学界、政界和商界牛人来作报告。作为一名学生,自由思想、自由选择,可谓"逍遥"矣!

但是逍遥的生活是在思考问题和学习上,而社会的问题正是那些自由思考的对象。刚来美国两个星期,"9·11"事件发生了。我一直在思考一个问题,为什么这个世界不能都"有话好好说"呢?为什么那么多的历史(剧)结果都是"成王败寇"呢?这类问题思考起来并不轻松。还有第三方问题,比如国家对于公民之间的关系的处理,她的角色就是第三方。这类问题放在一起,就产生了《成王败寇的终结》、《匪寇的终结》、《国家之维》等文章。现代社会国家能力的提高,使得终结匪寇成为可能;而政治协商或者选举政治使成王败寇的零和博弈走向终结。就像《非零年代:人类命运的逻辑》作者赖特认为的,人类社会文明的发展是非零和活动的扩展。在这种意义上,流寇成坐寇,建立政权,开疆扩土,就是为了便于非零和博弈的扩展。也就是利于剔除各自为政带来的信息交流共享和贸易互通有无的障碍。人类文明的发展总趋势是非零和活动的全球化。这样的形势下,"成王败寇"的零和博弈必然要被超越。虽然零和博弈的事情在人类文明中永远不会完全消失,但是大趋势是非零和的合作式人类活动比重越来越大。

我是一个资质平平的学生,能念书念到"洋博士",有这样一个"逍遥游学"的机会,我非常感谢我的师长和朋友。我觉得念书不是一个人的事情,我要对得起我的师长和朋友。这么多年来,是他们的关心和爱护让我坚持念下来书。我还清楚地记得,我的启蒙老师洪新平在那个大雪纷飞的下午,把我的小学一年级第二学期的两块半钱学杂费退回来一块,送到家里,让过年救救急。寒风里我家的厨房几乎是漏天的,一边用芦苇秫秸秆挡着。冷得瑟瑟发抖的我和家人都感动地无法言表。第一个喊我"大学生"的人就是我这个启蒙老师,从小学一年级开始多年来见我都喊我"大学生"。后来学校一再减免学杂费、甚至反过来补助我的生活,使得我的求学没有中断。中师三年的班主任侯思超对我的影响是终生难忘的,他每当发现我的学习成绩稍微有点波动,就会问我有什么困难吗,家里是否有困难,不要背包袱。他的鼓励和期望给了我求学路上极大的鼓舞。

大学的时候,1994年的河师大教育系学杂费虽然才八百多块钱,当时对我也是极为困难,系里领导老师帮我向学校反映情况,最后全免。还记得,大一时候,一个记者去学校采访特困生,采访了我,后来发在了《河南日报》,把我穿的一双露着脚趾头的鞋子都写上了,结果好多认识的、不认识的朋友都给我寄钱,10块到50块不等。我还记得其中一位是检察院的张海奇先生。我很内向,那次日报的报道,曾经让我觉得很尴尬了一阵子。说实在的,我宁愿自己多受苦受累,也不愿拖累别人(对这类报道,希望记者在使用真名时候,至少要征求一下受访者的意见)。但是,这些朋友的支持和关心,给了我很大的鼓励,我确实非常感激。我该如何回报他们呢?我写的文章和念的书会对社会有些助益吗?

当然,写这些文章的主要推动力还是来自我对思考问题的热爱。当我读了一本好书、一篇好文章对我思考的问题有所启发的时候,我把它们写下来的"写作冲动"是那样的不可阻挡。我必须承认,我的文笔并不好。某杂志的编辑曾间接"抱怨"说修改我的文章很累。我要感谢那些编辑过我的文章的编辑老师们,包括《社会学家茶座》和《读书》的王焱、《书屋》的刘文华、《博览群书》的李焱、"学术中华"网的李扬,《中国书评》的邓正来等。更该感谢的是我的导师郑也夫先生。从他们对文章的修改里,我学习到了很多东西。还要感谢弟弟陈心权对本文集中部分文章的文字修改。田方萌和伍国等好友对部分文章的评论性批评和建议,给我很多的帮助。虽然文笔不好,但是我对思考的热爱不减。于是文章多数都是说理的,不是抒情的,虽然我是个很容易动感情的人。我的广泛的兴趣让我对许多的社会问题都有涉猎,从教育到文化,从经济到政治,从知识分子研究到生物社会学,从社会不平等到戏剧与人生等。我想通过自己的话语,参与到社会的变迁中去。

期待着与朋友们的交流!希望朋友们多予批评指正!

2011年12月